現代企業の
戦略・計画・予算
システム

紺野　剛　著
Konno Tsuyoshi

東京　白桃書房　神田

はしがき

　中学時代に母から，「経理士」という職業があることを聞き，高校の担任の飯泉定男先生から，「会計士になったら」とアドバイスをいただきました。そこで，中央大学商学部に入学し，荒川邦寿先生から初めて簿記論を，飯野利夫先生から会計学を学びました。管理会計という未知の世界に憧れて，天野恭徳先生の門をくぐりました。天野先生のお人柄が学問への興味をかきたててくれました。先生亡き後，内山力先生に卒業論文を提出し，勉強を続けるために，大学院に入り，井上達雄先生のご指導を受けました。

　天野先生の後任として非常勤でこられた青木茂男先生に管理会計の基本から指導していただき，修士論文では，「マーケティング・コスト」を取り上げました。青木先生の『企業の予算制度』の改訂原稿を読ませていただき，予算管理を中心に研究しようと考えていました。当時アンソニーの経営管理のフレームワークに関心を持ち，特に「戦略計画」という分野に非常に新しさを感じていました。

　アメリカの大学院に留学し，経営管理の重要性を痛感し，予算と経営の関連を研究したいと思うようになりました。帰国後，白鷗女子短期大学に勤務し，深井秀夫先生にお会いし，「動態的原価管理」という思考にも大いに刺激されました。中平榮一先生のご助言により，「経営資源の測定と分析」という視点も組み入れることができました。戦略と予算の一貫性を感じ，「戦略予算」という構想が見えてきました。だが，戦略と予算には，かなりの隔たりも感じ，両者を結ぶのは，計画ということも確認でき，やっと「戦略・計画・予算」という一体化したシステムの構築を目指すことになりました。

　考えてみれば，非常に当たり前のことかもしれませんが，このことを意識して，本当に経営が実践されているかは大変疑問でもありました。しかも，明確に理論的に全体システムが確立されているとは，とても考えられません。さらに，この三者の関連性をどのように強化すべきかを追求しなければならないと強く感じています。厳格にシステムを構築しながら，同時により柔軟に運用することの重要性にも気づき，そして常に新しいものを追求し続ける

という「創造性」につきあたりました。

　勤務する白鷗大学から研修期間をもらい，オーストラリア，ニュージーランドの大学を見学して，より自由に創造することの必要性も実感しました。

　思えばあまりにも多くの先生，友人等のご指導に比べれば，とても納得のいくものではありませんが，中瀬忠和先生の「将来本当に完成できるのですか」という苦言もあり，現在の中間成果として発表させていただき，将来少しでも改善を続けることで，お許しをもらうしかないと考えております。

　本研究にあたっては，白鷗大学ビジネス開発研究所から研究助成を受けており，さらに本書の出版は，白鷗大学ビジネス開発研究所出版助成制度によっております。ここに記して感謝の意を表したいと思います。

　専門書の出版が厳しき折，本書の出版を快く引き受け，熱心にご支援・ご協力いただいた白桃書房の大矢栄一郎専務に厚くお礼申し上げます。

　多くの先生方，友人，学生等に心より感謝申し上げたいと思います。

　私の父母，武と十美子に本書を捧げます。

2000年4月11日

本書の構成

本書の構成は，最初に戦略・計画・予算システムに関する全般的基礎部分を論述している。経営管理会計体系化の変遷を検討しながら，戦略・計画・予算システムというフレームワークを構築した。そして，最も基本的概念である，目的・目標，環境，経営資源，戦略，計画，予算という内容を検討している。最終的には統合的名称として，「創造会計」という新概念を登場させた。

次に戦略・計画・予算システムが，日本企業において，どの程度浸透しているかを実態調査等を通して考察した。戦略・計画・予算の関連性をかなり重視しているという回答結果であるが，必ずしも満足するほどに意識して経営管理システムを構築しているとはとても考えられない。経営組織改革や業績評価の改善等の対策が進行しつつあるが，今後の展開が待たれる。

戦略・計画・予算システムを主要テーマ別に適応，検討するために，研究開発，設備投資，新規事業，外部経営資源活用，企業グループ，セグメント別の課題を各論として論述した。

最初に，研究開発の意義，分類，特質，組織，資源配分を全般的に考察し，そして調査結果に基づいて研究開発戦略・計画・予算システムの関連性の強さを検討している。設備投資に関しては，意義，状況，分類，特質，経済性計算について考察し，そして調査結果に基づいて設備投資戦略・計画・予算システムの関連性の強さを検討している。新規事業に関しては，意義，必要性，決定・評価プロセスについて考察し，そして調査結果に基づいて新規事業戦略・計画・予算システムに関して検討している。外部経営資源活用に関しては，意義，理由，内部化，共有化について考察し，そして調査結果に基づいて外部経営資源活用戦略・計画・予算システムに関して検討している。新規事業と外部経営資源活用に関しては，現在までのところ必ずしも定着した経営戦略とはなっていないが，今後その必要性がより認識され，より改善されることが期待されている。

企業グループに関しては，企業グループの誕生，共存共栄の経営，企業グループ経営の推進，企業グループメンバーの分類について考察し，そして調

査結果に基づいて企業グループ戦略・計画・予算システムに関して検討している。セグメント別に関しては，セグメント別情報の意義，セグメンテーションの方法，営業費用の配分方法について考察し，そして調査結果に基づいてセグメント別戦略・計画・予算システムに関して検討している。

　設備投資と研究開発の分野では，戦略・計画・予算システムがかなりの程度整備，実践されている。企業グループとセグメント別の戦略・計画・予算システムは，まだまだ未整備状態であるが，2000年に向けて飛躍的に改善されるであろう。それに比べると，新規事業と外部経営資源活用の分野においては，戦略・計画・予算システムはかなり不備である。しかし，企業グループとセグメント別のように，徐々にその重要性が認識されていくと思われる。そうなれば，今後間違いなく新規事業と外部経営資源活用の戦略・計画・予算システムも整備充実されていくであろう。このように，戦略・計画・予算システムは企業の最も重要な基幹システムとして展開されていくと思われる。

　各論になると今後変革を進めていかなければならない分野も数多く，戦略・計画・予算という明確なシステムを構築し，日々実践過程を通じて改革を推進していかなければならない。戦略・計画・予算システムは，当初構築することに最大の目的があったが，その後は，いかにこのシステムの質的レベルを改善していくかにポイントが移るのである。

目次

はしがき

本書の構成

第1部 戦略・計画・予算システム総論

第1章 戦略・計画・予算システムの本質

- I はじめに …………………………………………………………2
- II 経営管理会計体系の見直し …………………………………2
  - 1 経営管理会計体系の変遷 ……………………………2
  - 2 戦略計画の検討 ………………………………………4
  - 3 最近の課題とその対策 ………………………………7
- III 戦略的経営管理の基本フレームワークとしてのSPBS ……10
  - 1 基本フレームワーク ………………………………10
- IV 結びに代えて ……………………………………………15

第2章 戦略・計画・予算システムの実態と展望

- I はじめに …………………………………………………………22
- II 日本企業の実態分析 …………………………………………22
- III 経営管理会計の再構築 ………………………………………36
  - 1 経営組織面からの対応 ……………………………36
  - 2 経営戦略と一体化した業績目標の設定 …………36
- IV 結びに代えて ……………………………………………37

第2部 戦略・計画・予算システム各論

第3章 研究開発の戦略・計画・予算システム

- I はじめに ……………………………………………………………… 42
- II 研究開発の本質 ……………………………………………………… 44
  - 1 研究開発の意義と分類 …………………………………………… 44
  - 2 研究開発の特質 …………………………………………………… 46
  - 3 研究開発組織 ……………………………………………………… 49
  - 4 研究開発資源配分 ………………………………………………… 51
- III 研究開発戦略・計画・予算システム ……………………………… 54
  - 1 研究開発戦略 ……………………………………………………… 54
  - 2 研究開発計画 ……………………………………………………… 57
  - 3 研究開発予算 ……………………………………………………… 60
- IV 結びに代えて ………………………………………………………… 69

第4章 設備投資の戦略・計画・予算システム

- I はじめに ……………………………………………………………… 72
- II 設備投資の本質 ……………………………………………………… 73
  - 1 設備投資の意義 …………………………………………………… 73
  - 2 設備投資の状況 …………………………………………………… 73

	3 設備投資の分類	75
	4 設備投資の特質	77
	5 設備投資の経済性計算	78
Ⅲ	設備投資戦略・計画・予算システム	82
	1 設備投資戦略	82
	2 設備投資計画	85
	3 設備投資予算	87
Ⅳ	結びに代えて	92

第5章　新規事業の戦略・計画・予算システム

Ⅰ	はじめに	96
Ⅱ	新規事業の本質	97
	1 新規事業の意義	97
	2 新規事業の必要性	97
	3 新規事業決定・評価プロセス	99
Ⅲ	新規事業戦略・計画・予算システム	105
	1 新規事業戦略	105
	2 新規事業計画	111
	3 新規事業予算	114
Ⅳ	結びに代えて	122

第6章　外部経営資源活用の戦略・計画・予算システム

- Ⅰ　はじめに ………………………………………………………………… 125
- Ⅱ　外部経営資源活用の本質 ……………………………………………… 127
  - 1　外部経営資源活用の意義 …………………………………………… 127
  - 2　外部経営資源活用の理由 …………………………………………… 129
  - 3　外部経営資源の内部化 ……………………………………………… 133
  - 4　外部経営資源の共有化 ……………………………………………… 136
- Ⅲ　外部経営資源活用戦略・計画・予算システム ……………………… 141
  - 1　外部経営資源活用戦略 ……………………………………………… 141
  - 2　外部経営資源活用計画 ……………………………………………… 148
  - 3　外部経営資源活用予算 ……………………………………………… 152
- Ⅳ　結びに代えて …………………………………………………………… 159

第7章　企業グループの戦略・計画・予算システム

- Ⅰ　はじめに ………………………………………………………………… 163
- Ⅱ　企業グループ経営の本質 ……………………………………………… 164
  - 1　企業グループの誕生 ………………………………………………… 164
  - 2　企業グループの共存共栄の経営 …………………………………… 165
  - 3　企業グループ経営の推進 …………………………………………… 167
  - 4　企業グループメンバーの分類 ……………………………………… 169

Ⅲ 企業グループ戦略・計画・予算システム ……170
1 企業グループの戦略的経営管理手法 ……170
2 企業グループ戦略 ……172
3 企業グループ計画 ……176
4 企業グループ予算 ……178
5 企業グループ経営情報システムとネットワーク化 ……181
Ⅳ 結びに代えて―キヤノン(株)のグループ経営 ……187

第8章 セグメント別の戦略・計画・予算システム

Ⅰ はじめに ……191
Ⅱ セグメント別情報の本質 ……192
1 セグメント情報の意義 ……192
2 セグメンテーションの方法 ……194
3 営業費用の配分方法 ……198
Ⅲ セグメント別戦略・計画・予算システム ……200
1 セグメント別戦略・計画・予算システムの本質 ……200
2 セグメント別戦略 ……201
3 セグメント別計画 ……205
4 セグメント別予算 ……208
Ⅳ 結びに代えて ……217

主要参考文献……220

索引……236

第1部
戦略・計画・予算システム総論

第1章
戦略・計画・予算システムの本質

Ⅰ ▶ はじめに

　厳しい経営環境のなかで，日本企業は生き残りをかけて，新たな挑戦を開始している。すぐ結果を出したいであろうが，そう簡単に望ましい結果は出ないであろう。今，企業に求められているのは，変革に向けての確固たる経営管理システムを戦略的に再構築し，日々変革を確実に実行していくことではなかろうか。そこで，本書では，戦略・計画・予算というこれまでの最も基本的な概念を基礎とする，一連のスパイラルループシステム（spiral loop system）として再構築していくことを提案したい。

Ⅱ ▶ 経営管理会計体系の見直し

1　経営管理会計体系の変遷

　経営管理会計は，当初ゲッツ（B.E.Goetz）により計画会計（accounting for planning）と統制会計（accounting for control）とに体系化された。[1] AAA1955年度原価概念および基準委員会により，計画が個別計画（project planning）と期間計画（period planning）とに区別された。[2] そして，ベイヤー（R.Beyer）により，短期期間計画（short-term period planning）を計画会計区分から抽出し，業績評価会計として組み替えることによって，意思決定会計（decision accounting）と業績会計（performance accounting）とに体系化する見解が主張された。[3]

そして，アンソニー（Robert N. Anthony）によって，戦略計画（strategic planning），マネジメント・コントロール（management control），オペレーショナル・コントロール（operational control），後にタスク・コントロール（task control）と名称変更した体系化が主張された。アンソニーによれば，「戦略計画とは，組織の諸目標と，諸目標を達成するための戦略を決定するプロセスである。」，「マネジメント・コントロールとは，管理者が，組織の戦略をインプリメントするために，他の組織メンバーに影響を与えるプロセスである。」，そして「タスク・コントロールとは，特定のタスクが効果的かつ効率的に遂行されるのを確実にするプロセスである。」と定義している。そして，戦略計画，マネジメント・コントロール，タスク・コントロールの特徴等を各種の図表に要約している。

　以上の各経営管理会計体系の関連性を図表1-1のように要約しよう。各主張は個々個別の見解であるから，本来相互に関係なく主張されている。し

図表1-1　経営管理会計体系の変遷

B.E.Goetz (1949年)	AAA1955年度原価概念および基準委員会	R.Beyer (1963年)	ASOBAT (1966年)	W.B.McFarland (1966年)	R.N.Anthony (1965年)	紺野 (2000年)
計画	個別計画	意思決定	非定型的計画	個別利益計画	戦略計画	戦略
計画	期間計画	業績	定型的計画	製品別・市場別利益計画	マネジメント・コントロール	計画
統制	統制	業績	非定型的統制	調整と統制	マネジメント・コントロール	予算
統制	統制		定型的統制	調整と統制	オペレーショナル・コントロール	予算

たがって，各見解を相互に関係づけることは難しいが，図表では，敢えて簡潔に，わかりやすくするために，かなり大胆に関係づけている。したがって，境界線，線引きの位置は，かなり曖昧なのは当然である。全体的な関連性をおおづかみに把握すればよいと考える。

　企業組織は，一般的にトップ，ミドル，それにロワーと3つの階層に区分されている。アンソニーは，経営管理上のシステムを計画・統制機能と組織階層とに関連させた。トップ・マネジメントは，主に計画機能を中心とする戦略計画を，ミドル・マネジメントは，主に計画機能と統制機能が併存しているマネジメント・コントロールを，ロワー・マネジメントは，主に統制機能を中心とするタスク・コントロールを担当する。このように，アンソニーの体系化は，経営組織階層に非常に対応していることが，より実践的で今日まで多くの支持を得てきた大きな要因であろう。アンソニーは，マネジメント・コントロールを経営管理会計と特に関連させており，より重視し，そこでより詳細に論述している。[10]だが残念ながら，戦略計画については，必ずしも期待したほどにあまり詳しく論述していない。アンソニーの改訂版においても同様である。むしろ，改訂版においては書名も主要論点もより鮮明にマネジメント・コントロールを中心とした内容に変更している。

2　戦略計画の検討

　アンソニーの戦略計画は目標と戦略の決定を意味している。目標を選択し，その目標を達成するための方法・方針を確定することである。このように，戦略の策定側面に限定されている。企業目標の選択，変更，組織の計画，人事・財務，マーケティングおよび研究開発などの基本的な方針の決定，他事業の取得，設備の増設などが内容である。すなわち，戦略計画には，経営基本構造に関する計画事項も一部含まれている。戦略計画では，非定型的な情報が中心であり，予測は極めて不確実である。だからこそ，有用な情報を提供することが，非常に難しい。しかも，非システム的に適応しなければならない。

　旧版では，戦略計画は目標と経営方針を中心に論述していた。[11]しかも戦略

という概念を明示的には使っていない。改訂版において，初めて「戦略」という用語を採用した。しかし，その中身は，以前の旧版とほとんど変わっていない。戦略計画には，目標の決定も含まれている。目標を戦略概念と区別して使用したほうが，経営戦略や経営実践がむしろ操作しやすいと思われる。もちろん，両者の相互関連性も重要である。目標が戦略レベルでより具体化されて，戦略目標として使用されるべきである。

　アンソニーは，戦略計画の特徴を，戦略計画とマネジメント・コントロールとの対比という方法で説明しており，必ずしも明確に区別して定義していない。マネジメント・コントロールは戦略計画で設定された枠内での執行の問題であり，決定された方針に従って，資源を取得し，使って目標を達成しようとする。すなわち戦略の遂行を確保するプロセスなのである。実際の資源配分はマネジメント・コントロールで，戦略計画は戦略の策定に厳格に限定されている。どのような戦略を選択するかまでであり，具体的な資源配分は伴っていない。このような戦略は一体どのような意義を有するのであろうか。すなわち，戦略を行動化するプロセスが欠けている。戦略そのものよりもむしろその成果，結果がより重要ではないか。このように戦略計画は，戦略の策定の側面だけであり，戦略の実施は含まれていない。経営者は戦略の決定が役割であり，その業績（結果）は管理者の責任であり，関係ないと考えている。

　経営資源の配分は戦略そのものではないか。当然配分方針は，アンソニーにおいても，戦略計画と考えられている。戦略計画は資源配分の方針を決定することにある。それに対して，マネジメント・コントロールは資源の取得と使用を確保することにある。このように，実際の資源の取得，使用はマネジメント・コントロールとしての予算管理の問題と考えられている。両者の区別も現実的にはなかなか難しいと思える。むしろより関連させて構築すべきではないか。

　アンソニー自身も，戦略計画とマネジメント・コントロールの境界線はかなり曖昧（fuzzy）であり，重複していると述べている。[12)]
　戦略計画のマネジメント・コントロールへの単純な一方的な規定関係を成立させることは，極めて困難かつ非実践的である。単純に戦略計画を基にす

ると，公式の会計，生産システムと論理整合しなくなる危険性もある。戦略計画において実行・遂行機能を切り離すことは実践的には非効率ではないか。しかも残念ながら戦略計画とマネジメント・コントロールをつなぐ接点の研究がほとんど考慮されていない。戦略計画とマネジメント・コントロールとの関係が曖昧なまま残り，これではシステム統合が適切には達成できない。

アンソニーのフレームワークでは，戦略の決定を受けて，戦略を具体化するプログラミングからマネジメント・コントロールのサイクルが開始されている。「プログラミング（programming）とは，組織が引き受ける主要プログラムと各プログラムに配分される資源の概算額とを決定するプロセスである。プログラム（program）とは，企業においては研究開発を含む製品系列（product lines）である」[13]。これだけでは，戦略計画とプログラムとの関係がはっきりしない。

戦略の実行を動機づけるシステムとして設計し，それを効果的に運用していくことがより重要であるが，アンソニーのフレームワークではこれが欠如している。単純にマネジメント・コントロールによる戦略の遂行では，環境変化に迅速に対応させる機能にも欠ける。しかも方針の迅速な変更を考えていない。これでは，外部環境との相互依存性が不十分となる。戦略の変更に伴い，新たな戦略を策定し，速やかな実行を動機づけることを意図したシステムが求められている。戦略をリードする方法でシステムを活用すべきではないか。

環境変化に応じて戦略が変更され，次から次へと戦略を策定していく必要があり，非常にコストのかかるものとなる。戦略の策定側面だけに焦点があてられ，実行の側面が軽視されているために，たとえどんなにすばらしい戦略が策定されても，結果へと結びつかないこともある。このような戦略の立てっぱなしを回避しなければならない。

戦略計画では，戦略の決定だけであるから，これだけでは計画機能の一側面でしかない。これでは，計画とはとても言えないのではないか。このように，アンソニーは統制機能を考慮しない領域を考えているのである。戦略計画という言葉自体が，不明確な表現と考えられる。むしろ端的に「戦略策定」，「経営方針決定」と表現すべきであろう。そうなると計画機能だけを考

える戦略計画は，どう考えても適切な用語・内容とは思えない。当然モニタリング等も考慮することはないことになる。

　戦略計画を戦略機能と経営構造計画機能とに区別して，戦略策定と実行の連結環として，計画・予算を仲介させたらどうであろうか。両者の相互作用を重視して，組織や人，そしてシステムをより統合化させるために，計画そして予算というプロセスを介在させるのである。このように，マネジメント・コントロールは戦略計画に基づいて，より関連させて展開すべきではないか。アンソニーでは両者の関連性の説明が不足していると思える。

　体系化することは往々にして各区分の違いに重点をおきすぎている。違いを強調することがポイントであると誤解されている。しかし，各体系項目間の関連性にもより注目すべきであろう。ある程度違いを認識して，しかもその関連性を重視する展開が必要である。

3　最近の課題とその対策

　経営環境の変化とこれまでの経営管理会計体系化の問題点を簡潔に検討する。

(1) 経営戦略の重要性増大と戦略遂行・実践の困難性

　経営戦略，戦略経営が発展して，過去と比べると，現在は経営戦略を非常に重要視している。戦略の影響が非常に大きくなり，特に環境の変化が迅速で激しくなってきている。これは今後ますます迅速に，激しくなると予測される。そこで，よりリアルタイムな迅速な決定と行動が重要となる。しかも，どのように戦略を確実に実施すべきであろうかの課題が残っている。戦略形成と遂行（実践）の一体化を目指さなければならない。すなわち，戦略を具体的に機能させるように考慮すべきである。アンソニーのように，マネジメント・コントロールだけでは，戦略の確実な実行は難しく，成果が上がらないこともある。

(2) 階層型組織（組織階層）の行き詰まり

　多階層組織からよりフラットな組織へ変遷している（花王の例）。そして，将来のネットワーク化組織（組織階層の分化・水平化）への変化にも対応し

なければならない。すなわち，創造性を増大させるために階層を簡素化し，そのためには，従業員の積極的参加とコミュニケーションが特に重要である。現場レベルからも戦略へ積極的に影響を与える展開も必要である。すなわち，インタラクティブ（interactive）な関係が重要となっている。命令や統制ではなく，自主的な学習（組織学習，学習する組織）への転換である。戦略の開発は，継続的なプロセスであり，日々戦略創造そして実践の繰り返しプロセスでもある。このように日常業務にも戦略を分離すべきでない。戦略に関するアイデアは実践活動に基づいて組織全体から生じる仕組みを構築する。このように，自律的個人による自律的企業（エンパワーメント重視，自己組織化）への展開も重要となる。創発的な戦略は現場から生じるのである。

（3）経営戦略の拡大・発展による経営管理会計への影響

　経営管理会計分野においても新しい潮流として，1980年代に戦略管理会計（Strategic Management Accounting；SMA）が登場してきた。戦略管理会計を経営管理会計との関係でどのように位置づけるのかに関しては，次の2つに大別される。

① 経営管理会計の一分野として戦略管理会計を位置づける見解

　多くのSMAの主張は，戦略的な意思決定問題を経営管理会計と関連させて，戦略管理会計を定義している。すなわち，経営管理会計の一分野として，特に戦略的意思決定問題を支援するのが，戦略管理会計と考えている[14]。個人的には，本来的にアンソニーの戦略計画を発展，拡大させたものとして，戦略管理会計を捉えたいと考えている。

② 経営管理会計を包含する拡大分野として戦略管理会計を位置づける見解

　これまでの経営管理会計をすべて包含し，戦略を重視してより一層拡大した分野として位置づける。

　たとえば，ロード（Beveley Lord）[15]は，「管理の焦点が，製品原価計算からより広範囲な管理諸問題へ推移してきたように，経営管理会計は原価計算から発展してきた。

　同様の方法で，管理の焦点が，内部諸問題から変化する外部環境内における状況を考慮することに推移するように，経営管理会計の新形態が戦略管理会計（SMA）として出現してきた。

図表1-2　Beveley Lordの原価会計・経営管理会計・戦略管理会計の比較

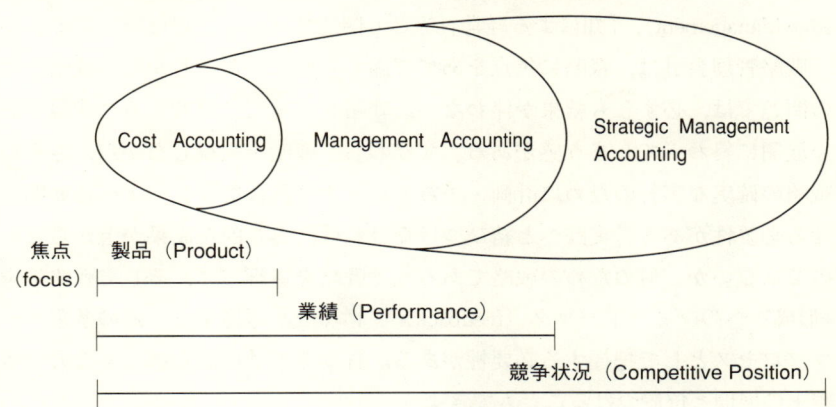

戦略管理会計は，原価および経営管理会計を包含するが，企業外部環境へ焦点を拡張している。」と論述している。

　この見解は現在まだ少数意見であろう。「戦略管理会計」という名称自体が経営管理会計の範囲を限定する呼称のようであるから，前者の見解が大勢なのである。しかし，今後の経営管理は，ますます戦略を中心として展開されるであろうから，経営管理会計も戦略を中心として展開せざるを得ないと思える。そうなると，後者への発展も当然の成り行きとなろう。そこで，戦略管理会計の名称よりもより拡大した，誤解を与えない拡大可能な名称としたほうがよいのかもしれない。たとえば，「創造会計」(Creative Accounting) という私案はどうであろうか。創造会計は，創造原理を中心として企業活動をより創造的に展開させるための会計である。具体的には本書で展開される戦略・計画・予算シテスム (Strategy Plan Budget System；SPBS) を構築し，実践を繰り返しながら，より創造的企業への変革を促進する。今後のさらなる内容の考察が当然必要であろうが，あまりにも，拡大しすぎであろうか。より曖昧な用語となってしまうという懸念もあろうが，どうか一考してもらえないか。今後の研究を期待したい。

　最近注目されている価値ベース経営 (Value Based Management；VBM)，企業価値創造経営，経済的付加価値 (Economic Value Added；EVA) 経営，市場

付加価値（Market Value Added；MVA）経営，知識創造，知識経営（Knowledge Management），「知による経営」等とも関連させることが可能である。[16]

　戦略管理会計は，戦略に焦点をあてて論じられている。しかし，戦略だけの問題では，必ずしも結果が伴わない。戦略レベルだけで考えると非現実的な展開に終わってしまう感がある。すなわち，戦略を重視しながら，さらに戦略の確実な実行のために計画・予算というより具体的なレベルへと展開させる必要性がある。実践へと結びつけなければ，実質的な成果が上がらないのではないか。何のための戦略であろう。戦略を遂行して，そして戦略策定（形成）へのフィードバック（feedback）・循環をも考慮する一連の多重ループプロセスとして把握する必要性がある。日本発の「原価企画」もこの延長線上の展開と位置づけることもできよう。

Ⅲ ▶ 戦略的経営管理の基本フレームワークとしてのSPBS

1　基本フレームワーク

　戦略的経営管理の基本フレームワーク（Basic Framework）として，これまで主張された多くのモデルを包含する拡張モデルとして捉え，簡潔に整理し直す。そこで，一連の多重ループプロセスとして戦略・計画・予算システムを構築するのである。全体系が，図表1－3のように要約される。最も基本的な概念について簡潔に定義しておこう。[17]

（1）目的（purpose）

　企業目的とは，企業が何故に存在し経営活動を行うのかを明らかにすることである。企業経営に対する根本的な哲学や思想を示すものであり，企業の基本的使命（mission）を明示したものである。企業目的は，一般的にかなり漠然としたもので，抽象的な表現によって示されることが多い。

（2）目標（objective）

　目的をより明確に具体化するために，到達目標が決められる。企業は目標を有する共同組織体であり，その活動は共通目標によって方向づけられる。

図表1-3　戦略的経営管理の基本フレームワーク

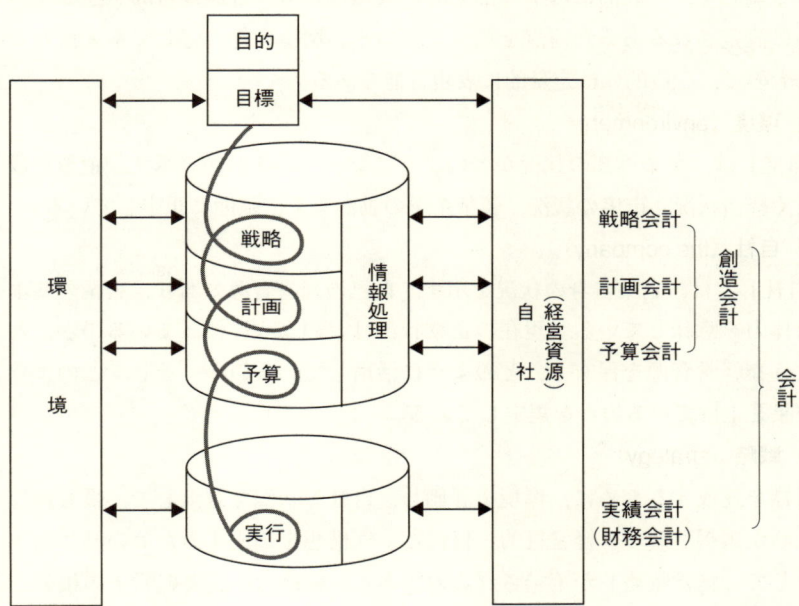

　すなわち，目標を明確に設定し，その目標に向けて，全社一丸となって経営活動が遂行されるべきである。企業目標としては，一般的に次のようなものが考えられている。[18]「永続的な存続，成長，発展」，「収益性（売上，利益，キャッシュフロー），成長性，市場地位（マーケット・シェア）」，「適正利益を前提としての品質向上，サービス向上，顧客満足，社会的責任，労働環境向上，従業員の資質向上，取引先との共生……」である。このように非常に多様な目標を設定することが考えられる。企業は本来的に利益やキャッシュを創出しながら生存し，利害関係者と社会に貢献しなければならない。そこで，企業の目標をより具体的に端的に表現すれば，利益，キャッシュの創造ということになろう。そのためには，より創造的な経営活動を展開し，社会に貢献し，より多くの価値を生み出していく必要がある。

　目的と目標は必要に応じて，区別せずにほぼ同じような意味で使用することもできる。しいて区別すれば，目的は企業の根本的な意思であり，環境変化に応じてあまり変わらない，より不変的なものである。計量的に表現する

ことも難しく，一般的にはより抽象的に表現される。目標は目的を達成するために設定されるある到達点を意味している。環境変化に応じて本来変わるべきもので，一般的には定量的に表現可能である。

（3）環境（environment）

「環境」は，企業外部の状況がどのようになっているのかを示す。企業を取りまく経済状況，市場の状況，競争企業の動向等を広範囲に規定している。

（4）自社（the company）

「自社」とは，企業自身の状況を示す。自己の経営資源であり[19]，企業の基本的な体力を意味している。現在の企業状況はどのようになっているのか，どのような経営資源を保有し，どのように活用しているのか，そしてどのような成果を上げているのかを規定している。

（5）戦略（strategy）

目標を達成するために，環境を評価し，自社の状況を認識して，最も適切な戦略が選択される。経営目的・目標という構想を達成するための具体的手法として「経営戦略」が策定されるのである。戦略は，企業経営上の根幹となる基本事項に関する経営意思を決定すること，すなわち方針，基本的な考え方，方向性，ドメイン，目標を達成するための方法・手法等を確定することを意味している。

このように進むべき方向・内容が明示され，各人に明確に理解され，簡潔・平易かつ具体的に提示されることによって，目標が共有され，目標達成が可能となる。

戦略は一般的に，全社戦略，事業戦略，機能戦略等に区分されるが，本書の戦略はすべてを包含する非常に広義の概念を意味している。

（6）計画（plan）

「計画」とは，戦略を実行するために，より具体的に，主に経営基本構造や業務執行活動を計量的に表現したものである。経営基本構造計画とは，業務執行組織，従業員採用・配置，設備投資など業務執行が行われる経営の基本構造に関する計画である。業務執行計画とは，経営基本構造を前提として，どのように経営活動を執行していくべきかを計画することである。戦略が基礎であり，計画は戦略を実行する手段であり，同時に戦略を構築する手段と

しても用いられる。計画によって企業の最も基本的な経営構造や業務執行の中心部分が決定される。経営環境に適合させて，経営基本構造をより積極的に変革させ，しかもより弾力的に業務執行を遂行しようとするものなのである。これにより，経営基本構造が根底から拘束され，業務執行の根幹部分が決定される。

(7) 予算 (budget)

「予算」とは，計画を確実に実行するために，より具体的に，主に金額的に表現したものである。予算に基づいて実際の経営活動が実践されていく。

予算は，所与の経営基本構造計画や業務執行計画を前提として，その確実な実行のために編成される経営基本構造予算と，その後の基本構造内において，いかに各業務を適切に遂行すべきかという側面を重視する業務執行予算とに分けられる。経営基本構造計画を実行するために，金額的裏づけを与えたのが経営基本構造予算である。経営基本構造予算は経営基本構造が確定するまでが問題であり，その後は通常の業務執行活動のなかに組み込まれ，業務執行予算の中に融合されていく。これまでは資本予算だけが考慮されていたが，これまでのように設備投資だけが経営基本構造に関する重要課題ではなく，広範囲な課題が今山積みされ，その解決を迫られているから，適応領域をより拡大させていかなければならない。すなわち，経営基本構造に関する広範囲な内容を包含する経営基本構造予算が必要とされる。たとえば，新規事業予算，外部経営資源活用予算，リストラ予算，グループ再編予算等を包含するものとして考えるべきである。

業務執行予算は，ほぼ同じような内容を反復的に繰り返して行われる性質のもので，経営基本構造を根本的に変えるものではない。日々の通常業務執行の側面により焦点をあてている。

予算は経営戦略・計画の遂行を保証するために，経営資源を金額的に配分・確定させたものである。経営戦略・計画の実現・実行を保証するためには，どうしても予算化せざるを得ない。金額的裏づけを伴った予算が必要であり，しかも実際に実行するまでのプロセスをより重視すべきである。

戦略の確実な実行に焦点をあてれば，単なる理念やビジョンであったり，お題目では意味をなさない。その方向性，内容・手法を決定するだけではな

く，実現を可能にする金額的保証を与えるべきである。方向性や内容・手法をより具体的に指示し，実現へ誘導するのが，予算にほかならない。経営戦略・計画を実行し，それをコントロールし，業績を評価し，次の経営戦略・計画を再検討することを含めて一連のスパイラルループプロセスとして考える必要性があろう。

(8) **情報処理**（information processing）

経営活動に関する情報の収集，処理，比較，分類，演算，分析，評価，監視，報告等を行う。

戦略・計画・予算システムは構想の具体化・実践プロセスであり，すなわち，構想を絞り込んでより明確にして，確実に実現していくのである。すなわち，戦略，計画そして予算という各レベルのループを経ながら，何を為すべきかをより鮮明に考慮していくプロセスでもある。このループのなかで，多くの課題が顕在化し，そして解決案が検討され，そして実践される。戦略から計画へ，計画レベルでは必要に応じて戦略レベルへ循環する。計画から予算へ，予算レベルでは必要に応じて計画レベルへ循環する。このような循環が自然の流れのように，円滑に繰り返されるのである。両者は一連の連関プロセスとして関連させるべきであろう。相互に影響し合い，しかも後者は前者を達成するために遂行されるべきである。そこで，戦略・計画・予算システムは，戦略・計画・予算プロセスを通して，見直し，改善することもで

図表1-4　戦略・計画・予算の特徴比較

項目	戦略	計画	予算
内容の程度	大まか	普通	詳細
視野，展望，視界	遠視	中間	近視
情報特性	定性	物量（金額を含む）	金額
厳格度	自由	中間	厳格

きるのである。

　戦略・計画・予算レベルの相違を要約すると，図表1－4のように整理できる。戦略的経営管理の基本フレームワークを3つのレベルに区分するので，各レベルごとの会計情報システムを対応させることができよう。すなわち，戦略は「戦略会計」，計画は「計画会計」，予算は「予算会計」ということになる。そしてこれらをすべて包含する名称として，経営管理会計でもよいのだが，敢えて新しい名称として，前述した「創造会計」を提案したい。実績は財務会計と対応する。そして，創造会計と財務会計を包含したものが，「会計」ということになる。創造会計を財務会計，経営管理会計と対比して，主な特徴を図表1－5のように一覧に要約しよう。

Ⅳ ▶ 結びに代えて

　アンソニーの戦略計画では戦略の策定にだけ限定されており，戦略の遂行はマネジメント・コントロールにゆだねられている。これでは，戦略の策定と遂行の相互作用が無視される危険性があろう。

　本書の主張は，経営管理機能面を考慮しつつ経営管理手法面を重視する試みである。アンソニーのフレームワークと最近の課題を改善するために，戦略をベースとして，その実践的遂行過程を計画そして予算へと連関させる戦略・計画・予算システムを提案したい。特に，Translating strategy into action にポイントがある。SPBとアンソニーの体系を関連させれば，戦略は主に戦略計画に，計画は主に戦略計画とマネジメント・コントロールの一部に，予算は主にマネジメント・コントロールとオペレーショナル（タスク）・コントロールにほぼ対応しよう。

注

図表1-5　財務会計・経営管理会計・創造会計の比較

項目	財務会計	経営管理会計	創造会計
目的	利害調整	経営管理	創造
目標	結果報告	利益向上	価値増大
焦点	過去指向	将来指向	過去・現在・将来の連続性
情報指向	過去情報	将来情報	将来情報中心
主体	企業全体	部門，製品等	個と全体
報告先	企業外部者	企業内部者	企業内部者中心
	外部報告	内部報告	内部報告中心
内容	決算報告	経営管理支援	創造活動支援
用具	財務諸表	内部報告書	情報とプロセス
原理	会計法規	経済原理	創造原理
	適法性	最大化，満足化	創造性
規制	法的規制	自由	自由
	社会的規制	各企業内のシステム化	各企業内のシステム化と柔軟性
実施程度	強制的	自主的	創造的
特質	法律規制	情報システム	情報システムとプロセス
情報特質	客観性	目的適合性	目的適合性
	公正性	有用性	有用性
	正確性	迅速性	適時性
期間	事業年度	月間，全期間等	日々，月間，年間，長期(任意)
測定基準	発生主義	発生主義と現金主義	現金主義と発生主義等
測定対象	利益	利益とキャッシュフロー	キャッシュフローと利益等
取引	所有権変動	事実変動（予測）	事実変動（予測）

第**1**章　戦略・計画・予算システムの本質

1 ）Billy E.Goetz, *Management Planning And Control*, McGraw-Hill, 1949. 今井　忍・矢野宏訳『経営計画と統制』日刊工業新聞社，1963年参照。
2 ）Committee on Cost Concepts and Standards 1955, "Tentative Statement of Cost Concepts Underlying Reports for Management Purposes", *the Accounting Review*, AAA, April 1956. 青木茂男監修『ＡＡＡ原価・管理会計基準』中央経済社，1975年，18－29，115－145頁参照。
3 ）Robert Beyer, *Profitability Accounting for Planning and Control*, Ronald, 1963. 参照。
4 ）Robert N. Anthony, *Planning and Control Systems : A Framework for Analysis*, Harvard Business School Press, 1965. 高橋吉之助訳『経営管理システムの基礎』ダイヤモンド社，1968年。――, *The Management Control Function*, The Harvard Business School Press, 1988. 参照。
5 ）Robert N. Anthony, *The Management Control Function*, op. cit., p.10.
6 ）*Ibid.*, p.10.
7 ）*Ibid.*, p.12.
8 ）章末図表参照
9 ）青木茂男編『管理会計概論』有斐閣，1967年，1－20頁，――著『新版 現代管理会計論』国元書房，1984年，30－35頁，AAA, *A Statement of Basic Accounting Theory*, 1966. 飯野利夫訳『基礎的会計理論』国元書房，1969年，Walter B.McFarland, *Concepts for Management Accounting*, ＮＡＡ, 1966. 参照。
10）アンソニーの体系化に関しては，拙稿「予算管理の動向」『中央大学大学院研究年報』1977年3月，第6号，115－117頁参照。
11）「戦略計画は，組織の目標，これらの目標の変更，これらの目標を達成するために用いられる資源，そしてこれらの資源の取得，使用，および処分を決める方針を決定するプロセスである。」Robert N. Anthony, *Planning and Control Systems : A Framework for Analysis*, op. cit., p.10.
12）*Ibid.*, p.31. Robert N.Anthony, *The Management Control Function*, op. cit., p.30.
13）*Ibid.*, p.15.
14）戦略管理会計の定義としては，次の見解が述べられている。
① 伏見多美雄
「戦略的マネジメントをサポートする会計という研究・実務領域のことを戦略管理会計と呼ぶ」。「マネジメント・コントロールが戦略とオペレーション（実行活動）の橋渡しの役割を果たす」と述べている。伏見多美雄著『経営の戦略管理会計』中央経済社，1992年，――編著『日本企業の戦略管理システム』白桃書房，1997年参照。

② 田中隆雄

「戦略的管理会計とは，戦略的意思決定にrelevantな情報を提供し，その結果をモニターする会計である。ここで，relevantな情報とは，意思決定によって将来の収益，コスト，利益等がどう変化するかを予測し，識別できる情報である。……4つのレベル（企業戦略，事業戦略，市場戦略，製品戦略）の戦略的意思決定に関連して，代替案の探索および選択を支援することが戦略的管理会計に期待された役割であり，機能である。」――著『管理会計の知見』森山書店，1997年，50－51頁。

③ 小林啓孝
「戦略的管理会計とは，経営戦略の形成，実行過程に会計情報を利用するという状況における管理会計を指すのであり，管理会計を戦略的に利用するという意味では用いられていない。」――稿「戦略的管理会計の枠組み」『三田商学研究』慶應大学商学会，1993年2月，第35巻第6号，51頁。

小菅正伸は戦略管理会計を次のように体系化して整理している。
① キャッシュ・フロー概念に基づき，長期的な戦略計画の局面を中心とした展開，
　「企業戦略のための会計」としての展開（たとえば伏見多美雄等の見解）
② シモンズの理論を継承する形での，「競争相手原価分析」としての展開，
　「事業戦略のための会計」としての展開
③「価値連鎖」の概念に基づいて「戦略的原価分析」から「戦略的コスト・マネジメント」への展開，

戦略実施のための，いわば戦略原価計算（strategic costing）として捉えている。
小菅正伸稿「戦略管理会計論の課題」『企業会計』中央経済社，1994年6月号，第46巻第6号，72－75頁参照。

15) Beveley Lord, "Strategic Management Accounting-Has Theory become Practice？"*Accountants' Journal*, Journal of The New Zealand Society of Accountants, Feb. 1994. Vol. 73 No. 1 p.49.

16) 井手正介・高橋文郎著『株主価値創造革命』東洋経済新報社，1998年，紺野 登著『知識資産の経営』日本経済新聞社，1998年，紺野 登・野中郁次郎著『知力経営』日本経済新聞社，1995年，「特集 キャッシュフロー経営 戦略の選択」『ダイヤモンド・ハーバード・ビジネス』ダイヤモンド社，1997年9月号参照。

17) 経営管理の基本プロセスに関しては，拙稿「戦略予算構想」『白鷗大学論集』白鷗大学，1990年，第5巻第1号，177－180頁参照。
これまでの参考となる統合システムとして，たとえばPPBS（planning-programming-budgeting system）がある。PPBSは，長期の計画と短期の予算とをプログラミングによって連結させている。そして，1962年からＴＩ社で採用されたOSTシステム（目的・戦略・戦術；Objective, Strategies, Tactical Action Programs）も参考となろう。拙稿，前掲稿，182，185－186，198－199頁参照。

18) 各経営目標の関連性とバランス性が特に重要となる。経営目標を唯一絶対の1つの

目標に限定することは,現実的ではない。多くの企業においては,非常に多くの目標が掲げられている。しかも,その各目標間には優先度,重要性においてはかなりの相違もあり,そして時代とともに変化することが考えられる。そこで,各目標をバランスよく整合的に決定しなければならない。一般的に考えられている多くの目標間の関連性の例示としては,拙稿「利益・設備投資計画に関する日本企業の実態と分析」『わが国の管理会計』中央大学出版部,1999年,20－21頁参照。

19) 経営資源に関しては,拙著『増補改訂版 新・経営資源の測定と分析』創成社,1994年参照。

図表1注-1　計画と統制活動の特徴：問題と意思決定の特質

	戦略計画	マネジメント・コントロール	タスク・コントロール
焦点 問題の特質	ある時点のある局面 認識することの困難性 非構造的 多くの代替案 不明確な偶然事項	組織全体 前例あり 多くの繰り返し 制限された代替案 ある局面はプログラム化	明確な各タスク 正確なルール 数学モデル
基準 制約	社会的と経済的 無制限	効率的と効果的 一般的に表現された戦略	効率的 厳しく制約されている
計画範囲	見通せる限り	今後数年間 1年を重視	直近
決定プロセス	ある公式の分析 ほとんど判断	多くの公式の分析	ルールに従う,もしルールが不適切なら判断
最終成果物	完全には時間 多くの繰り返し 不規則 しばしば1回の決定 目標,政策,戦略,正式文書	期日 繰り返しは稀 リズミック 全実体の総合計画	繰り返し 特定活動
評価	主観的かつ困難 長時間	困難少ない 少なくとも毎年	通常は明確 直近

Robert N. Anthony, *The Management Control Function*, op. cit., p.42.

図表1注-2　計画と統制活動の特徴：システムと情報の性質

	戦略計画	マネジメント・コントロール	タスク・コントロール
構造	本質的に非システム的特別注文	公式と非公式の両方	主にシステム的構造的
情報の性質	ほとんど外部環境 将来指向 期待結果	財務中心 外部と内部 計画と実際 期待と願望結果	多くは非貨幣的 内部 実際 業務モデル
焦点	研究されたトピック プログラム 非階層的	プログラムと責任センターの両方 階層的	特定取引 非階層的
質	分析に多くのデータ，ほとんど意思決定者には役立たない	要約 例外	詳細
正確性	およそ	かなり正確	正確
適時性	スピードが通常は重要ではない	スピードが正確性よりも重要	リアルタイム
蓄積データ	相対的に重要でない	重要	重要

Ibid., p.48.

図表1注-3　計画と統制活動の特徴：行動的側面

	戦略計画	マネジメント・コントロール	タスク・コントロール
関係者	トップマネジメント，スタッフ 少数	全マネジャー 階層的	個人（またはいない）
精神活動	革新的 起業的 多少分析的	リーダーシップ 説得的	フォロー装置
調整とコミュニケーション	相対的に容易 少グループ	困難 全組織	本質的に容易
責任	計画者は結果に対して責任なし	管理者は計画と結果の両方に責任あり	監督者は結果に対して責任あり
報酬基準	完全に主観的	部分的に客観的 結果に基づく報酬	客観的

Ibid., p.53.

図表1注-4　計画と統制活動の特徴：他の特質

	戦略計画	マネジメント・コントロール	タスク・コントロール
計画と統制の バランス	計画優位，統制わずか	計画と統制	統制優位，計画わずか
根本原理	経済学	経済学 社会心理学 システム論	経営科学 オペレーションズ 　リサーチ 物理学
システム デザイン	非システム的	特定産業 管理ニーズ分析 個人的	特定問題 プロセス分析 非個人的

Ibid., p.56.

図表1注-5　意思決定の実例

戦略計画	マネジメント・コントロール	タスク・コントロール
非関連事業の買収	製品系列内の新製品や 　新ブランド	発注
製品ラインの追加	工場の拡張	生産計画
ダイレクトメール販売 の追加	広告予算	ＴＶコマーシャルの予約
負債比率の変更	新規負債の発行	キャッシュ管理
肯定的活動方針の採用	マイノリティの雇用計画 の実行	人事記録保持
在庫沸騰方針	在庫水準の決定	ある品目の再発注
研究の規模と方向	研究組織のコントロール	個々の研究プロジェクト

Ibid., p.59.

第2章
戦略・計画・予算システムの実態と展望

I ▶ はじめに

　第1章の基本フレームワークに基づいて，日本企業の実態を解明するために調査を実施した。1996年7月東証1部上場企業に対してアンケート調査を実施し，[1] そして97年夏に自動車メーカーを中心にインタビュー調査を加えた。本章では，アンケート調査結果の総論部分に関して検討する。調査項目によっては，「過去」，「現在」，「将来」という時点を区別して調査している。

II ▶ 日本企業の実態分析

（1）経営目標

　過去の経営目標に関しては，「利益維持・拡大目標」（35.1％）と「売上高維持・拡大目標」（34.6％）が多く，次に「シェア維持・拡大目標」（11.2％）の順である。現在の経営目標では，「利益維持・拡大目標」（56.4％）が断然多く，次に「売上高維持・拡大目標」（12.8％）と「コスト削減（合理化，省力化）目標」（11.7％）と「新製品・サービス開発目標」（9.6％）の順である。そして，将来の経営目標になると，「利益維持・拡大目標」（59.0％）が断然多く，次に「新製品・サービス開発目標」（14.4％）で，そして「売上高維持・拡大目標」（7.4％）と「シェア維持・拡大目標」（5.9％）の順である。このように，時代とともに，より適切に環境変化に応じて目標の比重が変化していることが確認できる。経営目標としては，利益目標が最も重視されて

図表2-1 環境と目標の関連

環境 \ 目標		利益	売上	シェア	新製品	コスト	その他	合計
需要動向	過去	30	29	10	1	3	5	78
	現在	33	8	1	3	4	2	51
	将来	30	5	2	2	3	1	43
競争激化	過去	9	7	5	3	0	1	25
	現在	27	10	4	4	5	1	51
	将来	23	5	4	2	3	2	39
市場成熟化	過去	4	7	1	0	2	1	15
	現在	8	2	0	4	8	1	23
	将来	12	0	2	4	0	1	19
消費者ニーズの多様化	過去	4	6	1	1	0	3	15
	現在	15	1	3	2	2	0	23
	将来	14	0	1	9	0	4	28
景気変動	過去	11	12	3	1	2	4	33
	現在	13	3	0	0	1	1	18
	将来	12	2	2	0	0	1	17
技術革新の進展	過去	4	1	0	3	0	0	8
	現在	7	0	0	3	0	1	11
	将来	16	2	0	6	0	6	30
その他	過去	4	3	1	1	1	4	14
	現在	3	0	0	2	2	4	11
	将来	4	0	0	4	0	4	12
合計	過去	66	65	21	10	8	18	188社
	現在	106	24	8	18	22	10	188社
	将来	111	14	11	27	6	19	188社

おり，次に売上目標ということで，この両者が2大目標であることは間違いなく確認された。

(2) 経営環境

過去の経営環境に関しては，「需要動向」（41.5％）が最も重要である。現在の経営環境では，「需要動向」（27.1％）と「競争激化」（27.1％）とが重要である。そして，将来の経営環境になると，「需要動向」（22.9％）と「競争激化」（20.7％），そして「技術革新の進展」（16.0％），「消費者ニーズの多様化」（14.9％）が重要となり，かなり分散してくる。

環境と目標との関連性については，現在・将来の経営環境としての「需要動向」，「競争激化」，「消費者ニーズの多様化」，将来の経営環境としての「技術革新の進展」は，利益目標とより関連している。過去の経営環境としての「需要動向」，「景気変動」は売上目標とより関連している。現在の経営環境としての「市場成熟化」は，コスト目標と関連している。将来の経営環境としての「消費者ニーズの多様化」，「技術革新の進展」は，新製品目標とも関連している。このように，環境変化によって目標がかなり影響されている。

(3) 経営資源の強み

経営資源の強みに関しては，「製品・サービス力」と「技術力，研究開発力」が断然多い。過去の経営資源の強みに関しては，その他に「伝統，知名度，ブランド」（18.1％）も多い。現在の経営資源の強みでは，その他に「伝

図表2-2　経営資源の強み

項　目	過去		現在		将来	
	会社数	％	会社数	％	会社数	％
製品・サービス力	50	26.6	58	30.9	46	24.5
技術力，研究開発力	40	21.3	39	20.7	55	29.3
伝統，知名度，ブランド	34	18.1	25	13.3	10	5.3
高シェア	17	9.0	6	3.2	7	3.7
取引先	12	6.4	12	6.4	7	3.7
人材	12	6.4	14	7.4	20	10.6
マーケティング力	8	4.3	15	8.0	23	12.2
財務体質，資金力	7	0	2	1.1	8	4.3
その他含む計	188	100	188	100	188	100

統,知名度,ブランド」(13.3%)も多い。そして,将来の経営資源の強みになると,その他に「マーケティング力」(12.2%),「人材」(10.6%)が多くなっている。

（4）経営資源の弱み

経営資源の弱みに関しては,「マーケティング力」が断然多い。次にその他の各項目に分散している。過去の経営資源の弱みに関しては,「マーケティング力」(34.0%)が断然多い。現在の経営資源の弱みでは,「マーケティング力」(35.1%)が断然多い。そして,将来の経営資源の弱みになると,「マーケティング力」の他に「技術力,研究開発力」(16.0%),「人材」(15.4%),「財務体質,資金力」(11.2%),「情報力」(11.2%)が多くなり,かなり分散してくる。

経営資源の強みと弱みとの対比では,「製品・サービス力」は強みであり,弱みではないと,かなりきわだっている。「マーケティング力」は強みとなることもあるが,多くの場合弱みとして認識されている。すなわち,一般的に,企業の経営資源の強みは「製品・サービス力」で,弱みは「マーケティング力」という実態である。

（5）経営戦略

過去の経営戦略に関しては,「生産販売規模・シェアの拡大」(38.8%)が断然多い。現在の経営戦略では,「コスト削減（合理化,省力化)」(30.9%)

図表2-3　最も重要な経営戦略

項　目	過去		現在		将来	
	会社数	%	会社数	%	会社数	%
生産販売規模・シェアの拡大	73	38.8	30	16.0	25	13.3
製品サービスのハイテク化・高付加価値化	24	12.8	29	15.4	41	21.8
コスト削減	24	12.8	58	30.9	17	9.0
ニーズに対応した開発	22	11.7	25	13.3	37	19.7
研究開発力の強化	14	7.4	23	12.2	35	18.6
不採算部門の整理・縮小	12	6.4	3	1.6	2	1.1
多角化	11	5.9	2	1.1	7	3.7
国際化	4	2.1	11	5.9	19	10.1
その他含む計	188	100	188	100	188	100

図表2-4　経営戦略と目標の関連

経営戦略	目標	利益	売上	シェア	新製品	コスト	その他	合計
生産販売規模・シェア拡大	過去	20	33	16	—	—	4	73
	現在	14	12	2	—	1	1	30
	将来	12	7	4	—	—	2	25
コスト削減	過去	14	2	—	—	5	2	23
	現在	31	4	1	2	17	2	57
	将来	11	—	—	—	3	2	16
ハイテク化・高付加価値化	過去	12	10	—	1	—	1	24
	現在	20	4	2	—	2	1	29
	将来	30	1	1	4	2	3	41
ニーズに対応した開発	過去	7	10	2	1	1	—	21
	現在	16	4	1	4	—	—	25
	将来	22	3	3	4	—	5	37
研究開発力の強化	過去	14	1	1	7	—	1	14
	現在	9	—	1	10	1	2	23
	将来	17	1	2	13	1	1	35
国際化	過去	—	3	—	—	—	1	4
	現在	7	—	1	2	—	—	10
	将来	11	—	1	4	—	3	19
多角化	過去	2	4	1	—	—	4	11
	現在	2	—	—	—	—	—	2
	将来	4	1	—	1	—	1	7
その他	過去	6	2	1	1	2	3	15
	現在	6	—	—	—	1	2	9
	将来	4	1	—	—	—	—	5
合計	過去	66	65	21	10	8	16	186社
	現在	105	24	8	18	22	8	185社
	将来	111	11	11	27	6	17	186社

が断然多い。そして，将来の経営戦略になると，「製品・サービスのハイテク化・高付加価値化」(21.8%)，「ニーズに対応した開発」(19.7%)，「研究開発力の強化」(18.6%)，「生産販売規模・シェアの拡大」(13.3%)，「国際化」(10.1%) とかなり分散してくる。

過去は「生産販売規模・シェアの拡大」，現在では「コスト削減（合理化，省力化）」，そして将来になると「製品・サービスのハイテク化・高付加価値化」と明確に変化してきている。すなわち，環境に応じて，経営戦略が相違することが非常に明確に実証できる。将来は，より多様な経営戦略に分散していく傾向も明らかである。

目標と経営戦略の関連性に関しては，過去時点の売上・シェア目標だと規模・シェア拡大戦略とかなり対応している。現在時点の売上目標だと規模・シェア拡大戦略とかなり対応しているが，利益目標では各種の経営戦略に分散している。[2] 現在時点のコスト目標だとコスト削減戦略とかなり対応している。現在・将来時点の新製品目標だと研究開発力の強化戦略とかなり対応している。すなわち，目標に基づいて経営戦略が策定されていることが実証された。

(6) 環境変化への適応方法

環境変化への適応方法に関しては，「経営戦略の策定・変革」(32.4%)，「スピード」(31.4%)，「柔軟性の重視」(17.6%)，「創造性の重視」(10.6%) の順である。最近，特にスピードが注目され，迅速な対応がますます必要となってきている時代である。

(7) 創造的経営の実施程度

創造的経営の実施程度に関しては，「普通に創造的に行っている」(45.7%)，「かなり創造的に行っている」(26.1%)，「多少創造的に行っている」(18.6%) の順である。全般的に創造性が欠如していると思われる。現状では創造性をあまり意識して経営が行われていない。

(8) 柔軟性重視経営の実施程度

柔軟性重視経営の実施程度に関しては，「かなり重視している」(38.8%)，「普通に重視している」(36.7%)，「大変重視している」(10.6%)，「多少重視している」(10.6%) の順である。柔軟性重視経営の実施程度と経営戦略・計

図表2-5　柔軟性重視経営の実施程度と経営戦略・計画・予算の関連性の程度との関連

		合計	柔軟性重視経営の実施程度				
上段：実数 下段：全％			大変重視 している	かなり重視 している	普通に重視 している	多少重視 している	重視して いない
全体		187 100.0	20 10.7	72 38.5	69 36.9	20 10.7	6 3.2
経営戦略・ 計画・予算 の関連性の 程度	大変ある	52 27.8	12 6.4	25 13.4	11 5.9	3 1.6	1 0.5
	かなりある	78 41.7	6 3.2	33 17.6	30 16.0	7 3.7	2 1.1
	普通にある	44 23.5	2 1.1	11 5.9	22 11.8	7 3.7	2 1.1
	多少はある	13 7.0	— —	3 1.6	6 3.2	3 1.6	1 0.5
	ない	— —	— —	— —	— —	— —	— —

カイ自乗値 27.32　自由度 16　確率 0.0380　有意差判定 [＊]

図表2-6　柔軟性重視経営の実施程度と当期利益との関連

		合計	柔軟性重視経営の実施程度				
上段：実数 下段：全％			大変重視 している	かなり重視 している	普通に重視 している	多少重視 している	重視して いない
全体		184 100.0	20 10.9	70 38.0	68 37.0	20 10.9	6 3.3
当期利益	1億円未満	18 9.8	2 1.1	6 3.3	9 4.9	— —	1 0.5
	1億円以上10億円未満	44 23.9	6 3.3	12 6.5	18 9.8	6 3.3	2 1.1
	10億円以上15億円未満	22 12.0	— —	11 6.0	9 4.9	2 1.1	— —
	15億円以上30億円未満	21 11.4	— —	4 2.2	13 7.1	3 1.6	1 0.5
	30億円以上	79 42.9	12 6.5	37 20.1	19 10.3	9 4.9	2 1.1

カイ自乗値 26.44　自由度 16　確率 0.0181　有意差判定 [＊]

第2章 戦略・計画・予算システムの実態と展望

図表2-7 経営戦略に基づく計画設定と経営戦略・計画・予算の関連性の程度との関連

上段：実数 下段：全%		合計	経営戦略に基づいての計画設定		
			している	多少している	していない
全体		187 100.0	144 77.0	42 22.5	1 0.5
経営戦略・計画・予算の関連性の程度	大変ある	52 27.8	50 26.7	2 1.1	— —
	かなりある	78 41.7	65 31.8	13 7.0	— —
	普通にある	44 23.5	27 14.4	16 8.6	1 0.5
	多少はある	13 7.0	2 1.1	11 5.9	— —
	ない	— —	— —	— —	— —

カイ自乗値 19.51　自由度 8　確率 0.0000　有意差判定 [＊＊]

画・予算の関連性の程度とに関しては，柔軟性を重視して経営を実施しているほどに，かなり経営戦略・計画・予算の関連性がよりある。柔軟性はSPB関連にとって重要な要因である。柔軟性重視経営の実施程度と当期利益との関連性に関しては，柔軟性を重視して経営を実施しているほどに，当期利益がより多くなっている。

（9）経営戦略・計画・予算の関連性の程度

経営戦略・計画・予算の関連性の程度に関しては，「かなりある」（41.5％），「大変ある」（27.7％），「普通にある」（23.4％）の順である。思ったより関連性があるという結果となった。

（10）経営戦略に基づいた計画の設定

経営戦略に基づいた計画の設定に関しては，「している」（77.1％）が断然多い。そして，次に「多少している」が22.4％である。経営戦略に基づいた計画の設定と経営戦略・計画・予算の関連性の程度とに関しては，経営戦略に基づいて計画を設定しているほどに，経営戦略・計画・予算の関連性がよ

図表2-8　計画に基づく予算編成と経営戦略・計画・予算の関連性の程度との関連

上段：実数 下段：全%		合計	経営計画に基づいた予算編成		
			している	多少している	していない
全体		187 100.0	142 75.9	41 21.9	4 2.1
経営戦略・計画・予算の関連性の程度	大変ある	52 27.8	49 26.2	3 1.6	— —
	かなりある	78 41.7	64 34.2	14 7.5	— —
	普通にある	44 23.5	26 13.9	16 8.6	2 1.1
	多少はある	13 7.0	3 1.6	8 4.3	2 1.1
	ない	— —	— —	— —	— —

カイ自乗値	自由度	確率	有意差判定
44.21	8	0.0000	[＊＊]

図表2-9　経営戦略に基づいた計画設定と計画に基づいた予算編成の比較

	経営戦略に基づいた計画設定		計画に基づいた予算編成	
	会社数	%	会社数	%
している	145	77.1	143	76.1
多少している	42	22.4	41	21.8
していない	1	0.5	4	2.1
計	188社	100	188社	100

図表2-10　経営戦略に基づく計画設定と計画に基づく予算編成との関連

		合計	経営戦略に基づいた計画設定		
	上段：実数 下段：全%		している	多少している	していない
全体		188 100.0	145 77.1	42 22.3	1 0.5
経営計画に基づいた予算編成	している	143 76.1	125 66.5	18 9.6	— —
	多少している	41 21.8	19 10.1	22 11.7	— —
	していない	4 2.1	1 0.5	2 1.1	1 0.5

カイ自乗値　自由度　確率　　　有意差判定
79.87　　　1　　0.0000　　　［＊＊］

りある。

(11) 計画段階での戦略の見直し

　計画段階での戦略の見直しに関しては，「時にはある」(55.3%)，そして「ある」(37.8%) が多い。経営戦略に基づいた計画の設定と計画段階での戦略の見直しとの関連性に関しては，経営戦略に基づいて計画を設定しているほどに，計画段階で戦略の見直しをする傾向がより強い。

(12) 計画に基づいた予算の編成

　計画に基づいた予算の編成に関しては，「している」(76.1%) が断然多い。そして，次に「多少している」が21.8%である。計画に基づいた予算の編成と経営戦略・計画・予算の関連性の程度とに関しては，計画に基づいて予算を編成しているほどに，経営戦略・計画・予算の関連性がよりある。

　経営戦略に基づいた計画の設定と計画に基づいた予算の編成に関する調査結果ではほとんど変わらず，同じような結果である。経営戦略に基づいて計画を設定していれば，計画に基づいて予算を編成しているということになる。

経営戦略に基づいた計画の設定と計画に基づいた予算の編成との関連性に関しては，経営戦略に基づいて計画を設定しているほどに，計画に基づいて予算をより編成している。

経営計画と予算の関連性に関して，注目すべき事例が報告されている[3]。

「日本電気㈱では，長（中）期計画の実行面を担う，換言すれば戦略のインプリメンテーションの役割を担うサブ・システムとして，年度予算を位置づけている。

もっとも，長（中）期計画と予算管理システムとの連動は，日本電気㈱でもかならずしも成功的ではない。ときに両者がまったく別個のサブ・システムとみなされており，年度予算が長（中）期計画にフィードバックされない。それは，(1) 長（中）期計画は企画部，年度予算は経理部というように，各サブ・システムを別の部署が担当するためであり，(2) さらに長（中）期計画を予算管理システムへ翻訳するための具体的な触媒が設定されていなかったのが原因である。こうした事実を踏まえて，戦略形成のサブ・システムたる長（中）期計画システムと，戦略のインプリメンテーションを担うサブ・システムとしての年度予算システムが，より強く結合し，連動するようなシステム構築が，いま課題として意識されている。

この強力な相互補完関係を形成するための第一要件は，年度予算の機能に，長（中）期計画の実行計画たる性格を明確に付与することである。年度予算は，長（中）期計画の一環として，具体的にはその初年度実行計画として編成されているのである。」

計画を中長期と短期に区分すれば，中長期はより戦略レベルに近く，短期はより予算レベルに近いと考えられる。それでは中長期と短期をどのように連結させるのかという課題が残る。

(13) 予算段階での計画の見直し

予算段階での計画の見直しに関しては，「時にはある」(55.3%)，そして「ある」(33.0%) が多い。計画に基づいた予算の編成と予算段階での計画の見直しとの関連性に関しては，計画に基づいて予算を編成しているほどに，予算段階で計画をより見直している。

計画段階での戦略の見直しと予算段階での計画の見直しを比較すると，計

図表2-11 見直しの比較

	計画段階での戦略の見直し		予算段階での計画の見直し		増減会社数
	会社数	％	会社数	％	
ある	71	37.8	62	33.0	−9
時にはある	104	55.3	104	55.3	
ない	13	6.9	22	11.7	＋9
計	188社	100	188社	100	

図表2-12 計画段階における戦略の見直しと予算段階における計画の見直しとの関連

		合計	計画段階での戦略の見直し		
上段：実数 下段：全％			ある	時にはある	ない
全体		188 100.0	71 37.8	104 55.3	13 6.9
予算段階での 計画の見直し	ある	62 33.0	47 25.0	14 7.4	1 0.5
	時にはある	104 55.3	20 10.6	79 42.0	5 2.7
	ない	22 11.7	4 2.1	11 5.9	7 3.7

カイ自乗値　自由度　確率　　　有意差判定
78.51　　　4　　　0.0000　　[＊＊]

図表2-13　ＳＰＢ・ＳＰ・ＰＢ関連性の程度

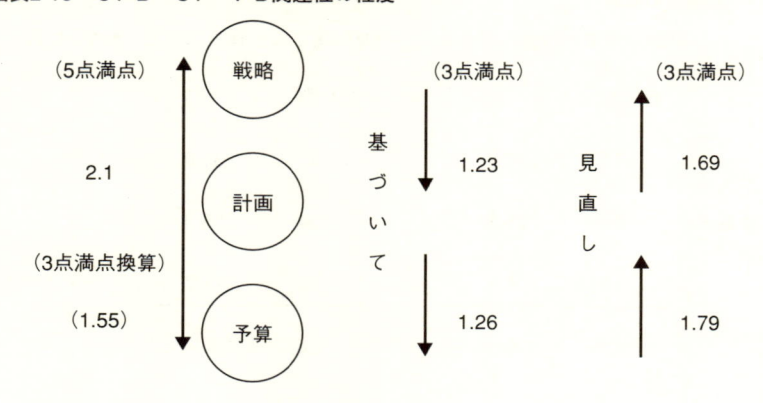

```
（5点満点）↕        戦略              （3点満点）              （3点満点）↑
                                    基        ↓               見        1.69
     2.1             計画           づ      1.23             直
                                    い                        し        ↑
（3点満点換算）                      て        ↓                         1.79
    (1.55)           予算                    1.26
```

画段階での戦略の見直しに関しては「ある」が多少減少し，その減少分が予算段階での計画の見直しでは，「ない」に移っている。戦略のほうが計画と比べて多少見直すことがある。これは，戦略のほうがより概念的抽象レベルであるからであろう。計画となるとできるだけ変更したくないという意向がより強く働くと思われる。計画段階での戦略の見直しと予算段階での計画の見直しとの関連性に関しては，計画段階で戦略を見直しているほどに，予算段階で計画をより見直している。

　戦略・計画・予算の関連性と戦略・計画，計画・予算との関連性の程度を平均値で比較してみよう。[4)]SPB関連は5点換算であり，SP，PB関連は3点換算である。そこで，SPB関連も3点換算に単純に変換して比較しよう。1に近いほうが，関連性が強い点数法である。SPB関連性のほうがSP，PB関連性よりも多少弱い。個々の関連性については，大変あるという結果だが，戦略・計画・予算全体の関連性になると多少弱くなっている。三者の全体的システム化は多少不十分のように思える。上下関係（基づいて）は，当然下上関係（見直し）よりも強い。

　このように，SPBの全体的関連性は必ずしも満足するほどには強くないが，関連性をより強化したいという願望は根強い。しかし，どのように強化するのかという課題がある。とは言え各レベルを完全に同じものとして把握すべきではなく，各レベルごとに検討が繰り返されるべきものと考えられる。

(14) 予算の柔軟性の程度

予算の柔軟性の程度に関しては,「普通にある」(53.2％),「かなりある」(23.4％),「多少はある」(17.0％)の順である。予算の柔軟性の程度と当期利益との関連性に関しては,予算の柔軟性があるほどに,当期利益がより多くなっている。

(15) 予算柔軟化のための手法

予算柔軟化のための手法に関しては(複数回答),「予算修正」(63.8％),「予備費」(25.5％),「予算流用」(17.6％),「ころがし予算」(12.8％),「不測事態対応(コンティンジェンシー)予算」(12.2％),「変動予算」(9.6％)の順である。圧倒的に「予算修正」が多い。

(16) 企画部門と経理部門との関連性

企画部門と経理部門との関連性に関しては,「かなりある」(39.4％),「普通にある」(31.4％),「大変ある」(22.3％)の順である。企画部門と経理部門との関連性と経営戦略・計画・予算の関連性の程度とに関しては,企画部

図表2-14 予算の柔軟性の程度と当期利益との関連

	上段：実数 下段：全％	合計	予算の柔軟性の程度				
			大変ある	かなりある	普通にある	多少はある	ない
	全体	185 100.0	4 2.2	44 23.8	100 54.1	31 16.8	6 3.2
当期利益	1億円未満	18 9.7	— —	6 3.2	4 2.2	7 3.8	1 0.5
	1億円以上10億円未満	43 23.2	— —	10 5.4	21 11.4	12 6.5	— —
	10億円以上15億円未満	25 13.5	— —	7 3.8	12 6.5	6 3.2	— —
	15億円以上30億円未満	21 11.4	— —	3 1.6	14 7.6	3 1.6	1 0.5
	30億円以上	78 42.2	4 2.2	18 9.7	49 26.5	3 1.6	4 2.2
			カイ自乗値 33.43	自由度 16	確率 0.0065	有意差判定 [**]	

門と経理部門との関連性があるほどに，経営戦略・計画・予算の関連性がよりある。企画・経理部門間の人事交流を積極化して，関連性を強化している。

Ⅲ ▶ 経営管理会計の再構築

経営戦略・計画・予算の関連性が重要ということは実証されたが，それではどのようにして，この関連性をより強化し，完全に一体化したシステムとすればよいかを考察しよう。

1 経営組織面からの対応

戦略・計画・予算を完全に一体化するための組織を構築する。各組織（単位）に戦略・計画・予算を形成し実行する一連の権限を与える。すなわち，権限委譲による対応である。たとえば，SBU（strategic business unit），戦略センター，カンパニー制（社内分社化），分社化，純粋持ち株会社等の導入が考えられる。長（中）期計画と年度予算との強固な結合ないし相互補完関係を形成するためには，SBUを結合媒体として，両システムにまたがるマネジメントの結合的な展開が必要である。事例として，横河電機㈱では，SBU会議を組織して，SBU戦略が策定され，それを織り込んでSBU中期計画が設定される。これに，さらにSBU予算が編成されればよいのである。
[5)]

2 経営戦略と一体化した業績目標の設定

経営戦略をより明確化し，これを具体的な戦略目標として確定し，それに基づいて業績評価を実施することによって，経営戦略の実現を保証する。たとえば，最近の例として，カプラン（R．S．Kaplan）&ノートン（D．P．Norton）によるバランスド・スコアカード（Balanced Scorecard；BSC）が提案されている。BSCでは，財務，顧客，内部のビジネス・プロセスそして学習と成長という4つの視野の業績を対象として，組織のミッションと戦略を解釈
[6)]

し，複合的な業績測度に組み替える。組織のビジョンと戦略からBSCの目的と測度が導かれ，戦略と業績評価目標の一体化を目指している。これにより，経営戦略をより確実に実行していこうとする。経営戦略と業績評価目標とが完全に一致すれば，経営戦略の実行がより確実となってくる。

　いずれにしろ，最終的にはSPBSを総合的な経営管理の中心システムとして堅固に構築し，より適切に運用・改革することが必要ではなかろうか。その際SPBSを構築することによって，SPBの関連性を明確化しながら展開すべきである。

Ⅳ ▶ 結びに代えて

　ABB（Asea Brown Boveri）社の統制と創造のネットワーク・マネジメントは，非常に多くのヒントを与えてくれる[7]。相反するパラドックス（グローバルでローカル，大企業でありながら小さな組織単位，中央集権と分権，権限委譲）を解決するために，ABACUS（Asea Brown Boveri Accounting & Communication System）とロータス・ノーツによる情報共有システムを活用している。両者の共存により，パラドックスのバランスを目指すのである。ABACUSは厳格な管理システムであり，標準化されたプロセスとして5,000のprofit centerを詳細に管理している。ロータス・ノーツによるコミュニケーションとデータベースは，各市場の詳細な個別情報をリアルタイムに全世界レベルの情報として共有，活用するのである。このように，情報システムにおいて統制と自由という二律背反するコンセプトによってシステムを構築している。

　SPBSはかなり厳格な確固たるシステムであるから，これを補うために，より自由な個別的な情報システムをも別途整備して，補完することも必要である。このように，より創造的に経営変革を実行できる基盤と，その弾力的な運用を保証するシステムが同時に求められている。

　企業経営に創造が求められているように，会計においても，より創造的に経営に貢献するための大胆な改革が必要なのかもしれない。やっと創造会計への第一歩を踏み出しただけであり，より具体化させ，確実に実行するため

の研究が期待されている。

注
1) 拙稿「実態調査 戦略・計画・予算の関連性に関するアンケート調査」『白鷗ビジネスレビュー』白鷗大学ビジネス開発研究所，1997年3月，第6巻第1号，105－135頁参照。
   本文中の単純集計結果の％表示は，原則として非該当を含めて計算している。図表上のクロス分析集計結果の％表示は，非該当を除いた件数によって計算している。したがって，両者の％表示は多少相違している場合が多い。
2) 拙稿「利益・設備投資計画に関する日本企業の実態と分析」『わが国の管理会計』中央大学出版部，1999年，18－19頁参照。
3) 伊藤　博稿「管理会計の現代像－企業予算編－」『経営実務』企業経営協会，1992年8月号，No.459，7頁。
4) 戦略・計画・予算の関連性に関する他の調査結果を例示しよう。
① 企業経営協会予算研究グループの調査結果（1988年）
A 戦略計画・長（中）期計画について
　（ア）年度予算のガイドとならない。最終年度だけよくなる傾向を持つ。
　　　　その通りである　　　　38社　（24.1％）
　　　　それほどでない　　　　85社　（53.8％）
　　　　そういう事実はない　　32社　（20.3％）
　　　　その他　　　　　　　　 3社　（1.8％）
　　　　　　　計　　　　　　 158社　（100％）
　（イ）硬直的で，年度予算と整合しない。ローリングが難しい。
　　　　その通りである　　　　31社　（19.9％）
　　　　それほどでない　　　　96社　（61.5％）
　　　　そういう事実はない　　26社　（16.7％）
　　　　その他　　　　　　　　 3社　（1.9％）
　　　　　　　計　　　　　　 156社　（100％）
B 年度予算を戦略計画・長（中）期計画の実現手段と位置づけているか。
　　　　位置づけている　　　　72社　（88.9％）
　　　　位置づけていない　　　 9社　（11.1％）
　　　　　　　計　　　　　　　81社　（100％）
　　戦略計画は，年度予算と必ずしも関連性が強くないが，関連性を強化させようと考

第2章　戦略・計画・予算システムの実態と展望

えてはいる。しかし、どのように連関させていくかという課題が残されている。伊藤　博稿「わが国における予算管理の現状と課題」『経営実務』企業経営協会，1988年12月号，第416号，14頁。
② 1990年度企業経営協会主催管理会計研究会
　長期計画と短期（予算）との関連については，短期（予算）は長期経営計画の方向づけ，ガイドラインとして位置づける機能から，短期（予算）は長期計画の実行手段としての位置づけへと変化してきている。すなわち，より関連性が強化されてきている。伊藤　博稿「管理会計の現代像－企業予算編－」前掲稿，6頁参照。
③ 産業経理協会予算検討委員会1992年6月調査

	中・長期経営計画と期間予算との関連	短期経営計画と期間予算との関連
後者が前者の一環である 後者が前者の一環であって，かつそれを基礎とする	82社　（48％）	73社　（52％）
前者が後者の基礎（必ずしも一環ではない）	57社　（33％）	55社　（39％）
別個に構成	32社　（19％）	12社　（9％）
計	171社　（100％）	140社　（100％）

一体性を維持しようとする企業とその見地に必ずしもよらない企業とで，2極分化している。中長期経営計画と予算は別個の感が強い企業も多いが，それに対して短期経営計画と予算ではかなり関連している企業数がわずかに多い傾向にある。中長期経営計画においては，別個に構成という割合が，短期経営計画に比べてかなり多い。安達和夫稿「わが国企業における期間予算制度管見」『産業経理』産業経理協会，平成4年11月号，134頁。
④ 日本大学商学部会計学研究所（1994－5年）
　予算（短期利益計画）と中期，長期利益計画との関係において，ローリング方式により予算と中長期利益計画を連動させている企業数が約51％で過半数に達している。同時に，予算と中長期利益計画とは独立して設定している企業数も約42％に達して，両極端に分かれている。

ローリング方式	98社	（51.04％）
中長期利益計画とは別個に設定	80社	（41.67％）
その他	14社	（7.29％）
計	192社	（100％）

予算の機能に関する調査（多重回答）において，「中長期利益計画を具体化する手段」という機能を掲げている企業数は製造業では112社（21.54％），非製造業では102社（23.7％）に達している。吉川武男稿「特集・原価計算実践の総合的データベース構築－予算制度」『会計学研究』日本大学商学部会計学研究所，第8号，1996

年，132－133頁。
5) 伊藤　博稿「管理会計の現代像－企業予算編－」前掲稿，6頁参照。
6) Robert S. Kaplan and David P. Norton, *The Balanced Scorecard：Translating strategy into action*, Harvard Business School Press, 1996. 吉川武男訳『バランス スコアカード』生産性出版，1997年参照。
7) 石倉洋子稿「ABB　統制と創造のネットワーク・マネジメント」『ダイヤモンド・ハーバード・ビジネス』ダイヤモンド社，1997年, Dec.－Jan., 46－53頁参照。

第 2 部

戦略・計画・予算システム各論

第3章
研究開発の戦略・計画・予算システム

I ▶ はじめに

　不況の長期化，深刻化でもはや研究開発は聖域でなくなってきている。研究開発費までもがリストラの対象となり，その結果としてコストを絞り込んでおり，ついには減少傾向に陥ってしまったりもした。しかし，長期的には決して減少を続けることはできないであろう。その必要性から確実に増加していかざるを得ないと考えられる。現在は技術に根ざした競争が激化しており，科学技術の革新が加速度的に進行している。

　科学技術庁の調査結果でも，「日本の製造業においては『戦略』，『戦略的マネジメント』の必要性が高まりつつあり，実施レベルでも戦略性の高い研究開発マネジメントが営まれていると評価することができよう」と結論づけている。果たして本当にその通りであろうかという多少の疑問も残る。

　「経営戦略・計画・予算システムに関する」アンケート調査とそのフォローとして，自動車メーカーの過半数近くに対する訪問調査を参考にして，本章では研究開発の戦略・計画・予算システムに関する全般的な考察をする。製造業以外の業種から研究開発に関して回答がかなりよせられている。サービス業等においても，サービス等に関する研究開発が必要であるという状況を明確に指摘していると思われる。

　研究開発費総額の傾向に関する調査によれば，過去には「多少増加」の割合（43.8％）が多く，現在では「多少増加」（43.8％）が多く，そして将来は「多少増加」（52.6％）が非常に多くなる。研究開発の状況は，過去から現在そして将来にかけて一貫して多少増額しようとする傾向が強い。

第3章 研究開発の戦略・計画・予算システム

図表3-1 研究開発費総額の傾向

項　目	過去		現在		将来	
	会社数	%	会社数	%	会社数	%
大幅に増加	27	17.6	8	5.2	16	10.5
多少増加	67	43.8	67	43.8	80	52.6
変わらず	36	23.5	40	26.1	41	27.0
多少減少	19	12.4	30	19.6	13	8.6
大幅に減少	4	2.6	8	5.2	2	1.3
計	153	100	153	100	152	100

図表3-2 研究開発者数の傾向

項　目	過去		現在		将来	
	会社数	%	会社数	%	会社数	%
大幅に増加	29	18.8	6	3.9	5	3.3
多少増加	59	38.3	52	33.8	70	46.1
変わらず	46	29.9	59	38.3	57	37.5
多少減少	12	7.8	32	20.8	17	11.2
大幅に減少	8	5.2	5	3.2	3	2.0
計	154	100	154	100	152	100

　研究開発者数の傾向に関する調査によれば，過去には「多少増加」の割合(38.3％)が多かったが，現在では「変わらず」(38.3％)が多く，次に「多少増加」(33.8％)，そして将来は「多少増加」(46.1％)が非常に多くなる。研究開発者数の状況は，現在は「変わらない」も多いが，過去から現在そして将来にかけて一貫して多少増加しようとする傾向が強い。それでも，研究開発費総額と比べると，人数はそれほど増加させようとしてはいない。研究開発費総額の傾向と研究開発者数の傾向との関連性に関しては，研究開発費総額が増加傾向であるほどに，研究開発者数も増加する傾向がより強い。

Ⅱ ▶ 研究開発の本質

1 研究開発の意義と分類

　研究開発（Research and Development；R&D）とは，一般的に事物やその生産方法についての新知識を生み出す創造的活動を総称している。まさに，創造的活動そのものなのであり，しかも紛れもなく将来への戦略投資である。
　研究開発に関しても各種の分類方法が考えられるが，一般的な分類は研究開発をその性質から大別して，研究と開発とに分ける。さらに，研究内容の性格に応じて，研究を基礎研究と応用研究とに分類する。そこで，図表3－3のような3分類となる。研究は特定の製品を対象にするのではなく，広く自然現象を実験的，理論的に探究して，共通に理解でき，活用できる知識として確立していく活動である。
　研究活動は基礎研究（fundamental research, basic research）と応用研究（applied research）とに，通常区別されている。基礎研究とは，新しい原理や着想を探索・発見する等，科学的新知識を創造するための独創的な研究で，しかも一般的には特定の商業目的をもたない。基礎科学を中心として展開され，そして未知なるものの探求である。基礎研究では，客観的な成果の予測がかなり困難である。成果は発見や新知識の開拓・蓄積であり，研究費の大きさよりも多分に研究者の能力に左右される側面が強い。そこで，研究開発費総額に対する一定割合として算定することが一般化している。基礎研究は，今までまったく理解されていなかったか，理解されていても理論的裏づけが確立していなかった現象や物質を探究する研究で，通常実用的目的を直接的

図表3-3　研究開発の分類

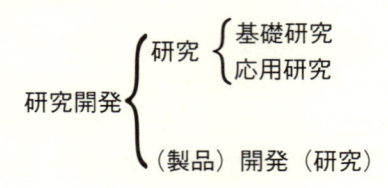

```
              ┌ 研究 ┌ 基礎研究
              │      └ 応用研究
研究開発 ─────┤
              │
              └ (製品) 開発 (研究)
```

に意識することなく，学問的問題意識に基づいて行われる研究である。このような基礎研究を純粋基礎研究（pure basic research）と呼んで，技術を確立する目的で行う基礎研究と一線を引く人もいる。

技術を実用化していく途上，企業の研究開発にはどうしても基礎的に未知な知識があるために解明しなければならない場合が常時つきまとう。このような，実用化の目的の中で行う基礎研究を目的基礎研究（mission oriented basic research）と呼ぶ。研究の内容，手法そのものは純粋基礎研究とほとんど変わらない。

応用研究とは，発明や解析設計など，新しい科学知識の実用へ向けた研究であり，製品または製法に関して特定の商業目的を持つ。すなわち特定の工業上の問題を中心として展開されている。その成果は発明やノウハウで表現される。応用研究は，基礎研究で得られた知識を社会に役立てるために，より具体的な技術の確立を目指して行う活動である。

開発（Development）とは，研究の成果または一般的科学・技術知識を製

図表3-4　研究開発の連鎖

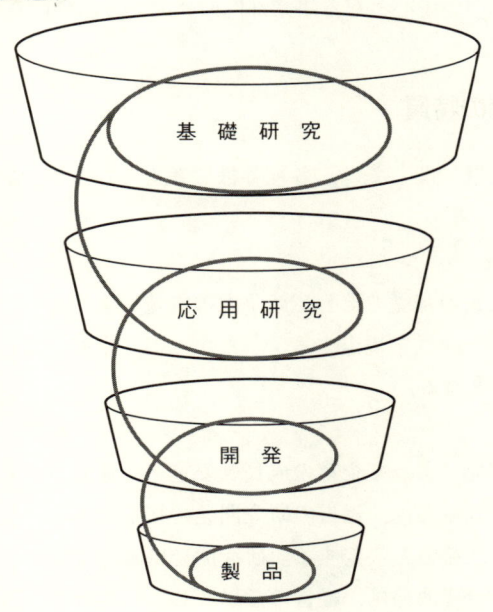

品・サービスや製法・生産に取り入れ，具体化する過程で生じてくる新たな問題に対処するための技術活動をさす。開発には，設計，原型製作，試験，試作などがある。製品開発の内容を中心として展開され，目的意識が明白で，比較的短期間で成果が得られる。

　一般的に研究活動は基礎，応用，開発の順序で進められるが，必ずしもこの順序で進めなければならない訳ではない。すなわち，ある部分では重複しながらスパイラルな相互作用過程の中で展開されることもあろう。技術を進歩させるためには研究開発が必要不可欠であり，研究と開発は一連の活動で，技術を実用化して社会に貢献するためには，研究と開発を繰り返しながら進めなければならない。

　相対的に一般的なリスクは基礎研究では大きく，応用研究では普通で，開発研究になると小さくなる。したがって，基礎研究ではできる限り広い範囲にわたって行われ，テーマ数もかなり多いが，徐々に研究範囲，テーマ数を制限し，限定して絞り込んでいくのである。

　所管部門別による分類によれば，研究開発部門が担当する開発部門研究開発と，各事業部門が中心となる事業部門研究開発とに分けられる。

2　研究開発の特質

　研究開発の特質に関しては，各種各様に考えられるが，次の点に要約して検討しよう。

① 経営の将来性

　研究開発は成長の基礎力そして競争力の創造源泉であり，将来の供給，財務，利益構造の方向性を規定する。したがって，生産（製造）戦略との整合性が非常に重要となる。

② 経営戦略性

　適切な研究開発によって企業の成長と安定とが保証される最大の意思決定である。現在の収益力は，過去の研究開発の結果であり，現在行っている研究開発が将来の収益力を決定する。研究開発によって将来の企業力を改善できるのである。研究開発は，経営の意思として行われるべきもので，経営意

思を包括的に明示している。したがって，独創的な研究開発を基軸とする創造性がより求められる。将来の夢への挑戦が創造にかりたてるのである。

　研究開発の必要性と成果が同時に問題であり，研究開発の内容，投入額，タイミング等の妥当性が重要である。研究開発の選択肢は多様であり，完璧な決定は不可能に近い。それでもより合理的な意思決定をしなければならない。それが妥当でなければ長期的な存続は危うくなる。適切な時期に適切な規模の研究開発を継続させることはかなり難しく，どのように機動的かつタイミングよく研究開発を実行，継続するか。それには明確な研究開発方針，コンセプトに基づいた経営戦略が必要である。研究開発を決定するためには，将来性，成果等を測定，評価し，これらを考慮しながら，より合理的かつ総合的に判断しなければならない。

　企業戦略を達成するための手段として，研究開発戦略を位置づけて，企業戦略によって大枠，方向性はある程度絞り込まれている。将来展望を含む企業全般戦略に基づいた研究開発戦略の策定が大変重要なカギであり，そして研究開発活動は企業内外の諸活動をシステム的に統合する核心となるものである。研究開発は企業経営の基盤であり，企業変革，変身への大きな原動力でもある。技術開発を怠れば，すぐに企業競争についていけなくなってしまう。絶え間ない持続的な研究開発努力の継続が必要不可欠なのである。「研究開発費を削減するつもりはない。研究テーマを1つつぶせば利益は確保できるかもしれないが，10年後，20年後に禍根を残す。」という基本的な考え方が重要である。

　研究開発は新製品開発の原動力であり，今後の重要課題として，開発期間の短縮，開発テーマ選定の重点化が提案され，特にスピードを最優先し，R&D速度を速めることが最重要課題となっている。

　研究開発主導型経営では，従来存在しなかったアイデアやコンセプトを創造することがキーである。新しい技術に裏づけられたまったく新しい製品の開発が期待されている。そのためには，技術の変化をいかに先取りし，技術開発に関する競争に伍していくかがポイントとなる。そのためには，より戦略的に研究開発を推進しなければならない。特に，次の点を考慮すべきであろう。

①大枠内で，長期的目標に対してベクトルを合わせる
②長期にわたって変わらない基幹となる技術開発方針を明確にする
③市場の変化，科学技術条件の変化に適応した研究開発を進める
④研究開発にはリスクが存在し，かつ資金の回収にはかなり時間がかかる

　研究開発では，不確実性にいかに対応するかが特に重視される。研究開発の比率のみならず，絶対額も重要である。ある程度の研究開発を継続するには，最低限度の額が要求される。結果は保証できず，信念に相当額の投資をすることにもなる。そこで，目標・ビジョンの大きさが唯一の基準であるとも考えられる。研究開発環境は厳しく，不確実性が増大しており，しかも資金は増大し，期間は長期化している。世の中の変化に応じて，目標の構造を調整していかなければならない。

　トップと現場とが共に創造し，推進し，育成していくプロセスが望ましい。特に，自由，創造性，個性の尊重を重視して，才能や個性を持つ「異才」を発見し，活用する。今後，先行指標のない独創的な研究開発を推進するには，若い有能な研究者に少々型破りな自由な研究開発をやらせる余裕をもたせることが大切である。そして，同じ基礎技術でも，違う国の研究者が見れば違った商品に仕上げる可能性があるので，国際的交流も必要不可欠である。

　研究開発の選択と集中がより注目されており，しかも企業のコア・スキルを追求できるように展開すべきである。研究開発活動の自律性と事業活動上の要請とをいかにバランスさせるか。研究開発活動は研究当事者の自主管理に負うところが多い（自己管理）。企業文化を共有した社員が自主的に活動することで環境変化を乗り切り，次々と社員の具体的な行動計画となって展開されることが望ましい。

　累積的な研究開発資源の蓄積を意識した経営戦略を策定すべきである。必要な時に，簡単に技術を導入することが今までは比較的可能であったが，段々と技術導入が難しくなってきている。自社開発では，高度なものほど短期間では不可能となり，そこで将来における開発のベースとして，現在から技術をより積極的に蓄積するように努めなければならない。

　以前に比べると技術導入が困難となってきたから，自社自らが，より基礎的かつ創造的研究を行う必要性がより増してきている[2]。しかもこれからは，ク

ロスライセンスで技術交流ができなければならなくなってきた。導入するばかりでなく，時には提供することも必要であり，相互助け合いの精神である。継続的な努力による改良を積み重ね，従来技術の組み合わせの試行錯誤，小さなアイデアの積み重ね，複数の人々の経験や知識をすり合わせて，数多くの小さなアイデアをもちよる形でなされるほうが，より効果がある。そこで，日常的な接触とコミュニケーションを保つことが求められる。

　失敗の蓄積も非常に重要であり，失敗があるからこそ成功がある。失敗した一つひとつが，重要な教訓として今後の原動力となる。たとえある方法で研究に失敗しても，このことによりこの方法では無理なことを証明したことになるという点で経営資源を蓄積したことになる（ホンダの失敗表彰制度）。

　研究開発者管理の柔軟性と評価基準の明確化も重要である。シーズ志向の研究開発とニーズ志向の研究開発とのバランスを考慮しながら，新たな需要を創造できるような研究開発が期待されている。絶えず顧客の現在の要望と潜在的な要望を的確に把握し，迅速に製品開発に反映させる。すなわち，顧客の真の要望を具体化させることである。顧客創造のための研究開発が期待され，特に独自性を持った，真に付加価値の高い製品の開発である。それには，対話型（常にユーザーと接触する）研究開発が重要なカギとなる。

　全社的な事業戦略が，研究テーマの優先順位や投資配分のよりどころとなり，同時に自由と調整との両立も必要不可欠である。そして，研究開発戦略と製品戦略とを一体化させる。新製品開発には，基礎的な技術の研究が特に重要である。そのためには，毎年かなり多額の研究開発費を投入しなければならない。新製品の成果に基づいて合理的なR&D額を算定すべきであるが，明確な設定根拠を決めがたいという難題が存在している。

3　研究開発組織

　硬直した組織を打ち壊し，活性化させるために，大幅な組織改革が進行している。意識を改革し，迅速な意思決定を行い，そして責任をより明確にする。

　NECの場合の役割分担に基づく研究開発担当組織の例がある[3]。「現在（今

日)の事業を推進するのに必要な新製品の開発とそれに必要な研究開発を事業部が,近い将来(明日)の新事業の芽を育て,事業部のみでは推進しがたい技術の研究開発を事業グループの開発本部が,将来(明後日)重要となる技術の探索のための基礎研究から,応用研究,基礎開発の研究開発を研究所が主担当となる。」。このように,研究開発内容に応じて担当組織を分担している。

　柔軟な組織編成も重要である。研究開発を効率化するには,よりフレキシブルな組織体制をしき,メンバーやリーダーをある程度柔軟に移動可能でなければならない。しかも臨機応変に研究テーマを選べて,チーム編成ができる柔軟な組織が強く求められる。

　研究開発者の創造性を生み出せる環境および組織体制として,できる限り小さな創造的組織を構築することが重要である。高度の開発能力を維持し,高めることが必要であり,研究開発者および研究開発チームの創造性が強く求められる。特に自分の楽しみや自分の生き方を自ら作りだせる研究者が重要なカギである。

　経営戦略・方針に基づく組織編成,そして組織に基づく経営戦略の見直しが重要である。研究開発の集権化と分権化を有機的に結合し,研究開発マネジメントに関する統合ネットワークを構築する。

　次のような研究開発手段(戦略代替案)選択の意思決定も組織編成に大きく影響を与える。
①自社開発
②技術導入
③開発M&A
④共同開発

　共同研究開発の実施により,社会的二重投資が防げ,科学技術情報を共有化し,研究開発の効率化を図ることによって,リスクの発生を抑える行動が可能となる。[4]他との連携,特に研究開発部門と各事業部門の開発部等との関係を強化することも重要である。

4 研究開発資源配分

経営戦略ベースによって研究開発資源の配分をしなければならない。研究開発の領域は無限に拡大しており，非常に多様化してきている。これらの課題に対応しようとすれば，必要な経営資源は無限に拡大するであろう。そこで，限られた経営資源で対処しても，自ずから限界があり，不十分となり，結果的にうまくいかなくなってしまう。したがって，重点的に経営資源を配分して，研究開発の効率化を促進していかなければならない。

研究開発分野は，放っておくと時間と共に非常に拡がってしまい総花的となってしまうから，定期的にある程度意識的に絞り込むことが大変重要となる。そのためにも，事前にどの分野を重点的に研究開発すべきかの基本的な方向づけを明確に決定しておかなければならない。どの研究開発にどの程度資源配分し，どのように優先づけるのかという課題を解決する必要がある。それには，R&Dポートフォリオに基づく優先的資源配分が参考となる。

研究開発に関する最適な資源配分を行うことは，極めて困難であり，目的・目標に基づく経営戦略・方針にかなり依存する側面を強く持っている。どのように戦略的に価値のある研究開発の目標を峻別し，その目標を達成するためにどのように資源配分し，戦略方針を決定すべきかという課題が存在している。戦略的に誤った研究開発は稀少な資源を，果てはかけがえのない時間を浪費することになる。自社レベルを補強しようとする能力の調達に関する費用と効果を勘案し，長期間にわたってある程度の安定的なR&D額が必要である。戦略的に総額のガイドラインを決定すべきである。

研究開発額の決定基準としては，次のような方法に基づいて一般的に決定されている。
①売上高依存型
②過去の蓄積額依存型
③定額型（毎期一定額）

研究開発額を決定するためには，効率分析に基づかなければならない。研究開発効率とは，投入研究開発経営資源とその経営成果との割合として算定される。

$$研究開発効率 = \frac{経営成果}{(投入)研究開発経営資源}$$

当然100％以上となることを目指している。単年度の効率よりもある特定期間累計による長期間の（平均）効率がより重要である。しかし，生産性の向上だけを追求するとオリジナリティはなかなか出てこない。成果はやってみなければわからない部分もある。すなわち，効率の不確実性である。研究開発に関しては，投入経営資源と経営成果とが必ずしも対応しない。インプットとアウトプットとの関係が不正確であり，しかもインプットの作用には相当のタイムラグが生じる。そこで，投入研究開発経営資源と経営成果の対応期間を少しずらして算定することが望まれる。どの程度のタイムラグを考慮するかは非常に難しい。研究開発活動の投資効率に関する「適切な評価方法を検討中」という企業数が，70％近くに達している。[5]

研究開発の成果を分析するには，最初に成果を測定することになる。成果は，金額（貨幣）的に測定できるものと，できない，すなわち非金額的に測定するしかないものとがある。非金額的に測定するものは，物量的に測定できるものと，できない，すなわち非計量（定性）的にしか測定できないものとに分けられる。

① 金額的測定

研究開発の結果としての売上，利益，キャッシュフロー等である。新製品に直接結びつかない基礎研究の基礎的，中間的成果を金額的にどのように評価するのかという難しい課題が残っている。

② 非金額的測定

(一) 物量的測定

金額以外の論文数，学会発表数，特許出願件数，特許件数等の物量基準で測定する。発明者は特許権により一定期間その技術に関しての独占的権利を保証されている。

(二) 非計量的測定

たとえば，最初に成功することが何よりの成果であり，より早く成果を上げること（先発メリット）が非常に重要である。

第3章 研究開発の戦略・計画・予算システム

研究開発成果の拡張性に注目しなければならない。研究開発は，開発途上で次々と関連技術が開拓され，それが別の新しい研究開発活動を誘発していく特質がある。すなわち，研究開発成果は，一般的に層を成して企業の到る所に波及的にスパイラルに拡大していく可能性を有している。

研究開発そのものの効率化か事業活動の契機そのものの効率化かで，その評価基準が大きく変わることにも注意しなければならない。

モグリ，アングラ（underground）研究の容認は，技術者の活力，起業家の高揚，維持のために必要である。自由研究という方法で承認することも可能である。研究開発活動は多分に研究者の個人的な能力に強く依存している。そこで，一定の自由な雰囲気を保持することが非常に重要となってくる。

研究開発の経営管理は，一般的に次のようなサイクルで行われている。
①テーマの発見
②計画書作成（保留，中止を含めて）
③事前評価
④承認
⑤実施
⑥中間レビュー
⑦報告書作成
⑧最終評価
⑨事業化

研究開発の基本的対応課題として，次のものが考えられるので，いかに調和させていくかも考慮すべきである。
①長期対短期
②キャッシュフロー対利益
③シーズ対ニーズ
④（制度）ルール（規則）対自由

Ⅲ ▶ 研究開発戦略・計画・予算システム

1 研究開発戦略

　研究開発戦略の策定に関する調査によれば，ほとんどの企業では，研究開発戦略を定期的に策定している（61.4％）。そして，次に「必要に応じて策定する」が35.9％である。研究開発戦略の策定と研究開発費総額傾向（過去）との関連性に関しては，研究開発戦略を策定しているほどに，研究開発費総額（過去）がより増加傾向にある。

　企業戦略と研究開発戦略との整合性に関する調査によれば，ほとんどの企業では，企業戦略と研究開発戦略との整合性がある（57.5％）。そして，次に「多少している」が37.3％である。研究開発戦略の策定と企業戦略と研究開発戦略との整合性に関しては，研究開発戦略を策定しているほどに，企業戦略と研究開発戦略とがより整合している。

　最重要研究開発戦略項目としては，非該当を除いた結果では，「ニーズに対応した開発の強化」が多くなっている（58.9％）。次に「独創的な高付加価値製品サービス開発」（21.9％），「研究開発分野，テーマの絞り込み」（9.9％）の順である。

　研究開発の決定基準としては，「ある程度の基準がある」が多くなっている（70.1％）。そして，次に「ない」が16.2％，「客観的基準がある」が13.6％である。明確な判断基準が多少欠けているように思える。研究開発戦略の策定と研究開発の決定基準との関連性に関しては，研究開発戦略を策定しているほどに，研究開発の決定基準がよりある。

　企業・事業戦略と研究開発戦略との統合化を考慮しなければならない。[6]何を，どの市場で，いつまでに達成するかを決定する。どの方向に拡げるかは事業ドメインに基づいて検討する。企業・事業戦略およびビジョンと緊密に結びつき，しかも顧客や株主に永続的な価値を提供し得るような研究開発戦略を構築すべきである。研究開発は，それ自体の方向とその成果が企業の将来の存立基盤に重大な係わり合いを持つという点で，企業の将来の方向を決定的に位置づけるのである。企業の将来を制し，企業の活力の源，経営の原

第3章 研究開発の戦略・計画・予算システム

図表3-5 研究開発戦略の策定と企業戦略と研究開発戦略との整合性との関連

		合計	研究開発戦略の策定		
	上段：実数 下段：全％		定期的に策定する	必要に応じて策定する	していない
全体		152 100.0	93 61.2	55 36.2	4 2.6
企業戦略と研究開発戦略との整合性	している	87 57.2	69 45.4	18 11.8	― ―
	多少している	57 37.5	22 14.5	35 23.0	― ―
	していない	8 5.3	2 1.3	2 1.3	4 2.6

カイ自乗値 99.86　自由度 4　確率 0.0000　有意差判定 [＊＊]

図表3-6 研究開発戦略の策定と研究開発の決定基準との関連

		合計	研究開発戦略の策定		
	上段：実数 下段：全％		定期的に策定する	必要に応じて策定する	していない
全体		151 100.0	92 60.9	55 36.4	4 2.6
研究開発の決定基準	客観的な基準がある	21 13.9	19 12.6	2 1.3	― ―
	ある程度の基準がある	106 70.2	67 44.4	37 24.5	2 1.3
	ない	24 15.9	6 4.0	16 10.6	2 1.3

カイ自乗値 22.46　自由度 4　確率 0.0002　有意差判定 [＊＊]

図表3-7 企業戦略・事業戦略・機能戦略との関連

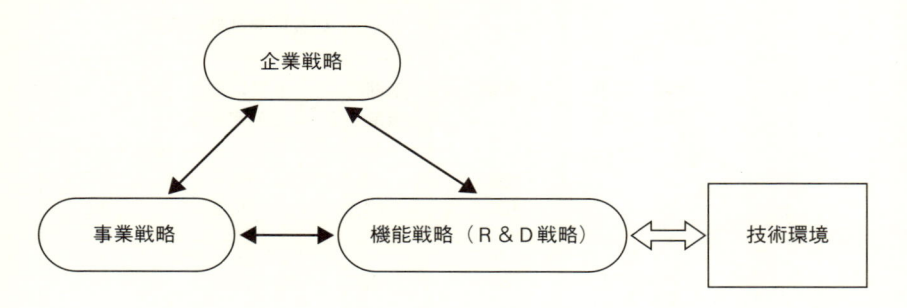

```
         企業戦略
        ↗     ↖
       ↙       ↘
  事業戦略 ←→ 機能戦略（R＆D戦略） ⇔ 技術環境
```

動力である。しかも研究開発だけでは現在を生きていけないというところに難しさがある。あらゆる研究開発をまとまりのある１つの強力な経営戦略に統合するように，研究開発資源を配分するのである。

　研究開発の方向性とテーマ選定戦略を重視すべきである。特に，将来どのような事業を展開するのかに関する基本方針と具体的実施策を策定する必要がある。将来の企業目的，ドメイン（どのような製品やサービスを取り扱うか）に深くかかわっている。このように，研究開発分野を戦略的に決定しなければならない。今後の環境変化に対応しながら，企業の成長を図るためには，企業戦略と研究開発戦略を相互に連動させる必要性がある。企業の進むべき方向を長期的に変化させ得るような研究開発戦略を実現してこそ，企業成長が可能となる。事業に貢献できる，価値のある，しかもインパクトのあるテーマが求められている。何のために何をやるのか，何が差異化で，何が独創なのか，それを，誰が，何時までに，どう実現するのかを検討する。今まではかなり拡げすぎたので，現在ではどのように絞り込むかも重要課題となってきている。

　研究開発テーマの選択基準としては，次の研究開発の評価基準を参考にして決定される[7]。

①総合判断
②投資回収
③新製品の売上規模
④売上寄与率

⑤新製品の経営採算性

経営採算性の判断としては，次のような効率を算定して利用する。

$$\text{ROIによる評価} = \frac{\text{長期間の売上（利益，キャッシュフロー等）予測高}}{\text{累 計 研 究 開 発 費}}$$

テーマを評価するには次のような項目を総合的に検討することも重要である。
①戦略適合性
②独創性
③将来性（広がり）
④経営採算性
⑤成功可能性

テーマを提案するための研究提案書の主な記載項目としては，次のものが考えられる。
①研究目的
②研究方針
③達成目標
④スケジュール
⑤投入資源，予算

研究開発目標の設定は，明確かつ持続的な形で明示でき，できる限り計数化，時間的制限をつけて決める。そして，経営戦略を理解することによって初めて，企業の方向性と目的意識を持ちうるのである。企業戦略と研究開発戦略との連結は，全体的な企業戦略を核として始めるべきであり，しかも各研究開発間の相互作用は自然に起こるものではなく，ある程度意図的に推進しなければならない。

2　研究開発計画

研究開発戦略を実際の研究開発活動に具現していくにあたっては，これらの方針等をより具体化して，研究開発計画が作成される。研究開発戦略を遂行するために，必要な資源を明確にし，その充足のために計画を立てるので

図表3-8 研究開発戦略の策定と研究開発計画の設定との関連

		合計	研究開発戦略の策定		
	上段：実数 下段：全%		定期的に策定する	必要に応じて策定する	していない
全体		152 100.0	93 61.2	55 36.2	4 2.6
研究開発計画の設定	定期的に設定する	115 75.7	88 57.9	25 16.4	2 1.3
	必要に応じて設定する	35 23.0	5 3.3	29 19.1	1 0.7
	していない	2 1.3	— —	1 0.7	1 0.7

カイ自乗値 63.86　自由度 4　確率 0.0000　有意差判定 [＊＊]

図表3-9 研究開発計画の設定と研究開発の見直しとの関連

		合計	研究開発計画の設定		
	上段：実数 下段：全%		定期的に設定する	必要に応じて設定する	していない
全体		155 100.0	116 74.8	36 23.2	3 1.9
研究開発の見直し	定期的に見直す	64 41.3	61 39.4	3 1.9	— —
	必要に応じて見直す	91 58.7	55 35.5	33 21.3	3 1.9
	ほとんどしない	— —	— —	— —	— —

カイ自乗値 24.35　自由度 4　確率 0.0001　有意差判定 [＊＊]

ある。一般的に基礎研究計画,応用研究計画,そして開発計画と段階別に分類して,設定される。研究開発計画の主な内容は,研究開発プロジェクト計画,研究開発要員計画,そして研究開発設備投資計画である。研究開発者を適時雇用したり,他部門と交流することも短期間では困難であるから,研究開発者の要員計画が非常に重要な前提検討事項となる。

　研究開発計画の設定に関する調査によれば,ほとんどの企業では,研究開発計画を定期的に策定している(74.8%)。そして,次に「必要に応じて設定する」が23.2%である。企業戦略と研究開発戦略との整合性と研究開発計画の設定との関連性に関しては,企業戦略と研究開発戦略とが整合しているほどに,研究開発計画をより設定している。研究開発戦略の策定と研究開発計画の設定との関連性に関しては,研究開発戦略を策定しているほどに,研究開発計画をより設定している。研究開発の決定基準と研究開発計画の設定との関連性に関しては,研究開発の決定基準があるほどに,研究開発計画をより設定している。研究開発計画の設定と研究開発の見直しとの関連性に関しては,研究開発計画を設定しているほどに,研究開発をより見直している。

　研究開発戦略に基づく研究開発計画の設定に関する調査によれば,ほとんどの企業では,研究開発戦略に基づいて研究開発計画を設定している(61.5%)。そして,次に「多少している」が31.4%である。研究開発計画の設定と研究開発戦略に基づく計画の設定との関連性に関しては,研究開発計画を設定しているほどに,研究開発戦略に基づいて計画をより設定している。研究開発戦略に基づく計画の設定と研究開発の見直しとの関連性に関しては,研究開発戦略に基づいて計画を設定しているほどに,研究開発をより見直している。

　研究開発計画は,期間計画としての性格よりも,プロジェクトあるいはプログラムとしての性格のほうがより重要である。そこで,ライフサイクルの観点からかなり長期的な計画を設定しなければならない。一般的に,次のようなプロセスと期間を事前に考慮して,検討すべきである。

企画→基礎研究→応用研究→製品開発→製造プロセス開発→試作→
量産準備→売出・販売

研究開発計画の主な構成項目としては,次のものが考えられる。

①目的

②必要性
③内容
④期間
⑤予算額
⑥成果（市場規模，売上高，利益，キャッシュフロー等）
⑦問題点

　研究開発領域では，その貢献利益の算定は非常に困難であり，現在の収益状況から許される枠と将来事業に必要な技術との関係で決定せざるを得ない。基礎研究の評価は主に定性的なものでするしかないであろう。基礎研究は10～20年もかかるものもあり，かなり長期的でないと成果がはっきりと判明しない。事前，途中，事後の各段階での評価が必要であり，定期的に「研究進捗状況報告書」の作成，提出を義務づけることも重要となる。

　将来重点的に育成開発すべき基幹技術（コア・スキル）の設定に基づいて，最重点化テーマを選定しながら，研究開発計画が設定される。全社計画との一貫性，基本方向，重点的開発製品との関連性を重視して検討すべきである。新規にスタートする重要テーマの選定と現在実施中の重点テーマとのバランスにも注目しなければならない。

3　研究開発予算

　研究開発計画を金額的に裏づけて，より具体化するために，研究開発予算が編成される。研究開発予算の編成に関する調査によれば，ほとんどの企業では，研究開発予算を定期的に編成している（84.6％）。そして，次に「必要に応じて編成する」が12.8％である。研究開発戦略に基づく計画の設定と研究開発予算の編成との関連性に関しては，研究開発戦略に基づいて計画を設定しているほどに，研究開発予算をより編成している。

　研究開発計画に基づく研究開発予算の編成に関する調査によれば，ほとんどの企業では，研究開発計画に基づいて予算を編成している（79.5％）。そして，次に「多少している」が16.0％である。研究開発戦略に基づく計画の設定と研究開発計画に基づく予算の編成との関連性に関しては，研究開発戦略

図表3-10 研究開発戦略に基づく計画の設定と研究開発計画に基づく予算の編成との関連

		合計	研究開発戦略に基づく計画の設定		
	上段：実数 下段：全％		している	多少している	していない
全体		156 100.0	96 61.5	49 31.4	11 7.1
研究開発計画に基づく予算の編成	している	124 79.5	89 57.1	30 19.2	5 3.2
	多少している	25 16.0	7 4.5	16 10.3	2 1.3
	していない	7 4.5	— —	3 1.9	4 2.6

カイ自乗値 48.33　自由度 4　確率 0.0000　有意差判定 [＊＊]

図表3-11 研究開発予算の編成と研究開発予算の柔軟性の程度との関連

		合計	研究開発予算の編成		
	上段：実数 下段：全％		定期的に編成する	必要に応じて編成する	していない
全体		156 100.0	132 84.6	20 12.8	4 2.6
研究開発予算の柔軟性の程度	大変ある	5 3.2	3 1.9	2 1.3	— —
	かなりある	36 23.1	33 21.2	2 1.3	1 0.6
	普通にある	84 53.8	72 46.2	11 7.1	1 0.6
	多少はある	28 17.9	23 14.7	5 3.2	— —
	ない	3 1.9	1 0.6	— —	2 1.3

カイ自乗値 56.39　自由度 8　確率 0.0000　有意差判定 [＊＊]

に基づいて計画を設定しているほどに，研究開発計画に基づいて予算をより編成している。研究開発に関するSPB関連性の強さが間違いなく確認された。

研究開発予算の柔軟性の程度に関する調査によれば，ほとんどの企業では，研究開発予算の柔軟性は普通にある（53.8%）。そして，次に「かなりある」が23.1%，「多少はある」が17.9%である。必ずしも十分に柔軟性が与えられている状況ではない。研究開発予算の編成と研究開発予算の柔軟性の程度との関連性に関しては，研究開発予算を編成しているほどに，研究開発予算の柔軟性がよりある。

研究開発の見直しに関する調査によれば，ほとんどの企業では，研究開発を必要に応じて見直している（58.3%）。そして，次に「定期的に見直す」が41.7%である。研究開発の不確実性等から，定期的に見直す割合が，かなり多いという状況である。研究開発予算の編成と研究開発の見直しとの関連性に関しては，研究開発予算を編成しているほどに，研究開発をより見直している。

図表3-12　研究開発予算の編成と研究開発の見直しとの関連

		合計	研究開発予算の編成		
	上段：実数 下段：全%		定期的に編成する	必要に応じて編成する	していない
全体		156 100.0	132 84.6	20 12.8	4 2.6
研究開発の見直し	定期的に見直す	65 41.7	65 41.7	― ―	― ―
	必要に応じて見直す	91 58.3	67 42.9	20 12.8	4 2.6
	ほとんどしない	― ―	― ―	― ―	― ―

カイ自乗値	自由度	確率	有意差判定
20.26	4	0.0004	[＊＊]

事前の計画とは非常に違った事態が発生する機会が多く，また計数的な効率性の尺度が持ちにくい。そのために，進捗状況に応じて適時修正が当然必要である。すなわち，研究状況の変化，研究成果の変動等合理的な理由があるときには，予算額の修正，新規予算の追認も必要となる。状況に応じては使途の変更も可能でなければならない。このように柔軟性を非常に配慮した予算が求められている。研究開発を中断せざるを得ない環境変化としては，次の要因が考えられる。
①市場要因
②技術要因
③財務要因

　研究開発予算の実行中であっても，目標達成に必要とあれば予算の大幅増額や，使途の大幅変更をトップマネジメントに申請することも出てくる。進捗状況や環境条件の変化等をみて，予算の見直しが行われる。一定割合を予備費として準備する方法等も考えられる。予算超過時には，「承認依頼書」（金額，理由，責任者等）を予算統括課へ提出して，経営者の承認を受ける。超過理由が明確，妥当な場合には追認される。

　研究開発の成果の評価に関する調査によれば，ほとんどの企業では，研究開発の成果を定期的に評価している（51.9％）。そして，次に「必要に応じて評価する」が44.2％である。まだまだ研究開発の成果を定期的に評価している状況ではないという，今後の課題を残している。研究開発戦略の策定と研究開発の成果の評価との関連性に関しては，研究開発戦略を策定しているほどに，研究開発の成果の評価をより行っている。研究開発計画の設定と研究開発の成果の評価との関連性に関しては，研究開発計画を設定しているほどに，研究開発の成果の評価をより行っている。

　研究開発の成果配分，報奨システムの有無に関する調査によれば，ほとんどの企業では，研究開発の成果配分，報奨システムはない（37.4％），必要に応じて考慮する（35.5％），そして制度化している（27.1％）とに分散している。研究開発計画の設定と研究開発の成果配分，報奨システムの有無との関連性に関しては，研究開発計画を設定しているほどに，研究開発の成果配分，報奨システムがよりある。最近インセンティブ・システムを強化する傾向が

図表3-13　研究開発戦略の策定と研究開発の成果の評価との関連

上段：実数 下段：全％		合計	研究開発戦略の策定		
			定期的に策定する	必要に応じて策定する	していない
全体		153 100.0	94 61.4	55 35.9	4 2.6
研究開発の成果の評価	定期的に評価する	79 51.6	63 41.2	15 9.8	1 0.7
	必要に応じて評価する	69 45.1	30 19.6	38 24.8	1 0.7
	していない	5 3.3	1 0.7	2 1.3	2 1.3

カイ自乗値　自由度　確率　有意差判定
50.33　　　4　　　0.0000　　［＊＊］

図表3-14　研究開発計画の設定と研究開発の成果の評価との関連

上段：実数 下段：全％		合計	研究開発計画の設定		
			定期的に設定する	必要に応じて設定する	していない
全体		155 100.0	116 74.8	36 23.2	3 1.9
研究開発の成果の評価	定期的に評価する	80 51.6	72 46.5	8 5.2	― ―
	必要に応じて評価する	69 44.5	42 27.1	26 16.8	1 0.6
	していない	6 3.9	2 1.3	2 1.3	2 1.3

カイ自乗値　自由度　確率　有意差判定
50.33　　　4　　　0.0000　　［＊＊］

強くなってきているが,まだまだ日本においては,成果配分,報奨システムは定着していない。

インセンティブ・システムとしては,一般的に報奨金制度,ストック・オプションがあり,社内ベンチャー制度を用いて,独立を支援することもある。目標・成果制度と報酬制度を関連させ,数値尺度として,たとえば顧客満足等を盛り込み,関連性を強化することも重要である。努力評価と結果評価の2次元評価も必要である。そして,評価結果は報奨金,賞与,給与,退職金,昇級に反映させる。研究者のキャリアパスの整備も同時に重要である。

研究開発部門が重視する部門としては,非該当を除いた結果では,ほとんどの企業は,「販売,マーケティング部門」を最も重視している(57.3%)。そして,次に「製造部門」が22.7%である。顧客が本当に求めている製品の開発を最も優先している。

研究開発計画をより具体化し,実践し得るように,研究開発予算が編成される。研究開発戦略会議等を通じて評価を受け,予算枠との調整を経て予算化される。研究開発投資の重点戦略による優先順位の選定から予算要求額との調整が必要となる。研究開発種類別の管理手法の採用状況を図表3-15に示す。[8] 研究開発費の総枠を画一的な手段によって決定することは非常に難しい。研究開発目標,経営戦略,経営資源,競争状況等の制約を考慮し,最終的には戦略的判断から決定される。すなわち,経営政策的な割当型の予算の

図表3-15 研究開発費の管理

項　　目	基礎研究	応用研究	開発研究	合　計
固定予算管理	90	91	84	265
割当型予算管理	52	57	60	169
ゼロベース予算管理	32	33	38	103
変動予算管理	22	26	36	84
聖域化	10	10	11	31
その他	5	5	5	15
合　　計	211社	222社	234社	667社

性格を強く有している。成長率，全社的目標利益，キャッシュフロー計画との係わりから総枠が決定される。総枠決定方法としては，次の基準が考えられている。
① 売上高基準
② 利益基準
③ 競争企業参考基準
④ 研究者数基準

　図表3-16に，研究開発費予算の総額算定法に関する調査結果を示す。[9] トップの戦略的判断から編成されるものであり，全社的観点から戦略的に経営資源を重点的に配分することが特に重要である。決定にトップの強い方針・意思が反映される割当予算であり，「政策費」の性格を強く有している。研究開発資源の配分方針に基づいて，重点志向で割り当てる。重点戦略による優先順位の選定等で総合調整される。企業目的・経営戦略に基づいて，前年度の実績を踏まえ，売上比，競争企業等を参考にして最終決定している。しかも，ある程度の一貫性と安定性を保たねばならない。比較的安定的な資源配分が重要である。すなわち，予算額を平滑化する方向に相当作用する。研究開発費を安定的に保証するために，利益よりも売上高に対する割合をより重視して判断すべきであろう。しかも予算額の変動は売上高の変動よりも小さなものになっている。不安定とならないように，長期間にわたる安定した研究の

図表3-16　研究開発費予算の総額算定法

項　　目	会社数	％
研究プロジェクト法	46	31.9
任意増減法（費用基準法）	41	28.5
売上高百分率法	39	27.1
支出可能高法（資金基準法）	22	15.3
目標利益率法	9	6.3
投資利益率法	9	6.3
研究員数法	9	6.3
その他	9	6.3
回答数合計（複数回答）	184	―
会社数合計	144	―

場を保証する必要がある。研究開発費は実際, 利益が減少しても, それに応じてそれほど減少していない。もちろん現在の利益, キャッシュを前提として, 研究開発活動が行われていることは, 当然ではある。だからこそ, 利益, キャッシュによって研究開発予算はかなりの制限を受けるが, 次の点を考慮して戦略的に決定されるべきである。

①キャッシュ許容限度
②過去の予算額
③売上高の一定比率

通常は前年度予算額を下限として, 今期の予算額を設定する。基本的には費目（形態）別に編成し, そして部門別に編成し, さらにプロジェクト別・テーマ別に予算が編成される。そして, 次の順序で予算管理が実施されている[10]。

①全体総額枠の決定
②部門別予算
③個別テーマ別予算
④進捗管理
⑤評価

研究開発戦略・計画に基づいて一定の予算を編成し, 自社にふさわしい分野を決定し, ふさわしい資質を持った研究者を投入し, そして研究者がいきいきと研究に打ち込める環境整備を進めていくのである。研究開発活動は, 従事している人の数に直接的に関連しているから, 研究開発者の人数を出発点として予算が編成される。すなわち, 人的資源の配分を中心に行われる。どれだけ負担できるかという点もポイントである。明日, 明後日の事業に必要な布石と今日の収益状況から許される枠との相対的な関係から決定される。以上のようにテーマ細目決定, 人, 設備, キャッシュの配分をより詳細に計画するのである。

研究開発種類別の予算算定法の採用状況を図表3-17に示す[11]。基礎研究は総額で管理し, 開発研究は具体的に研究開発プロジェクト別に, 特に新製品開発計画と関連させて検討する。どうしても予算としては一部の研究をカットせざるを得ない場合がある。このカットする部分のモラールをどうするのか

図表3-17　研究予算の算定方法

項　目	基礎研究	応用研究	開発研究	合　計
プロジェクト別	100	118	139	357
前年度実績	86	91	85	262
企業目的・企業戦略	51	50	63	164
研究開発部門の人数	27	28	28	83
売上高の一定割合	28	23	21	72
税引前純利益の一定割合	3	3	3	9
競合他社の研究開発費	2	2	3	7
その他	0	1	1	2
合　計	297社	316社	343社	956社

という重要課題が残る。

　研究開発予算の分類としては，一般的に研究開発経常予算と研究開発資本予算とに大別され，そして研究開発予算は次のようにさらに分類されている。
①費目別予算
　支払形態別，性質別予算とも呼ばれている。費用別に分類することが比較的容易であり，かつ費用別に分類することにより，管理資料としての有用性をさらに増すものとなる。たとえば，形態別に分類すれば，次のように分けられる。
A人件費
B原材料費，部品費
C設備費（各設備資産の減価償却費）
Dその他経費　　a印刷費　　　b旅費交通費　　c図書費
　　　　　　　　d通信費　　　e水道光熱費　　fその他
②組織単位の部門別予算
　消費責任別，責任別，組織別，機能別予算とも呼ばれている。研究所別予算，研究部門別予算であり，各責任部署ごとに編成される。キャッシュが「誰に」よって使われるのかという責任の所在を明確にする。
③研究テーマ別予算
　研究プロジェクト別，テーマ別，課題別，プログラム別予算とも呼ばれて

いる。主に「どのような研究に」、すなわち「何に」キャッシュを使うのかを明確にする。個別テーマへの予算配分であり、個別テーマの評価により配分の優先順位を決める。投入金額高が比較的重要であり、その費用別（費用の発生形態別）内容・割合については、あまり問題にする必要性は少ない。

各分野別の配分に関しては、次の点を十分に考慮すべきである。しかも①と②はかなりの程度重複している。
①基礎、応用、開発の各研究ステージ別に分ける。
②短期、中期、長期の研究開発スパーン別に分ける。

研究開発共通費の配賦はどのように行うべきか。一般的に、マンアワー（人日比率）等を基準として配賦しているが、各activityに基づいて直課できれば直課し、独立部門として管理できれば独立して管理すべきであろう。

そして、予算決定後は、最大の開発投資効果がでるようにコントロールしていくことになる。研究テーマの進捗度に応じた予算の消化状況がタイムリーに提供され、問題点が的確に判明でき、必要な改善対策が迅速に実施できる経営管理体制の確立も重要である。コンピュータターミナルでいつでも予算の使用状況が把握できるようになっていることが望まれる。

Ⅳ ▶ 結びに代えて

経営管理をあまり意識していなかった研究開発分野に、戦略性を重視し、進むべき方向性を明確にし、より確実に実行していくために、計画そして予算というプロセスの流れとして一体化させる。研究開発分野は非常に不透明であるから、常に見直し、検討、評価を実施しながら、研究開発戦略・計画・予算システムを改良していくのである。このような一貫した研究開発経営管理システムの構築を中心に、今後の展開をすべきであろう。

研究開発に関する仕組みの構築と意識改革が特に必要である。そして、知恵を働かして行動することである。これまでの研究開発は、どちらかと言えば、多少広範囲の分野に資源を分散して配分してきた感が強いが、厳しい現状では、より集中的にしかもより柔軟に資源を配分しなければならない。一

度決定された経営戦略も，かなり大胆に改革しながら，より重点的に運用し，できる限り成果を上げるように努力すべきである。それには，研究開発SPBSを堅固に構築し，より望ましいシステムへとスピーディに変革を進めていかなければならない。

注
1) 科学技術庁の調査結果による要点は，次のようになっている。
　① 回答企業の65％の企業が研究開発戦略を専門に担当する部門を設置している。
　② 全ての回答企業が研究開発の効率化を図る必要性を感じている。
　③ 全体の80％の企業が研究開発活動の投資効率の評価に積極的である。
　④ 全体の70％の企業が戦略的な研究開発予算の策定を行っている。
　⑤ 全体の75％の企業が全社的な研究戦略の立案を行っている。
科学技術庁科学技術政策研究所編『日本企業にみる戦略的研究開発マネジメント』大蔵省印刷局，1993年，57頁。
戦略的R&Dに関する重要性，必要性の認識はかなりの割合になるであろうが，その内容，具体的適用方法に関しては必ずしも満足すべき水準には達していないと考えられる。
科学技術庁の戦略的研究開発マネジメントの調査によれば，予算計画策定方法から戦略的研究開発マネジメントの実施状況を推測調査している。
　問　貴社では研究開発予算計画の策定をどのように行っていますか？
① 着手当初の研究計画に基づき，各研究グループが積み上げ方式で計上する。
② 各研究グループが積み上げ方式で計上し，研究管理部門が予算枠と照らし合わせた上で，一律に上乗せまたはカットする。
③ 各研究グループが積み上げ方式で計上した後，研究管理部門が微調整し，更に重要研究と評価するものには別枠で上乗せする。
④ 研究管理部門が前年度実績を踏まえて種々の客観的データに基づいて評価し，重点配分する。
①を「戦略的マネジメントが導入されていない」(4.8％)，②を「戦略性が乏しい」(22.2％)，③を「ある程度実施されている」(58.7％)，④を「実施されている」(11.9％)と推測して調査している。選択肢の内容から戦略性の程度を正確に推測するのは多少無理かもしれないと思われる。間接的質問でなく，直接的に戦略的R&Dが実施されているかを調査すべきであろう。但し，戦略的（性）の意味内容に関しては，十二分に統一見解に集約されるとは思われないが，概念的曖昧性をある程度有していても，やむを得ないと思われる。残念ながら現状では必ずしも戦略性が十分であると

第**3**章　研究開発の戦略・計画・予算システム

　　は結論づけられないであろう。
　　同書22−23,86頁。
2) わが国の研究開発に係わる創造と活用に関しては，通商産業省編『大変革する日本の研究開発』通商産業調査会出版部，1996年，101−120頁参照。
3) 青戸　巍稿「当社の研究開発費管理」『経営実務』企業経営協会，1988年3月，36頁。
4) 研究開発の共同化に関しては，徳江　陛著『実践・研究開発』清文社，1990年，36−41頁，榊原清則著『日本企業の研究開発マネジメント』千倉書房，1995年，79−160頁参照。
5) 科学技術庁科学技術政策研究所編，前掲書，18頁。
6) 戦略と研究開発の統合問題に関しては，高橋富男・原　健次共著『新製品開発マネジメント』日科技連出版社，1999年，池島政広著『戦略と研究開発の統合メカニズム』白桃書房，1999年参照。
7) 研究開発テーマの決定とプロジェクトの選定に関しては，三浦武雄稿「プロジェクトマネジメント」研究開発研究会編『研究開発戦略　増訂3版』開発社，1990年，36−56頁参照。
8) 「原価計算実践の統合データベース構築」『会計学研究』日本大学商学部会計学研究所，第8巻，1996年，152−154頁参照。
　　固定とは変動に対しては，一定という意味であり，それをどのように決定するのかは意図されていないと思われる。
9) 西澤　脩著『日本企業の管理会計』中央経済社，1995年，70−71頁参照。
10) 研究開発の予算管理に関しては，K.ブロックホッフ著，栗山盛彦監訳『研究開発の経営戦略』千倉書房，1994年，149−189頁，西澤　脩著『研究開発費の会計と管理　新五訂版』白桃書房，1997年参照。
11) 「原価計算実践の統合データベース構築」前掲書，154−157頁参照。

第4章
設備投資の戦略・計画・予算システム

I ▶ はじめに

　本章では，設備投資に関するアンケート調査結果の単純集計と相関のある関連項目の検討を主として行う[1]。これらを参考にしながら，設備投資の戦略・計画・予算システムに関する全般的な考察をする。

　これまでは，円高を利用して，海外調達の促進と海外生産への重点移動により，国際的な競争力を維持しようとする投資が増加してきている。特に，アジアに重点的に経営資源を配分してきたが，近頃の通貨危機（貨幣価値下落）により，必ずしも安全確実な投資ではなくなってきた。最近は超低金利であるが，金融機関はビックバンを控えて，貸付けを渋っており，しかも効率的な運用先が見つからない状況にもある。しかし，今後の市場開放，規制緩和，技術革新（高度化），大競争を考慮すると，国内のみならず海外の設備投資の増加は必要不可欠な事項であり，ますますより適切に実施されなければならない。設備投資により，技術革新が実現でき，そして将来の競争力が決定づけられるのである。

　たとえば，自動車業界は，積極的な設備投資と現場改善等により急成長し，日本を支える中心的な産業へと発展してきている。しかし，現状では過剰生産能力を有しているにもかかわらず，より効率的に生産性を上げるためにはさらなる設備投資が必要である。このような状況下で，今後どのような内容の設備投資を，どれ位（適正規模），何時実施すべきか（適時性）の意思決定が非常に重要性を増している。これらを解決するのは極めて難解であるが，少しでも有効に対応するためのステップとして，設備投資の本質から論述しよう。

Ⅱ ▶ 設備投資の本質

1 設備投資の意義

　一般的に投資とは，何らかの対象に資本を固定し，その活動成果として後により大きな資本を回収しようとする活動の総称である。このように，投資を広義に解釈すれば，何らかの資産を取得するために行う資本または資金の投下を意味している。すなわち，将来の合理的な企業行動を選択する主要な活動であり，資本運用の具体的な形態であり，資本を実物等で運用し，拘束し，企業の資金的資源を配分するプロセスなのである。

　図表4－1のように，投資対象となる資産は，流動資産と固定資産とに分けられる。流動資産は，主として預金，有価証券，売上債権，そして在庫等の投資に分けられる。固定資産は，設備と投融資等の投資に大別される。本章では，主に設備投資を中心として考察する。

図表4-1　投資対象による投資の主な区分

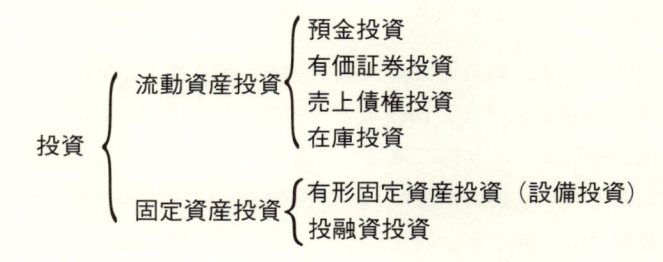

```
             ┌ 流動資産投資 ┌ 預金投資
             │              │ 有価証券投資
             │              │ 売上債権投資
   投資 ─────┤              └ 在庫投資
             │
             └ 固定資産投資 ┌ 有形固定資産投資（設備投資）
                            └ 投融資投資
```

2 設備投資の状況

　設備投資の最近の動向に関しての全般的な把握のために，過去，現在，将来という時点の相違に基づいて，設備投資総額の傾向に関する調査を実施した。その結果によれば，過去においては，「大幅に増加」（27.2％），そして「多少増加」（27.1％）の割合が多かったが，現在（調査）時点では，「多少増

図表4-2 今後3年間の設備投資増加率の推移

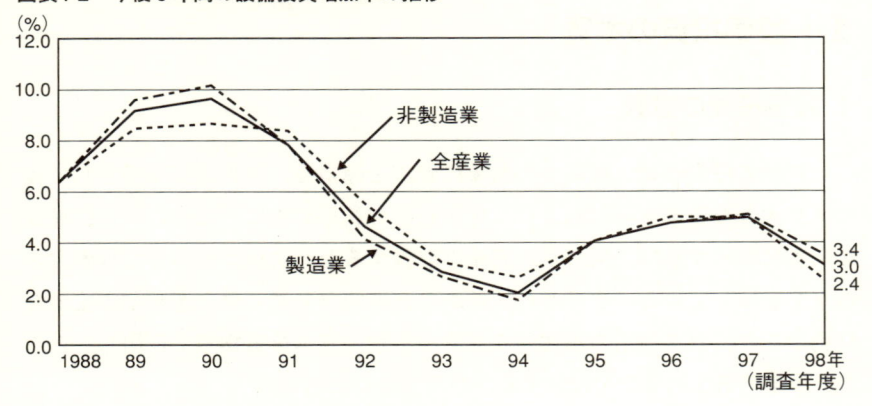

(%)
非製造業
全産業
製造業

3.4
3.0
2.4

1988 89 90 91 92 93 94 95 96 97 98年
(調査年度)

加」(31.4%)が多く,次に「多少減少」(20.2%),そして「変わらず」(19.7%)もかなりの割合であった。将来になると,「多少増加」(38.3%)が非常に多く,そして「変わらず」(30.9%)となっている。設備投資の状況は,一般的に過去においてはかなり増加傾向であったが,現在はかなり絞り込んでおり,そして将来はチャンスがあれば再び多少増額に転じようと考えている。

　経済企画庁の企業行動調査によれば[2],調査時点における今後3年間の設備投資増加率の推移を見ると,1989年から90年には,9～10%の増加であったが,その後1994年までは大幅に減少してきた。そして,1995年以降再び多少増加傾向に転じたが,1998年には,再び減少した。1998年の調査では,今後3年間の設備投資の伸び率は鈍化しているが,個々の企業によって非常に分散している[3]。業種,規模等の相違によっても,設備投資の動向と内容はかなり異なっている[4]。設備投資項目の内訳としては[5],過去3年間においては,「能力増強投資」(30.3%),「更新・維持補修投資」(26.0%)そして「合理化・省力化投資」(19.4%)の割合が多かった。今後3年間においては,「能力増強投資」(27.4%),「更新・維持補修投資」(27.2%),そして「合理化・省力化投資」(22.3%)の割合が多い。両者の増減割合を比較すれば,「合理化・省力化投資」,「更新・維持補修投資」,「研究開発投資」の割合が増加し,「能力増強投資」の割合は減少傾向にある。設備投資決定要因の傾向に関しては[6],

「能力増強投資」,「合理化・省力化投資」,「研究開発投資」のいずれにおいても,「内外の需要動向」,「収益水準」,そして「手元流動性」の割合が多くなっており,「人手不足」を挙げる企業の割合が減少している。

今後も設備投資は,企業成長のためには着実に増加せざるを得ない宿命なのであるが,かなり厳しい現状にあろう。

3　設備投資の分類

設備投資に関しては,各種の分類方法が考えられるが,最も一般的な分類は以下の通りである。

(1) 目的別分類
①更新・維持補修（取替）投資
②拡張投資
③合理化,省力化投資
④研究開発投資

更新・維持補修（取替）投資とは,現在所有する設備を更新したり,新しく取り替え補修するための投資であり,原則として生産能力は増加しない。この投資の経済性は,原価の低減額で計算される。拡張投資とは,現在の設備を拡張するための投資であり,新設する場合と増設する場合とがある。拡張投資の経済性は,利益の増加額によって計算される。合理化,省力化投資とは,新技術による生産性向上を目指し,生産方式を大きく改善・革新することを目的とする投資である。この投資の経済性は,原価の低減額で計算される。研究開発投資とは,まったく新しい製品等を研究開発するための投資である。この投資の経済性は,利益の増加額または原価の低減額で計算される。

新製品生産投資を独立に区分することもある。まったく新しい製品を生産するために初めて投入される投資である。既存製品を品質的,性能的に大幅に改良して生産するための製品改良投資も含まれる。新製品生産投資の経済性は,利益の増加額によって計算される。

(2) 種類別分類
投資対象の具体的な支出形態の種類による分類であり,会計的な勘定科目

による分類でもある。
①建物
②付属設備
③構築物
④機械装置
⑤車両運搬具
⑥工具器具備品
⑦土地

（3） **所管部門別分類**

　設備投資を実質的に担当する責任所管部門別に分類する方法である。

①事業部門投資　販売関連投資（営業設備），製造関連投資（生産設備），
　　　　　　　　物流関連投資（物流設備）
②開発部門投資（研究設備）
③管理部門投資（管理設備，厚生設備）

（4） **採算別分類**

①採算投資
②非採算投資

　採算投資とは，直接利益に結びつき，採算性が問題となる投資である。非採算投資とは，直接利益増加に結びつかない投資であり，たとえば，市場・顧客対応，法対応，公害防止，環境，防災等の投資である。個々の採算評価は困難であるが，長期的観点から企業を存続させるためにはどうしても必要な投資であるから，採算投資を含めて投資全体としての経営成果を算定し，目標成果（利益率等）に基づき投資額全体の枠を管理する。

（5） **依存関係別分類**

①独立投資
②従属投資

　独立投資とは，他の投資には関連しない独立的に考えられる投資である。従属投資とは，他の投資採否のいかんが何らかの影響を及ぼす投資である。

　このように，多種多様な分類方法が考えられるので，各企業の目的・目標に最も適した投資分類方法を体系化して，有効に活用すべきである。

4 設備投資の特質

（1）経営基本構造の革新性

　企業の維持・成長の基盤を提供する根源である設備投資は，供給，利益，財務構造を根本的に規定し，企業の経営資源（特に，物的資源および人的資源）の大半の運用方向を決定する。現在の生産可能量（現在設備能力）と将来の需要予測量とのギャップを埋めることを目的として，設備投資は投入される。したがって，設備投資額によって，将来の生産高が制限されるから，今後の生産（製造）戦略・計画と整合して決定される必要がある。

（2）経営基本構造の固定性

　設備投資は巨額な資金等を長期間固定させることになる。すなわち，長期的に有形固定資産として経営基本構造を固定化させる。したがって，急激な環境変化や構造転換に対応して，迅速に変更することは極めて困難であり，弾力性が阻害され，固定費（減価償却費，金利）が増加し，財務構成が悪化する可能性もある。投下資金の回収は長期間にわたり，設備投資額を回収するためには，基本的には操業度を上げて，生産量を高めなければならないが，もし予想通りに生産量が増えなければ，命とりとなる危険性をも有している。

（3）投資の戦略性

　設備投資は，本来戦略的なものであるが，今後ますます戦略性を強化しなければならない時代が到来している。企業戦略を具現し，遂行していくためには，適切な設備投資が必要不可欠であり，適切な設備投資によって企業の成長と安定とが保証される最大の意思決定なのである。設備投資は，長期的な競争力を確保するための経営の意思を包括的に明示しており，設備投資によって将来の企業力を改善することもできるのである。このように，設備投資は，本質的に戦略性という特質を強く内在している。

　現在の収益力は，過去の設備投資の成果であり，現在計画している投資が近未来の収益力を決定する。設備投資は，将来に関する生産能力の現在の意思決定である。そこで，将来の不確実性とそのリスクにどう対処するかが大変重要となる。過剰投資に対する警戒と，過小投資に対する危険がないかを慎重に検討し，大胆に決断されなければならない。

設備投資の必要性と採算性を同時に解決し，設備の規模，内容，配分，タイミング等を適切に判断すべきである。投資の選択肢は多種多様であり，そして将来に関する決定であり，不確実な予測や前提に基づいているから，完璧な決定はほとんど不可能に近い。それにもかかわらず，より合理的な意思決定が求められている。それが妥当でなければ長期的な維持・存続は不可能となる。将来を展望しながら，将来の需要・技術の見通しに対して，どう適応させるかの決定である。法規制に対応させて緊急に実施しなければならない場合もある。適切な時期に適切な規模の投資を継続させることは極めて難しく，どのように機動的かつタイミングよく設備投資を実行するかの明確な方針，コンセプトに基づいた戦略的な決定が重要なカギである。

(4) 投資の連続性

設備投資は，一回限りの投資とは限らず，逐次的な決定あるいは連続的な決定であるにもかかわらず，逐次的な評価あるいは連続的な評価ではなく，一回限りの単純な評価であることが多い。過去の設備投資によって左右される部分の投資もあり，過去の延長線上の投資を中断，中止するのがいかに難しいかという課題がある。各プロジェクト（Project）の長期的な設備投資計画を設定し，投資の連続性を配慮した決定がなされなければならない。

5 設備投資の経済性計算

設備投資の決定基準に関する調査結果によれば，ほとんどの企業では，「ある程度の基準に基づいて設備投資を決定している」が最も多かった（58.0％）。明確な設備投資決定システムを構築し，これに基づいて決定がなされなければならないのに，現状では多少不十分なようである。

計数評価が不可能な投資も存在しているが，設備投資は，原則として資本運用の経済性（採算性）を評価してから判断されなければならない。経済の成長期には，敢えて経済性を重視しなくてもよかったが，現在のように成熟段階に達すると，より厳密な経済性計算が必要不可欠となってくる。設備投資を決定するためには，採算性，貢献度等を測定，評価し[7]，これらを考慮しながら，より合理的な総合判断が求められる。

第4章 設備投資の戦略・計画・予算システム

　1972年5月公表の通商産業省産業構造審議会管理部会「企業財務政策の今後のあり方」を参考にして，最も一般的な設備投資の経済性計算手法を簡潔に検討しよう。経済性計算の手法は，次の2つのポイントから体系化される。

① 経営成果は利益かキャッシュフローか

　短期的な業績としては利益が重視されているが，長期的な成果に注目すれば，キャッシュフロー（Cash Flow；CF）がより重視されよう。両者のバランスをも考慮すると，両方とも予測して，経済性計算に利用したほうがより望ましいと思える。

② 時間価値を考慮するかしないか

　たとえ市場金利が低くても，計算期間が長くなると，貨幣価値を考慮して[8]，割引計算をしたほうがより望ましいであろう。すなわち時間的な価値を算定して，同一時点の価値に換算し直して比較すべきである。資本コスト（cost of capital）を考慮した判断が必要となる。しかし，割引計算の不確実性等から，考慮しない簡便法を採用している企業数が多いという現状である。すなわち，設備投資の経済性計算の方法に関する調査結果によれば，ほとんどの企業では，回収期間法を採用している（64.4％）。次に会計的な投資利益率法（26.1％），わずかに内部利益率法（18.6％）と正味現在価値法（18.1％）が採用されている。しかも時の経過を経ても，採用率はあまり極端には変化していない[9]。

（1）回収期間法（Payback Period Method）

　将来獲得するキャッシュフローで何時までに（設備）投資額を全額回収できるかの期間を算定する[10]。すなわち，投資額を回収するのに，何年間を要するのかを求めるのである。各年度に創出されるキャッシュフローを累積して，ちょうど設備投資額と一致するまでに何年間かかるのかを算定する。

　　設備投資額＝キャッシュフロー累積額　となる期間を算定する。

　各年度の予想キャッシュフローを，簡便化して，年平均キャッシュフローとすれば，次の通りに算定される。

$$\text{回収期間（年数）} = \frac{\text{設備投資額}}{\text{（予想年平均）キャッシュフロー}}$$

　将来の不確実性を考慮すれば，できる限り早く回収したほうがより安全で

あるという考え方で，適正な借入期間を設定するのには参考となり，しかも計算方法が非常に簡単であるという理由等で，日本の実務では最も多く採用されている。[11] しかし，キャッシュフローの発生時点が大幅に異なる場合には，まったく独立的な2案を相互に比較するのは難しく，しかも利回りを考慮しておらず，さらに回収後の成果を無視しており，採算分析上はかなり問題が残る。最も有利な投資案を選択することを必ずしも狙っているわけではなく，そしてリスク回避に重点をおき，流動性，安全性を最も重視する計算手法である。

(2) (会計的) 投資利益率法 (Rate of Return on Investment Method ; ROI)

（設備）投資額に対する利益額の割合を算定し，投資の収益性を判断する。

$$投資利益率 = \frac{利益額}{（設備）投資額} \times 100 (\%)$$

（設備）投資額としては，総投資額を用いる場合（総資本利益率）と，年平均投資額を用いる場合（平均資本利益率）とがある。利益額は財務会計上の発生主義に基づいて算定される。より正確に収益性を算定するには資本コストの影響を除外して，利益額は償却後利払前税引前経常利益を用いるべきである。利益計画，業績評価と密接に結びつけて投資を決定しようとする方法である。

(3) 正味現在価値法 (Net Present Value Method ; NPV)

（設備）投資から獲得される将来のキャッシュフローを資本コストで割り引いて合計し，これを現在価値として，現在価値から投資額を差し引いて，正味現在価値を算定する。

現在価値 －（設備）投資 ＝ 正味現在価値

割引率によって，現在価値は変動する。すなわち，割引率を高くすれば，現在価値は減少し，逆に割引率を低くすれば，現在価値は増加するのである。リスクが高い場合には，割引率を高くして，その結果として現在価値を小さくできる。このように投下資本コストの他に資本の投資リスクに伴う費用を含めて割引率を計算することもできる。割引率は不確実性に対処するためのリスク軽減係数としての性格をも有しており，この場合の割引率はリスク調整後割引率となる。このように，どのような割引率を選択すべきかという重

要課題が残されている。

より理論的な手法ではあるが，多少理解し難いという欠点があり，日本の実務では必ずしもあまり多く採用されていない。

（4）内部利益率法（Internal Rate of Return Method；IRR）

各期のキャッシュフローを割り引いた合計額の現在価値と（設備）投資額とが等しくなるような割引率を算定する。すなわち，設備投資の結果，ちょうど収支が均衡する時の割引率を意味している。

現在価値＝（設備）投資 となる場合の割引率である。

算定した割引率が基準となる資本コストよりも高ければ，投資を採用可能と判定する。この場合基準となる資本コストの割引率で算定すれば，正味現在価値はプラスとなる。試行錯誤的に計算しなければならない等，多少煩雑であるので，日本の実務においてはあまり採用されていない。

（5）収益性指数法（Profitability Index Method；PI）

（設備）投資額に対するキャッシュフローの現在価値との割合を算定する方法である。正味現在価値法では，成果額の大小に基づいて，優先順位が決定されるが，収益性指数法では，設備投資の効率割合として，優先順位が決定される。正味現在価値がゼロだと，PIは1となり，正味現在価値がプラスだと，PIは1を超える。正味現在価値がマイナスだと，PIは1を下回るのである。指数の大きさによって，優先順位が決定されるから，PIは規模

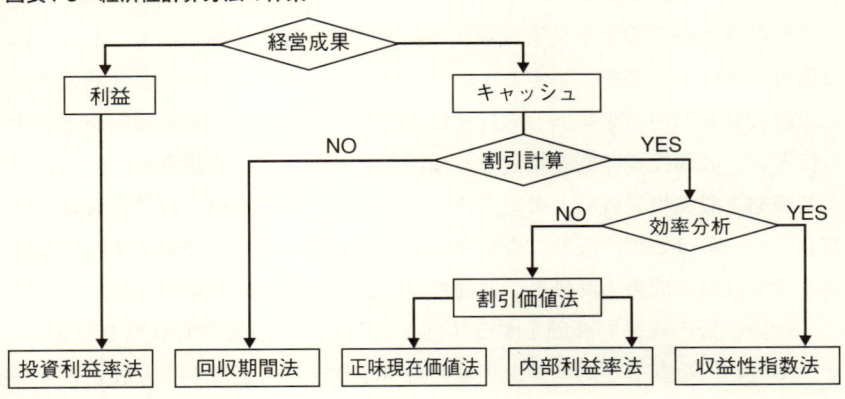

図表4-3 経済性計算方法の体系

の異なるプロジェクトの効率を比較するためには，非常に望ましい方法である。インプットとしての投資額とアウトプットとしてのキャッシュフロー（現在価値）との対比を，投資効率と考えるのである。このように考えれば，PIが最も理論的に適切な手法と考えられる。

以上を簡潔に図示すれば，図表4－3となろう。設備投資目的・内容に応じて，評価の重点が相違してくるので，各種の手法をそれぞれに適合させて，適宜組み合わせて利用することが最も望ましいのである。

Ⅲ▶ 設備投資戦略・計画・予算システム

1 設備投資戦略

企業目的・目標に基づいて企業全体戦略が策定され，全体戦略の主要な部分を占める設備投資戦略も同様に目的・目標志向的に策定されるべきである。設備投資戦略は企業全体として目指す方向性を設備面から明確にすることにある。

設備投資戦略の策定に関する調査結果によれば，ほとんどの企業では，設備投資戦略を「定期的に策定している」が一番多かった（60.6％）。企業戦略と設備投資戦略との整合性に関する調査結果によれば，ほとんどの企業では，企業戦略と設備投資戦略との「整合性がある」と回答している（70.7％）。

設備投資戦略の策定と従業員数との関連性は，従業員数が多くなるほどに設備投資戦略を定期的に策定している傾向がよりある。設備投資戦略の策定と設備投資総額の将来傾向との関連性は，設備投資総額の将来傾向が増加するほどに，設備投資戦略を策定する傾向がより強い。設備投資戦略の策定と企業戦略と設備投資戦略との整合性に関しては，企業戦略と設備投資戦略が整合しているほどに，設備投資戦略をより策定している。設備投資戦略の策定と設備投資の成果の評価との関連性は，設備投資戦略を策定しているほどに，設備投資の成果の評価をする傾向がより強い。設備投資戦略を策定し，そして客観的な基準があれば，当期利益は増加する可能性がより強いことも

第**4**章　設備投資の戦略・計画・予算システム

図表4-4　設備投資戦略の策定と企業戦略と設備投資戦略との整合性との関連

<table>
<tr><td colspan="3" rowspan="2"></td><td rowspan="2">合計</td><td colspan="3">設備投資戦略の策定</td></tr>
<tr><td>定期的に策定する</td><td>必要に応じて策定する</td><td>していない</td></tr>
<tr><td colspan="3">上段：実数
下段：全%</td><td></td><td></td><td></td><td></td></tr>
<tr><td colspan="3">全体</td><td>181
100.0</td><td>113
62.4</td><td>59
32.6</td><td>9
5.0</td></tr>
<tr><td rowspan="3">企業戦略と
設備投資戦略との
整合性</td><td colspan="2">している</td><td>133
73.5</td><td>102
56.4</td><td>31
17.1</td><td>—
—</td></tr>
<tr><td colspan="2">多少している</td><td>43
23.8</td><td>10
5.5</td><td>26
14.4</td><td>7
3.9</td></tr>
<tr><td colspan="2">していない</td><td>5
2.8</td><td>1
0.6</td><td>2
1.1</td><td>2
1.1</td></tr>
<tr><td colspan="3"></td><td>カイ自乗値
61.20</td><td>自由度
4</td><td>確率
0.0000</td><td>有意差判定
［＊＊］</td></tr>
</table>

図表4-5　設備投資戦略の策定と設備投資の成果の評価との関連

<table>
<tr><td colspan="3" rowspan="2"></td><td rowspan="2">合計</td><td colspan="3">設備投資戦略の策定</td></tr>
<tr><td>定期的に策定する</td><td>必要に応じて策定する</td><td>していない</td></tr>
<tr><td colspan="3">上段：実数
下段：全%</td><td></td><td></td><td></td><td></td></tr>
<tr><td colspan="3">全体</td><td>184
100.0</td><td>114
62.0</td><td>59
32.1</td><td>11
6.0</td></tr>
<tr><td rowspan="3">設備投資の成果の
評価</td><td colspan="2">定期的に評価する</td><td>60
32.6</td><td>48
26.1</td><td>10
5.4</td><td>2
1.1</td></tr>
<tr><td colspan="2">必要に応じて評価する</td><td>107
58.2</td><td>61
33.2</td><td>41
22.3</td><td>5
2.7</td></tr>
<tr><td colspan="2">していない</td><td>17
9.2</td><td>5
2.7</td><td>8
4.3</td><td>4
2.2</td></tr>
<tr><td colspan="3"></td><td>カイ自乗値
23.18</td><td>自由度
4</td><td>確率
0.0001</td><td>有意差判定
［＊＊］</td></tr>
</table>

確認された。[12]

(1) 設備投資案の選別システムと権限委譲

　設備投資決定のプロセスを簡潔に要約すれば，図表4－6のように，経済性と資金面から相互作用的に決定される。設備投資内容（投資面，経済性）に基づいて設備投資必要（資金）額を算定し，資金調達力（資金面）に基づいて調達可能資金額を算定する。そして必要（資金）額と調達可能資金額とをいかに調和させるか，すなわち必要資金額（資金量）の予測と必要資金額の調達方法（資金源泉）とを調和させながら決定される。設備投資を判断する基準としては，基本的には成果の評価に基づくべきである。[13] 成果の評価は，次の項目を総合的に検討することになる。

①定量的評価

　　収益性，流動性，効率性（設備投資回転率，設備投資回収率，設備投資回収期間，労働装備率等）

②定性的評価

　投資のライフサイクル上の位置づけや，自社の競争力等主としてその製品の将来性を評価して，なぜ投資するのかという投資ニーズを把握すること等，中長期的な戦略視点に基づいて，設備投資の意思決定システムを体系的に確立することが非常に重要となる。そのためには，投資内容と投資金額によって決定・承認の権限を分担させるべきである。投資額の決定・承認は，内容，

図表4-6　設備投資決定のプロセス

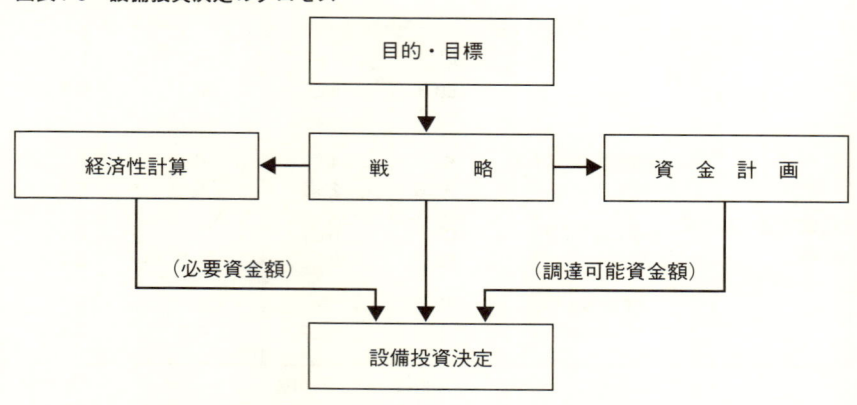

金額等に基づき，その担当レベルを変える。重要な内容で，金額が大きいほどに上位レベルの承認となり，小さくなるに従って，より下位のレベルで行う。経営組織階層に従って，たとえば，取締役会決裁，常務会決裁，委員会決裁，社長決裁，担当常務決裁，担当役員決裁，事業部長決裁という階層レベルに従って決定・承認される。

　小規模の投資はできる限り，現場レベルまで権限を委譲し，意思決定の迅速化を推進すべきである。更新投資や合理化投資等はある程度現場レベルで判断できる投資であるから，全面的に権限を与えて，本部レベルではそのレビュー（事後評価）に重点をおけばよいと考えられる。設備投資実施部門への適切な権限委譲や投資検討プロセスの簡素化が必要であるが，同時に権限委譲による機動性と全社的な視野に立ったチェック機能とをどのようにバランスさせるかも今後の課題の１つである。定期的に報告書を作成提出させて，進捗状況を把握・検討することも重要であり，設備投資のチェックシステムとしての監査制度（事前，事後）を実施することは注目される[14]。決裁権の分担と報告システムを適切に併用させて活用することが重要なカギとなる。

（2） 設備投資タイミングの妥当性

　設備を稼動させても，成果を上げるには，かなりの時間がかかる場合もある。需要本格化，工場建設，試作完成，そして製造着手というプロセスを予測して，すなわち事業化プロセスの期間を十分考慮して，環境の変化に応じて，売上高，利益，キャッシュフローを予測しながら，適正な時期に計画的に必要な投資額を決定していくことになる。将来を見据えて大型投資を行い，景気回復時には好収益を享受する可能性もある。このように，投資のタイミングが大きく収益に影響を及ぼすのである。長期的な展望をもって，投資の決定時点を判断すべきである。経営環境の変化に応じて，ある程度弾力的に時期，規模を変更することも当然必要となる。

2　設備投資計画

　設備投資戦略に基づいて，経営戦略をより具体化させて全体的に統合させるために，設備投資に関する全般的な計画が設定されるべきである。設備投

資に関する戦略的な方向性をより具体化する総合的計画に変換していくプロセスなのである。

設備投資計画の設定に関する調査結果によれば，ほとんどの企業では，設備投資計画を「定期的に策定している」(77.1%)。設備投資戦略に基づく設備投資計画の設定に関する調査結果によれば，ほとんどの企業では，「設備投資戦略に基づいて設備投資計画を設定している」(64.9%)。設備投資戦略と設備投資計画とを密接に結びつけた投資決定システムの構築が大変重要である。

設備投資計画は，中長期的な事業計画と整合させて，中長期的な収益構造に与える影響と短期的な利益に及ぼす影響を考慮して，しかもキャッシュフロー計画と整合していなければならない。

設備投資はかなり長期間に係わる活動であるから，時点の相違にも注意すべきである。たとえば，発注ベース，工事ベース，固定資産計上ベース，支払ベースという時点によって，把握の仕方が違ってくる。一般的に，工事ベースを中心として計画されるが，支払ベースはキャッシュフロー計画の基礎となり，資本支出予算として用いられる。各基準によって，1ないし2年位のかなりの期間的なズレが生じるのである。

資金調達内容により財務構造は変化する。その結果として，安全性，健全性はどうなるのかを検討し，資金調達計画による調達可能資金額が制約条件となることにも留意すべきである。特に，必要資金額と調達コストはどの位かを検討する。資金調達は，原則として，内部調達（自己金融）資金，すなわち利益留保と減価償却費の範囲内が望ましいが，例外として，必要に応じて，外部資金も利用せざるを得ない。

全体設備投資計画は各プロジェクト別の計画へと分割される。そして，各プロジェクト案の優先順位に基づいて総合化されるのである。

設備投資後の実績報告による適切なレビュー（事後評価）の方法を確立すべきである。評価は当初の期待通りの成果が出ているかを中心に行われる。責任を追及する姿勢ではなく，投資効果を今後の設備投資戦略・計画にいかに有効に活かすかにもポイントをおかなければならない。設備投資は長期の計画であるから，市場見通しによっては毎年見直しが当然必要となる。初期

の成果が上がらないプロジェクトを早期に認識し，対策を的確に打ち立てる体制を敷き，柔軟な運用・見直しがなされるべきである。売上高，利益，キャッシュフロー等の大幅な増減変動が生じると，当初の設備投資計画を迅速に修正しなければならない。

3　設備投資予算

　設備投資計画に基づいて，設備投資を実際に実行するためには，設備投資予算として編成されなければならない。

　設備投資予算の編成に関する調査結果によれば，ほとんどの企業では，設備投資予算を「定期的に編成している」（86.2％）。設備投資計画に基づく設備投資予算の編成に関する調査結果によれば，ほとんどの企業では，「設備投資計画に基づいて予算を編成している」（85.0％）。設備投資予算の柔軟性の程度に関する調査結果によれば，設備投資予算の柔軟性は「普通にある」の割合が一番多かった（50.0％）。設備投資予算の柔軟性は必ずしも十二分にあるとは言えない現状である。設備投資の見直しに関する調査結果によれば，設備投資を「必要に応じて見直している」（54.3％）と「定期的に見直す」（42.0％）という企業が多かった。設備投資の成果の評価に関する調査結果によれば，ほとんどの企業では，設備投資の成果を「必要に応じて評価している」（56.9％）。設備投資の成果配分，報奨システムの有無に関する調査結果によれば，ほとんどの企業では，設備投資の成果配分，報奨システムは「ない」（74.5％）状況である。設備投資の成果配分，報奨システムに関しては，現状ではほとんど考慮されていない。

　設備投資予算の編成と従業員数との関連性は，従業員数が多いほどに，設備投資予算をより編成している。設備投資予算の編成と従業員数との相関は，資産総額等と比べても非常に強い。すなわち，人的資源との相関がより強いということになる。設備投資予算の編成と設備投資計画に基づく予算の編成との関連性は，設備投資予算を編成しているほどに，設備投資計画に基づいて予算をより編成している。設備投資予算の編成と設備投資予算の柔軟性の程度との関連性は，設備投資予算を編成しているほどに，予算の柔軟性がよ

図表4-7 設備投資予算の編成と設備投資予算の柔軟性の程度との関連

		合計	設備投資予算の編成		
上段：実数 下段：全%			定期的に編成する	必要に応じて編成する	していない
全体		184 100.0	162 88.0	19 10.3	3 1.6
設備投資予算の柔軟性の程度	大変ある	8 4.3	8 4.3	— —	— —
	かなりある	52 28.3	46 25.0	5 2.7	1 0.5
	普通にある	94 51.1	83 45.1	11 6.0	— —
	多少はある	29 15.8	25 13.6	3 1.6	1 0.5
	ない	1 0.5	— —	— —	1 0.5
		カイ自乗値 63.78	自由度 8	確率 0.0000	有意差判定 [＊＊]

図表4-8 設備投資予算の柔軟性の程度と当期利益との関連

		合計	設備投資予算の柔軟性の程度				
上段：実数 下段：全%			大変ある	かなりある	普通にある	多少はある	ない
全体		183 100.0	8 4.4	52 28.4	93 50.8	29 15.8	1 0.5
当期利益	1億円未満	18 9.8	— —	4 2.2	11 6.0	2 1.1	1 0.5
	1億円以上10億円未満	44 24.0	— —	15 8.2	18 9.8	11 6.0	— —
	10億円以上15億円未満	25 13.7	— —	10 5.5	11 6.0	4 2.2	— —
	15億円以上30億円未満	21 11.5	— —	6 3.3	12 6.6	3 1.6	— —
	30億円以上	75 41.0	8 4.4	17 9.3	41 22.4	9 4.9	— —
			カイ自乗値 28.79	自由度 16	確率 0.0254	有意差判定 [＊]	

第4章 設備投資の戦略・計画・予算システム

図表4-9 設備投資の見直しと当期利益との関連

				設備投資の見直し		
		上段：実数 下段：全％	合計	定期的に 見直す	必要に応じて 見直す	ほとんど しない
全体			183 100.0	79 43.2	101 55.2	3 1.6
当期利益	1億円未満		18 9.8	3 1.6	14 7.7	1 0.5
	1億円以上10億円未満		44 24.0	19 10.4	25 13.7	― ―
	10億円以上15億円未満		25 13.7	6 3.3	18 9.8	1 0.5
	15億円以上30億円未満		21 11.5	9 4.9	12 6.6	― ―
	30億円以上		75 41.0	42 23.0	32 17.5	1 0.5
			カイ自乗値 16.76	自由度 8	確率 0.0327	有意差判定 [*]

図表4-10 設備投資の見直しと設備投資予算の柔軟性の程度との関連

				設備投資の見直し		
		上段：実数 下段：全％	合計	定期的に 見直す	必要に応じて 見直す	ほとんど しない
全体			184 100.0	79 42.9	102 55.4	3 1.6
設備投資予算の 柔軟性の程度	大変ある		8 4.3	7 3.8	1 0.5	― ―
	かなりある		52 28.3	25 13.6	26 14.1	1 0.5
	普通にある		94 51.1	38 20.7	56 30.4	― ―
	多少はある		29 15.8	9 4.9	19 10.3	1 0.5
	ない		1 0.5	― ―	― ―	1 0.5
			カイ自乗値 71.49	自由度 8	確率 0.0000	有意差判定 [＊＊]

りある。定期的に予算を編成すれば，予算はより硬直化する可能性が強いから，これに対処するために，柔軟性がより求められるであろう。設備投資計画に基づく予算の編成と設備投資予算の柔軟性の程度との関連性は，設備投資計画に基づいて予算を編成しているほどに，予算の柔軟性がよりある。設備投資予算の柔軟性の程度と当期利益との関連性は，設備投資予算の柔軟性があるほどに，当期利益はより大きくなっている。設備投資予算の柔軟性と当期利益との相関は，期待通り注目に値する。設備投資の見直しと当期利益との関連性は，設備投資を見直すほどに，当期利益はより大きくなっている。設備投資の見直しと当期利益の相関も注目に値する。設備投資の見直しと設備投資予算の柔軟性の程度との関連性は，設備投資を見直すほどに，予算の柔軟性がよりある。

　予算は経常予算と資本（投資）予算（Capital Budgeting）とに大別される。経常予算は，現在の設備投資能力を前提として，各業務活動を円滑に遂行するために編成される経常的な短期の予算である。それに対して資本予算とは，生産設備等を拡張して，新投資プロジェクトへの資本支出を伴う長期の予算（資本支出予算）である。資本予算は，設備投資予算と投融資予算とに区分される。

　設備投資計画に基づいて，設備投資予算を編成するための方針が最初に決定される。設備投資の根本問題を解決するために，目標投資総額，投資構成（部門別，内容別）の基本的な考え方が示される。設備投資予算編成方針に基づいて，研究開発・製造予算との関連性，整合性も考慮して，（長期）設備投資予算が編成される。投資全期間の投資内容，投資規模の大枠を決め，（長期）設備投資予算額が決定される。特に，長期的な利益，キャッシュフローへの影響，支出規模と時期とを明確に決断していく。（長期）設備投資予算は各年度予算に分割される。各年度の資金調達計画と調和させながら，各年度の設備投資支出予算を決定する。設備投資計画の一貫として，しかも（短期）利益計画，経常予算との関連性をも検討して，判断されるべきである。次期予算年度における詳細な計画の展開を内容としている。年度予算は，長期予算のある1年ごとの区分を意味する。たとえば，あるプロジェクトの3年間の投資総額が2,000億円と決定されれば，各年間予算額として，たとえば，1

年目500億円，2年目500億円，3年目1,000億円というように，2,000億円が3年間に配分される。(長期)設備投資予算と設備投資年度予算に基づいて，設備投資の個別実行予算として，各プロジェクトごとに予算が割り当てられる。個別プロジェクト別の投資目的と投資額を確定し，そして投資評価が実施される。

(1) 設備投資予算総額の決定

設備投資予算の規模は，一般的に次の2つのアプローチを折衷して決定され，両者の調和が大変重要となる。
① トップダウン型の天降り方式による総額決定法
② ボトムアップ型の積上げ方式による個別集計法(各プロジェクトの提案年度ごとに決定される)

(2) 各プロジェクト別の設備投資予算

設備投資総額は，各プロジェクトに対して割当て，配分される。個々のプロジェクトが集まって全体的な設備投資総額となる。投資構成に従って，部門別の検討，そして内容別の検討というように体系化された予算配分がなされるべきである。投資機会の数と内容・規模とによって総合調整される。プロジェクトは，支出の単位であり，意思決定はこれについてなされるから，資本支出を決定する手法の基礎となるものである。望ましいプロジェクト数が少なく，その総額があらかじめ決定された予算額に達しない場合には，その年度の予算規模を削減するか，あるいはもっと有利なプロジェクトを探すかを判断しなければならない。利用可能なキャッシュフローを各プロジェクトに割当てする方式も考えられる。

近年，子会社，関係会社への投融資が急増している。海外子会社，関係会社の設備投資は，自社の投融資を伴う形で行われることが多い。その投融資が最終的には，各社の設備に投資されるのである。そこで，連結ベースで，設備投資と投融資を一体的に取り扱うほうが，すなわちグループ全体としての設備投資戦略・計画・予算システムを構築するほうがより効果的であろう。設備投資予算と投融資予算とを合算して投資予算となる。投融資予算(出資，融資，債務保証，債務保証予約)は，設備投資予算と同様に，経済性の検討がなされ，最終的には総合的視点から，戦略的に決定されるべきである。

一般的に重要な設備投資予算を決定するプロセスは次の通りである。全般的かつ重要な設備投資予算の発案は，各実施部門から実質的に発案がなされても，正式には，トップマネジメントを中心とする常務会等で発案されるべきである。原案は，経営企画部門，予算課で，技術部門等の協力を得て，作成，とりまとめられる。そして，これを予算委員会に提出し，ここで，全般的に詳細に十二分に審議，検討され，予算案として要約総合化される。これを常務会等で承認し，最終的には取締役会において正式に決定される。設備投資は巨額で，将来の重要な進路を決定してしまうから，できる限り関連部署を含む，全社的な合意を得るように努力すべきであるが，最終決定はトップが決断しなければならない。比較的少額な設備投資は現場ライン組織で起案され，上位組織で承認，決定されるように，よりボトムアップ型の方式も併用すべきである。

　設備投資の承認を要求するには，一般的に投資目的，投資内容，予算額，経済性計算等の成果等を記載した「設備投資予算申請書（資本支出要求書）」によって行われる。

　経営環境の変化に対応して，設備投資を遅らせたり，逆に前倒して実施したり，変化を読み取って迅速に修正すべき場合もある。設備投資予算の柔軟性にも十分配慮すべきである。このように状況に応じたフレキシブルな対応ができるかどうかが，今後の重要なポイントとなる。予算編成の段階で設備投資計画を見直す場合もあろう。

Ⅳ ▶ 結びに代えて

　日本企業の設備投資に関する戦略・計画・予算システムの実態を調査し，三者の関連性の連関を強化すべきことの妥当性は実証できた。設備投資は本質的に戦略性を強く内在しており，計画そして予算へと一体化されている。戦略・計画・予算システムが最も典型的にあてはまるのが，設備投資の領域である。日本企業における設備投資に関しては，戦略・計画・予算システムを非常に有効に構築し，運用していることが確認された。これは，誰もが予想

していた通りであろう。しかし，その経営戦略そのものが必ずしも適切でないと，特に目的・目標に適合していないと，そして将来が予測に近似しないと，リスクが増大し，企業存続が危なくなりかねない。そこで，常に創造的に企業変革を実践し，必要に応じては柔軟に見直し，より目的・目標志向性を強め，将来の環境変化により適合させていくべきである。日本の実務では，決定基準，柔軟性，見直し，成果の評価，成果配分・報奨システムの改善は残された今後の課題となっている。より定型化された設備投資に関するシステムを整備，充実させながら，同時に運用においては，より現実的に柔軟に対応できるシステムとなるように，相反する方向性を目的・目標志向的に継続的に追求していくべきであろう。すなわち，より創造的かつ柔軟な設備投資戦略・計画・予算システムの絶え間ない構築である。国内のみならず海外の投融資を含めたグループ全体としての投資戦略・計画・予算システムへの拡大・進化という課題が残されている。

注

1) 本章は，主に拙稿「設備投資の戦略・計画・予算システム」『白鷗ビジネスレビュー』白鷗大学ビジネス開発研究所，第7巻第1号，1998年3月，51-70頁に基づいている。
2) 経済企画庁調査局編『日本的経営システムの再考－平成10年企業行動に関するアンケート調査報告書』大蔵省印刷局，1998年，8頁参照。
3) 今後3年間とは，平成10～12年度である。同書，86-87頁参照。
4) 最近の設備投資の動向に関する詳細については，「特集：景気のカギ握る民間設備投資」『統計月報』東洋経済新報社，1997年6月号，4-19頁参照。
5) 過去3年間とは，平成7～9年度であり，今後3年間とは，平成10～12年度である。経済企画庁調査局編，前掲書，88-111頁参照。
6) 決定要因として3つ以内を選択する調査形式である。経済企画庁調査局編，前掲書，112-119頁参照。
7) 現行の既存設備と代替案とを比較・検討する場合には，代替案を実行することによって生じる，または実行しなければ生じない実質的な成果で評価するから，差額（増分）概念を用いるのが基本である。
8) 貨幣価値金額は時間によって，その価値が変化すると考えられている。貨幣の価値は時間の経過に伴って，主に金利の複利計算によって変化するのである。現在の

1,000円は，10年後の1,000円よりは，多少大きな価値を持つであろう。10年前の1,000円よりは，多少小さな価値しかないであろう。すなわち，時間が経つに従って，一般的にその価値は減少すると思われる。そこで，統一的に同一（たとえば投資）時点の価値に換算し直す必要が生じるのである。このように，投資時現在の価値に換算したものが，現在価値（time value）である。割引率が大きくなるに従って，現在価値はより減少する。

たとえば，1円の現在価値は次のように算定される。

P＝現価，r＝利率，割引率（たとえば5％とすれば），n＝期間（たとえば4年間とすれば）

$$P = \frac{1}{(1+r)^n}$$

1円の1年目の価値 $= \dfrac{1}{1+0.05} = \dfrac{1}{1.05} = 0.952$

1円の2年目の価値 $= \dfrac{1}{(1+0.05)^2} = \dfrac{1}{1.1025} = 0.907$

1円の3年目の価値 $= \dfrac{1}{(1+0.05)^3} = \dfrac{1}{1.157625} = 0.864$

1円の4年目の価値 $= \dfrac{1}{(1+0.05)^4} = \dfrac{1}{1.2155062} = 0.823$

この値が各年度の複利現価係数と呼ばれる。

次に，たとえば各年度の1,000円は次のように算定される。S＝資金額とすれば

$$P = S \times \frac{1}{(1+r)^n}$$

割引率＝5％の場合の複利現価係数　　現在価値

1年目の1,000円 ×0.952 ＝ 952円
2年目の1,000円 ×0.907 ＝ 907円
3年目の1,000円 ×0.864 ＝ 864円
4年目の1,000円 ×0.823 ＝ 823円
4年間の計4,000円　　　　　　3,546円

4年間のCF計は4,000円であるが，現在価値に換算すると3,546円でしかない。

通常，複利現価係数（現在価値数値）一覧表を用いて算定することが便利である。

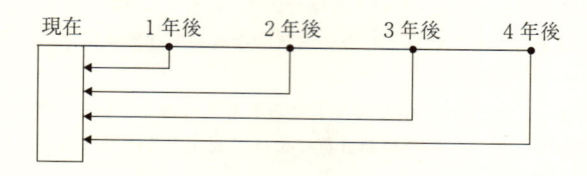

9) 拙稿「利益・設備投資計画に関する日本企業の実態と分析」『わが国の管理会計』中央大学出版部，1999年，24－29頁参照。
10) 回収期間法は，実務上簡便な方法として，間接法によってCFが算定されている。すなわち，

　　CF＝税引後当期利益－社外分配金（配当金＋役員賞与金）＋減価償却費

　現在価値法では，簡便法として，CF＝営業利益－法人税等＋減価償却費が用いられている。資金調達上の影響（支払金利）を除外して算定するためである。
11) 拙稿「利益・設備投資計画に関する日本企業の実態と分析」前掲書，26－28頁参照。
12) 拙稿「利益・設備投資計画に関する日本企業の実態と分析」前掲書，24－26頁参照。
13) 宮　俊一郎は，採算判定のモノサシとして，次のような条件を検討している。
　①目的適合性（妥当性，操作性，汎用性）
　②現実照合性
　③扱いやすさ（親近性，平明性，簡便性）
　④追跡可能性
　宮　俊一郎著『設備投資の採算判断』有斐閣，1985年，79－96，171－174頁参照。
14) キリンビールでは，設備投資結果を客観的に評価するために，第三者的立場で事後監査を実施している。監査の視点で，計画の妥当性，決定，実施プロセスの妥当性をチェックする手法であり，定期的な評価システムの構築のためには参考となろう。久保田政純他編『戦略的設備投資の実際』日本経済新聞社，1995年，149－158頁参照。

第5章
新規事業の戦略・計画・予算システム

I ▶ はじめに

　1980年代後半の新規事業ブームが到来し，バブル経済のさなかに十分に経営戦略も立てずに，横並び意識で安易に進出した新規事業がいかに多いか。しかも，そのほとんどが成功していない。そこであまりにも総花的に拡げすぎた事業をどのように取捨選択し，絞り込むかという課題が生じてきている。
　成長が期待される事業分野（たとえばバイオ，新素材，エレクトロニクス，マルチメディア，情報通信，光，都市開発，不動産，レジャー・アメニティ，環境，ニューサービス等）には多くの企業が集中豪雨的に参入し，その結果として事業分野によっては過当競争となり，採算難にあえぐという状況も多い。それにもかかわらずこのように激烈な競争に果敢に挑戦し続けることが，企業存続のための宿命でもある。
　そこで場合によっては，現在のところそれほど大きな市場ではないが，ある程度の期待が持てるニッチ（niche；スキ間）市場をいくつか確実に積み上げていく新規事業戦略も考えられる。あるいは，他社とは異なる市場に，自社の独自技術に基づく，より創造的な新規事業を興すことも期待されている。
　どのように新規事業を戦略的に創造して，[1]実践していくかの基本的課題を戦略・計画・予算システム（Strategy Plan Budget System）の視点から論述する。[2]

Ⅱ ▶ 新規事業の本質

1　新規事業の意義

　新規事業とは，現在携わっている既存事業（現業）に対する用語であり，現在までのところ携わっていない，これから新たに開始する事業である。新しく事業を興すのであるから，「新規性」がキーコンセプトであり，これまで経験したことのない未知の分野であり，未開拓の事業の創造である。それ故に，失敗する確率が高いのは当然であり，逆にうまく成功すれば，今までにない体験を経験でき，大きく成長する可能性をも内在している。

　新規事業は，既存事業との関連性により，関連（同質）新規事業と非関連（異質）新規事業とに大別される。関連新規事業とは，これまでの事業と関連する分野，領域であり，リスクも少なく，既存事業との連続的な展開が可能である。今までの知識，経験等を生かせる部分が多いので，円滑な参入と混乱のない事業運営がしやすい。すなわち蓄積された経営資源に基づくシナジー（Synergy；相乗）効果を利用することができる。日本の多くの企業は，この関連新規事業を中心に推進してきている。しかし，既存事業の成熟化とも関連するが，成長性，将来性においては，あまり期待できない事業分野も多い。

　非関連新規事業とは，既存事業とあまり関連しない分野，領域であり，リスクもあり，今までの知識，経験が役に立たず，むしろ有害になることもある。しかし，既存事業と比べて，成長性，将来性に期待が持てるし，企業風土，価値観を進化・変革させるインパクトをも有している。既存事業とはあまり関連していないが，まったく関連がないのではなく，場合によっては，何らかの形でつながっており，既存事業の強みを生かすことは考えられる。すなわち，既存事業のやり方や考え方等を利用できる部分と利用できない部分とに明確に使い分けることが肝要である。

2　新規事業の必要性

　新規事業の重要性に関する調査結果によれば，「かなり重要と考えている」

が37.2％，「大変重要と考えている」が33.5％，「普通に重要と考えている」が16.5％である。このように新規事業はかなり重視されている。新規事業の重要性と当期利益との関連性に関しては，新規事業の重要性があるほどに，当期利益はより多くなっている。

（1）現業の成熟化対策

多くの企業では，競争がますます激化しており，しかも現業が成熟期を迎えたとの認識を持っており，そうでなくてもどんなに成長している事業でもライフサイクルがあり，いずれ成熟化が訪れる。こうなると将来の成長性にも危険信号がともり，最終的には企業存続自体も危ぶまれる。経営環境の激変は，今までの事業を根底から変えたり，ライフサイクルを大幅に短縮しつつもある。そこで，新たな成長を求めて新規に事業を創造しなければならなくなってくる。これによって事業を再構築（リストラ；restructuring）することにもつながられる。新しい事業を創造することによって，複合企業へと発展したり，新しい本業を築くことも可能である。

図表5-1　新規事業の重要性と当期利益との関連

		合計	新規事業の重要性				
上段：実数 下段：全％			大変重要と考えている	かなり重要と考えている	普通に重要と考えている	多少は重要と考えている	ほとんど考えていない
全体		184 100.0	63 34.2	69 37.5	31 16.8	13 7.1	8 4.3
当期利益	1億円未満	18 9.8	3 1.6	5 2.7	3 1.6	4 2.2	3 1.6
	1億円以上 10億円未満	44 23.9	20 10.9	16 8.7	5 2.7	—	3 1.6
	10億円以上 15億円未満	24 13.0	3 1.6	14 7.6	5 2.7	2 1.1	—
	15億円以上 30億円未満	21 11.4	4 2.2	9 4.9	5 2.7	3 1.6	—
	30億円以上	77 41.8	33 17.9	25 13.6	13 7.1	4 2.2	2 1.1
			カイ自乗値 35.72	自由度 16	確率 0.0032	有意差判定 [＊＊]	

（2）企業活性化対策

　長年同じ事業を続けていると，活力を失い，マンネリに陥ってしまう。そこで新たな活力を生み出すために，積極的に今まで体験していない異分野に進出することが考えられる。異質の導入により，現業と異なれば異なるほどに，今までとは違った文化，仕組みを創造することができる。これによって，現業分野にも新たなプラスの影響を及ぼすことになる。一般的に，異質の新規事業割合が全体の25％位を超えると，企業全体の風土改革が生じてくる。

　新規事業の創造によって，企業体質を変革することが可能となる。そこで，どのような企業体質に変革すべきかを考慮しながら，新規事業の必要性を構想することもできる。

3　新規事業決定・評価プロセス

　企業の目的，理念に従って，将来の企業像を明確に描き，そのために将来必要とされる事業を確定する。不必要な事業は除き，今後力を入れる事業は何か，新たに参入する事業は何かというドメイン（domain；事業領域）を明確にしていく。そして，どのような経営戦略に基づいて新規事業を開発していくのかの方針もはっきりさせなければならない。

　新規事業の具体的な目標としては，一般的に次のような計量的目標が用いられている。
① X万円売上高，X％売上高割合
② X万円利益
③ X万円キャッシュフロー
④ X％利益率（総資産利益効率，売上高利益率）
⑤ X％マーケット・シェア
⑥ X年内単年度黒字化，X年内累損解消

（1）新規事業創造プロセス

　新規事業開発・評価の一般的なプロセスを図表5－2に従って，簡潔に検討しよう。最初に，新規事業と考えられる事業をできるだけ多く提案・検討する。全従業員から積極的にアイディア（idea）を募集することが考えられ

図表5-2　新規事業決定・評価プロセス

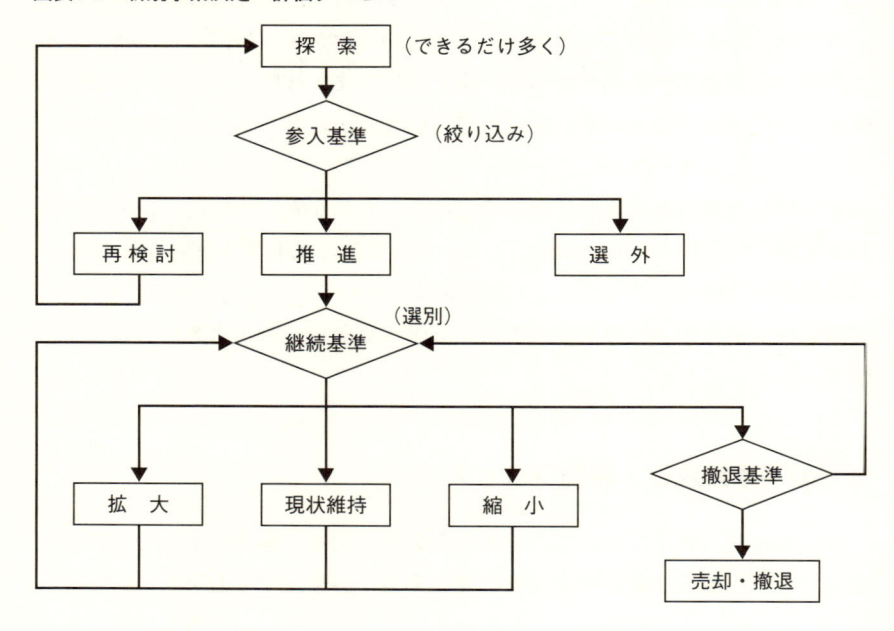

る。企業内部のみならず企業外部からも情報を収集しなければならない。夢や希望がある事業は全部調査してみる位の努力が必要である。シーズ面からニーズ面等から多面的に，新規事業を探索することになる。現在考えられている事業を探しだそうとするよりも，むしろ今後有望と思える事業を新しく創りだそうとする発想がより重要である。

　次に，自社が参入する可能性があるかどうかを，各種提案の中から絞り込むのである。参入基準に照らして，基本的な判断が下される。成功の可能性の高い事業は新規事業として推進される。まったく成功の可能性のない事業は選外として，参入対象から外される。不確定な事業に関しては，再検討して時期がきたら再び新たに提案し直すこともある。

　新規参入が決定した事業に関しては，定期的に進捗状況を把握し，このまま継続するのかどうかを判定する。継続基準に照らして，基本的な判断が下される。成功する可能性が高くなった事業は，今まで以上に事業規模を拡大

し，スピードを早めることもある。予定通りの成功の可能性であれば，現状の事業を予定通り進めることになる。成功の可能性が予定より厳しくなった場合には，事業規模を縮小して，予定より後退して事業を進めることもある。

　成功の可能性が予定とは違い，非常に問題となってきた場合には，撤退しなければならないかもしれない。傷口が広がって体力が完全に消耗してしまえば，再起不能となってしまう。しかし一度撤退すると再参入するには膨大な労力，時間そしてコストがかかることも十二分に留意しておかねばならない。

　売却できる場合には，ある程度の一時的な損失が生じても売却することも考えられる。これによって，将来の損失を防ぎ，残った経営資源を他の可能性のある事業分野に投入することができるからである。

　必要に応じては，ある猶予期間（たとえば2年位）を設けて，その後の状況をみてから，最終的な決断をしなければならない場合もあろう。

　新規事業を継続している限り，このように継続基準に基づいて定期的に評価・見直しをし，迅速に柔軟に環境対応させながら遂行していかなければならない。

（2）新規事業評価方法

　新規事業の可能性を評価するには，たとえば，新規事業の経営環境がどのような状況であるかという側面と，新規事業に対する自社の経営資源がどのような状況であるかという側面とに分類して，検討することが考えられる。両者を点数化して，たとえば各50点満点で図表化して，各新規事業案を評価することができる。

　環境評価としては，市場性（規模，成長性，収益性等）がどうであるか，競争状況（参入障壁，法規制等）はどうであるか，顧客ニーズ（消費の動向・形態，本当に求められているか等）はどうであるか，景気動向等のマクロ環境はどうであるか等を検討して，たとえば各項目に以下のような最高点を配分して評点化しよう。

①市場性（20点）　　②競争状況（10点）　　③ニーズ（10点）
④景気動向（5点）　　⑤その他（5点）

　各項目は相互にかなり関連性があるが，大胆に分類・区分して，できるだ

図表5-3　環境・経営資源評価表　　　　　　　　　　　　　（単位：原則として点）

項目		プロジェクト名	A	B	C	D	E
環境評価	1	市場性	20	20	15	6	4
	2	競争状況	6	5	4	4	2
	3	ニーズ	8	3	5	5	2
	4	景気動向	3	5	3	4	1
	5	その他	5	4	4	1	1
		計	42	37	31	20	10
経営資源	1	人的	9	8	4	2	2
	2	資金的	5	5	4	4	3
	3	物的	7	5	3	3	2
	4	情報的	9	8	5	6	6
	5	その他	8	7	3	2	2
		計	38	33	19	17	15
合	計		80	70	50	37	25
順	位		1	2	3	4	5
総合評価			青	青黄	黄	黄	赤

け独立的に評価することが望ましい。

次に，自社の経営資源も，たとえば以下のように分類し，評点化して検討しよう。[3]

①人的資源（10点）　　②資金的資源（10点）　　③物的資源（10点）

④情報的資源（10点）　⑤その他の資源（10点）

さらに，両者をマトリックス上に図表化した判断基準図をたとえば4段階に分類して，青（図表5－4例示のA事業）の場合は進め，青黄（B事業）の場合には注意しながら進め，黄（C,D事業）の場合には一時ストップしてからどうするかを決め，赤（E事業）の場合は完全にストップすると判断できる。

（3）新規参入基準

できるだけ多くのアイディアを検討して，可能性のある事業は簡単でもよいから第1次のスクリーニング（screening）にかける。その中から，新規事業方針に基づいて，ある程度の可能性のある事業をより詳細に検討することになる。そして，最適新規事業を選択し，状況とタイミングをみながらでき

第5章　新規事業の戦略・計画・予算システム

図表5-4　新規事業判断基準図

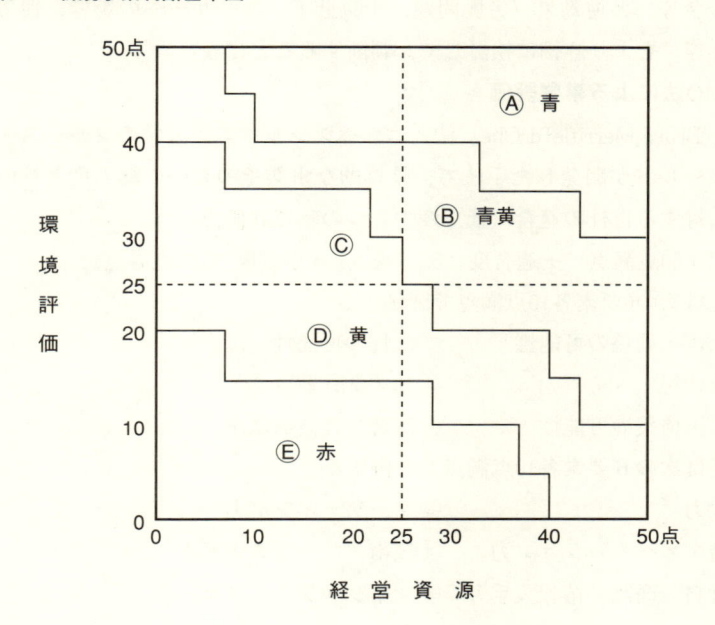

```
環境評価（縦軸：0〜50点）／経営資源（横軸：0〜50点）
  Ⓐ 青
  Ⓑ 青黄
  Ⓒ
  Ⓓ 黄
  Ⓔ 赤
```

るだけ集中的に経営資源を投入する。

　新規事業への参入基準に関する調査結果によれば，「ある程度の基準がある」が42.6％，「ない」が18.6％，「検討中である」が16.5％，「検討したい」が12.2％，「客観的な基準がある」が9.0％の順である。明確な参入基準を整備する必要性があろう。

(4) **継続基準**

　新規事業の進捗状況により，新規事業計画・予算と対比して予定通り継続するのか，何らかの手を加え，当初の計画・予算を変更するのかを決める。

(5) **撤退基準**

　新規事業の進捗状況から，将来に対して不安が大きくなった場合には，他の事業との関連性等を考慮して，このまま継続するのか，撤退するのかを決定することになる。計画通りいかない原因を究明し，その対策は考えられないのかも検討し，今後の方針を最終的に決めなければならない。撤退を決める場合には，撤退によって生み出される効果（支出の削減，余剰人員・土地，

設備・資金等）と逆効果（労働問題，士気低下，ユーザーへの影響，他事業への影響等）をより詳細に検討して，判断することになる。

（6）BMO法による事業評価

BMO（Bruce Merrifield Ohe）法とは[4]，ペンシルベニア大学のブルース・メリーフィールドが開発した手法で，社外的な事業そのものの魅力度と社内的な事業に対する自社の適合（社）度の2つの軸で評価を行う。

魅力度（60点満点）＋適合度（60点満点）＝事業度（120点満点）

魅力度は次の6要素各10点満点で評価する。

①売上げ・利益の可能性　　②成長の可能性
③競争状況　　　　　　　　④リスク分散度
⑤業界再構築の可能性　　　⑥特別な社会的状況

適合度は次の6要素各10点満点で評価する。

①資金力　　　　　　　　　②マーケティング力
③製造・オペレーション力　④技術・サービス企画力
⑤原材料・商品・情報入手力　⑥マネジメント・サポート

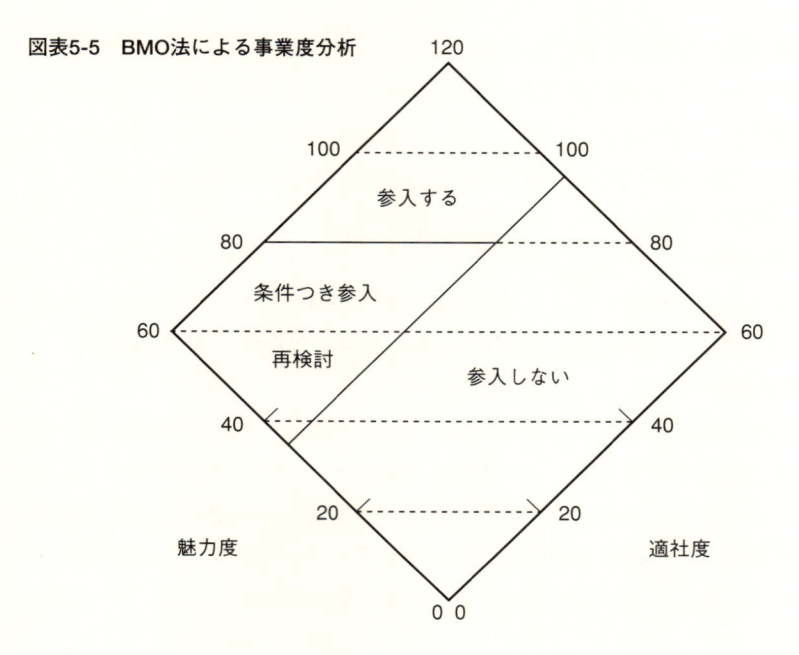

図表5-5　BMO法による事業度分析

```
                    120
                   /   \
                100     100
               / 参入する \
             80           80
            / 条件つき参入  \
          60 ─────────────── 60
            \  再検討   参入しない /
             40           40
               \         /
                20     20
                   \   /
                    0 0
         魅力度            適社度
```

104

各評価要素は，必要最小限度の項目数に限定し，絶対的な数値評価と相対的な数値評価とを併用し，定量的項目のみならず定性的項目を含み，バランスのとれたものとなっている。しかも，ガイドラインに従って具体的な評点のつけ方が示されているので使いやすい。

事業度が高くなるに従って，成功の確率が高くなってくると実証している。すなわち，事業度の高い事業を創業することが成功へより近づくということを意味しているのである。魅力度が35点以下は足切りし，合計事業度が80点以上の事業に限って参入することを判断基準（80％位の成功確率）としている。成功の臨界値として事業度80点が存在していることも実証している。

（7）池島政広の調査研究

池島政広は，既存事業との関連で新規事業をポートフォリオ上で評価している[5]。環境の評価と競争力の評価との組み合わせにより，事業を評価する。

環境の評価としては，技術，市場，国際環境の要因を評価し，競争力の評価としては，マーケティング力，生産力，技術力の要因を評価する。時間差を考慮して，新規事業を含めてのポートフォリオから，経営資源の重点配分を問題にしている。

新規事業の評価に関しては，各種の項目・評価基準が各種各様に考えられるので，自社にとって最も望ましいものを試行錯誤的に創造すべきであろう。

Ⅲ ▶ 新規事業戦略・計画・予算システム

新規事業に関する戦略・計画・予算は，各ステップごとに検討され，最終的にはそれぞれが完全に一体化され，統合的なシステムとして編成・運営されることが重要である。

1 新規事業戦略

将来のあるべき理想像（目標）を明確に設定し，既存事業では不足するギャップ（gap）を新規事業によって埋めていかなければならないことを明確に

図表5-6　新規事業戦略の策定と当期利益との関連

		合計	新規事業戦略の策定		
上段：実数 下段：全％			定期的に策定する	必要に応じて策定する	していない
全体		185 100.0	47 25.4	120 64.9	18 9.7
当期利益	1億円未満	18 9.7	1 0.5	12 6.5	5 2.7
	1億円以上10億円未満	44 23.8	9 4.9	31 16.8	4 2.2
	10億円以上15億円未満	24 13.0	6 3.2	18 9.7	― ―
	15億円以上30億円未満	21 11.4	3 1.6	18 9.7	― ―
	30億円以上	78 42.2	28 15.1	41 22.2	9 4.9

カイ自乗値　自由度　確率　有意差判定
22.25　　　8　　0.0045　　[＊＊]

図表5-7　新規事業戦略の策定と新規事業の重要性との関連

		合計	新規事業戦略の策定		
上段：実数 下段：全％			定期的に策定する	必要に応じて策定する	していない
全体		185 100.0	47 25.4	120 64.9	18 9.7
新規事業の重要性	大変重要と考えている	63 34.1	31 16.8	32 17.3	― ―
	かなり重要と考えている	70 37.8	12 6.5	57 30.8	1 0.5
	普通に重要と考えている	31 16.8	3 1.6	24 13.0	4 2.2
	多少は重要と考えている	13 7.0	1 0.5	7 3.8	5 2.7
	ほとんど考えていない	8 4.3	― ―	― ―	8 4.3

カイ自乗値　自由度　確率　有意差判定
123.76　　　8　　0.0000　　[＊＊]

図表5-8 新規事業戦略の策定と企業戦略と新規事業戦略との整合性との関連

		合計	新規事業戦略の策定		
	上段：実数 下段：全%		定期的に策定する	必要に応じて策定する	していない
全体		182 100.0	47 25.8	121 66.5	14 7.7
企業戦略と新規事業戦略との整合性	している	84 46.2	41 22.5	42 23.1	1 0.5
	多少している	80 44.0	6 3.3	74 40.7	― ―
	していない	18 9.9	― ―	5 2.7	13 7.1

カイ自乗値　自由度　確率　有意差判定
159.51　　　4　　0.0000　　[＊＊]

図表5-9 新規事業戦略の策定と新規事業への参入基準との関連

		合計	新規事業戦略の策定		
	上段：実数 下段：全%		定期的に策定する	必要に応じて策定する	していない
全体		186 100.0	47 25.3	121 65.1	18 9.7
新規事業への参入基準	客観的な基準がある	17 9.1	8 4.3	9 4.8	― ―
	ある程度の基準がある	80 43.0	27 14.5	52 28.0	1 0.5
	検討中である	31 16.7	6 3.2	24 12.9	1 0.5
	検討したい	23 12.4	2 1.1	19 10.2	2 1.1
	ない	35 18.8	4 2.2	17 9.1	14 7.5

カイ自乗値　自由度　確率　有意差判定
56.84　　　8　　0.0000　　[＊＊]

位置づける。企業全体戦略のなかで，新規事業の必要性を強調するのである。新規事業戦略の策定に関する調査結果によれば，「必要に応じて策定する」が64.4％，「定期的に策定する」が25.0％である。新規事業戦略の策定と当期利益との関連性に関しては，新規事業の戦略を策定しているほどに，当期利益がより多くなっている。新規事業戦略の策定と新規事業の重要性との関連性に関しては，新規事業の戦略を策定しているほどに，新規事業をより重要視している。新規事業戦略の策定と企業戦略と新規事業戦略との整合性に関しては，新規事業戦略を策定しているほどに，企業戦略と新規事業戦略とがより整合している。新規事業戦略の策定と新規事業への参入基準との関連性に関しては，新規事業戦略を策定しているほどに，新規事業への参入基準がよりある。

　企業戦略と新規事業戦略との整合性に関する調査結果によれば，「している」が44.7％，「多少している」が42.6％である。新規事業を成功させるためには，経営目標に従って，全社企業戦略と整合させながら戦略的に事業展開

図表5-10　企業戦略と新規事業戦略との整合性と当期利益との関連

		合計	企業戦略と新規事業戦略との整合性		
	上段：実数 下段：全％		している	多少している	していない
全体		181 100.0	84 46.4	79 43.6	18 9.9
当期利益	1億円未満	17 9.4	2 1.1	10 5.5	5 2.8
	1億円以上10億円未満	44 24.3	24 13.3	15 8.3	5 2.8
	10億円以上15億円未満	24 13.3	10 5.5	14 7.7	— —
	15億円以上30億円未満	21 11.6	7 3.9	14 7.7	— —
	30億円以上	75 41.4	41 22.7	26 14.4	8 4.4

	カイ自乗値	自由度	確率	有意差判定
	25.18	8	0.0015	[＊＊]

していくことが求められている。企業戦略と新規事業戦略との整合性と当期利益との関連性に関しては，企業戦略と新規事業戦略とが整合しているほどに，当期利益がより多くなっている。企業戦略と新規事業戦略との整合性と新規事業への参入基準との関連性に関しては，企業戦略と新規事業戦略とが整合しているほどに，新規事業への参入基準がよりある。

新規事業は相当期間赤字となり，かなりのキャッシュを必要とするが，現業でこれを支え続けなければならない。最初から黒字となりキャッシュを創造できるような新規事業はあまり考えられない。したがって，現業をも含めた企業全体としての収益性，流動性を長期的かつ総合的に配慮していかねばならない。経営目標に向けて，計画的に予定通り新規事業を自立させて，確実に創業していく戦略遂行がポイントとなる。

(1) 関西生産性本部の「経営組織調査」

1990年に行われた関西生産性本部による質問票調査によれば，新事業開発戦略と企業の管理システムや組織文化との関連性を実証している。[6)]新事業開発の戦略としては，次の3つの次元を設定した。
①新事業開発の契機（シーズ志向かニーズ志向か）
②対象市場の選択（既成市場参入志向か新市場創造志向か）
③投資戦略（少数厳選投資か分散投資か）

新事業開発のための経営管理システムを，次の6つの側面から調査している。
①新事業の全般的な管理
②新事業の開始
③新事業の評価
④新事業の権限
⑤新事業の撤退
⑥新事業のための人事

組織文化としては，次の4つの次元を設定した。
①変化肯定性（変化敏感型か慎重型か）
②分権管理（分権管理型か調整管理型か）
③漸進主義（漸進型か突出型か）

④スタッフ主導（スタッフ主導型かライン主導型か）

　この研究では，一定の戦略の成功確率が高いこと，一定の管理システムのもとでの成功確率が高いこと，一定の組織文化を持つ企業において成功確率が高いことが明らかにされている。

（2）奥村昭博・加納良一の調査研究

　日本の産業用ロボット産業への新規事業参入の事例に基づいて，ライフサイクルに基づく戦略の進化過程を実証している。[7]

　戦略は一般的に2つの戦略次元によって，特徴的な4つの戦略タイプに分類することができる。戦略次元の1つは，対象とする「製品―市場セグメントの範囲」によって，幅広いセグメントを事業対象としている企業「全方位型」と，狭いセグメントに絞り込んだ企業「特化型」とに2区分する。

　もう1つの戦略次元としては，「新技術導入と新市場進出」を1番手に行う「開拓型」と2番手以降に行う「追随型」とに2区分して，両者を組み合わせて以下の4つの戦略タイプに分類する。

①全方位―開拓型
②全方位―追随型
③特化―開拓型
④特化―追随型

　調査結果として，次の点が実証されている。

　全方位―開拓型が，全サイクルに成功確率が高い。生成期においては，特化―開拓型も成功確率が高いが，成長期前期には，全方位へと戦略転換をしたほうが成功確率は高くなる。成長期後期には，全方位―追随型も成功確率が高くなる。

（3）新規事業経営形態・組織戦略

　新規事業に関しては，特に企業グループ全体による経営資源を有効活用するという経営戦略が考えられる。企業グループの全体的な視点から新規事業をどのように位置づけるかを検討するのである。

　自社の既存経営資源だけで新規事業を開発できればよいが，他社の経営資源を内部化して活用するほうがより効果的な場合も考えられる。この場合にどのような経営形態を採用するかが問題となる。新規事業の内容にもよるが，

最も望ましい経営形態を追求することになる。業務提携か，合併・買収かという外部資源活用方法をも検討するのである（第6章参照）。

新規事業を推進する体制（組織）としては，次の方法が考えられる。
①既存事業部内で推進する。
②新規事業開発部門等で推進する。
③独立の事業部門として推進する。
④別会社として推進する（分社化）。

新規事業の規模・特質・内容によっても推進体制は異なる。一般的に，新規事業の進捗状況に応じて推進体制を高度化することが考えられる。

（4）新規事業資金調達戦略

新規事業に関しては，特に低利の資金を調達するために，公共的資金等の利用戦略が考えられる。多くの有利な資金調達方法が考えられるので，十分に検討し，利用できる方法は大いに活用して，新規事業をより強力に推進する資金調達戦略を採用すべきである。できる限り低利で資金を調達できれば，それだけで新規事業創造の可能性が増大する。

2　新規事業計画

新規事業戦略に基づいて，新規事業を総合的観点から実行するための経営基本構造計画および業務執行計画を策定する。新規事業を裏づける根拠となり，円滑に遂行していくための拠り所となるのが新規事業計画である。新規事業のライフサイクルを想定しながら，比較的長期間にわたる計画を創造することになる。

新規事業に関する各個別計画として当初設定され，具体的な実行計画としては，各年度の企業全体としての期間総合計画のなかに統合されていく。

新規事業計画の設定に関する調査結果によれば，「必要に応じて設定する」が66.5％，「定期的に設定する」が21.8％である。新規事業計画の設定と当期利益との関連性に関しては，新規事業計画が設定されているほどに，かなり当期利益がより多くなっている。新規事業戦略の策定と新規事業計画の設定との関連性に関しては，新規事業戦略を策定しているほどに，新規事業計画

図表5-11　新規事業計画の設定と当期利益との関連

		合計	新規事業計画の設定		
	上段：実数 下段：全%		定期的に 設定する	必要に応じ て設定する	していない
全体		184 100.0	41 22.3	124 67.4	19 10.3
当期利益	1億円未満	18 9.8	1 0.5	13 7.1	4 2.2
	1億円以上10億円 未満	44 23.9	6 3.3	31 16.8	7 3.8
	10億円以上15億円 未満	23 12.5	4 2.2	19 10.3	— —
	15億円以上30億円 未満	21 11.4	3 1.6	17 9.2	1 0.5
	30億円以上	78 42.4	27 14.7	44 23.9	7 3.8

カイ自乗値　自由度　確率　有意差判定
19.84　　　 8　　 0.0110　　[＊]

図表5-12　新規事業戦略の策定と新規事業計画の設定との関連

		合計	新規事業戦略の策定		
	上段：実数 下段：全%		定期的に 策定する	必要に応じ て策定する	していない
全体		185 100.0	47 25.4	120 64.9	18 9.7
新規事業計画 の設定	定期的に設定 する	41 22.2	35 18.9	6 3.2	— —
	必要に応じて 設定する	125 67.6	11 5.9	109 58.9	5 2.7
	していない	19 10.3	1 0.5	5 2.7	13 7.0

カイ自乗値　自由度　確率　有意差判定
180.98　　 4　　 0.0000　　[＊＊]

第5章　新規事業の戦略・計画・予算システム

図表5-13　新規事業計画の設定と新規事業への参入基準との関連

上段：実数 下段：全%		合計	新規事業計画の設定		
			定期的に策定する	必要に応じて策定する	していない
全体		185 100.0	41 22.2	125 67.6	19 10.3
新規事業への参入基準	客観的な基準がある	17 9.2	8 4.3	9 4.9	— —
	ある程度の基準がある	80 43.2	25 13.5	54 29.2	1 0.5
	検討中である	30 16.2	3 1.6	25 13.5	2 1.1
	検討したい	23 12.4	1 0.5	20 10.8	2 1.1
	ない	35 18.9	4 2.2	17 9.2	14 7.6

　　　　　　　　　　　　カイ自乗値　自由度　　確率　　有意差判定
　　　　　　　　　　　　　58.28　　　8　　0.0000　　　[＊＊]

をより設定している。新規事業計画の設定と新規事業への参入基準との関連性に関しては，新規事業計画を設定しているほどに，新規事業への参入基準がよりある。

　新規事業戦略に基づく新規事業計画の設定に関する調査結果によれば，「している」が38.8％，「多少している」が38.8％，「していない」が19.7％である。新規事業戦略に基づく計画の設定と当期利益との関連性に関しては，新規事業戦略に基づいて計画が設定されているほどに，当期利益がより多くなっている。新規事業戦略に基づく計画の設定と新規事業計画の設定との関連性に関しては，新規事業戦略に基づいて計画が設定されているほどに，新規事業計画をより設定している。新規事業戦略の策定と新規事業戦略に基づく計画の設定との関連性に関しては，新規事業戦略を策定しているほどに，新規事業戦略に基づいて計画をより設定している。新規事業への参入基準と新規事業戦略に基づく計画の設定との関連性に関しては，新規事業への参入基準があるほどに，新規事業戦略に基づいて計画をより設定している。

たとえば次のような各種の個別計画を編成しながら，総合的観点から各個別計画の相互関連をも含めて，検討することになる。
　①新規事業利益計画　　　　②新規事業キャッシュフロー計画
　③新規事業貸借対照表計画　④新規事業投資計画
　⑤新規事業資金調達計画　　⑥新規事業要員計画
　⑦新規事業マーケティング計画　⑧新規事業生産計画
　⑨新規事業物流計画　　　　⑩新規事業推進計画
　既存事業の計画と比較すると，非常に細部にわたっての厳格な計画設定は不可能であり，計画の精度に関しては，かなり曖昧となるから，より多くの柔軟性が求められる。

3　新規事業予算

　新規事業戦略・計画に基づいて，より確実に実行するための根拠として予算を決定する。新規事業を行うための経営資源を戦略的視点に基づいて金額的に配分するのが新規事業予算である。「経営資源を新規事業分野に重点的に配分する」という経営戦略を，より計量的に確定するために，どのような経営資源をどれ位配分するのかを金額的に決定することである。新規事業予算として裏づけられることによって，新規事業の意義，役割，重要性を社内に明確に周知徹底させることができるので，予算の実行が円滑に遂行可能となる。

　新規事業予算の編成に関する調査結果によれば，「必要に応じて編成する」が60.6％，「定期的に編成する」が23.4％，「していない」が14.4％である。新規事業に関する戦略・計画・予算は，必ずしも定期的な事項として定着しておらず，必要に応じて考慮されている状況であるが，今後はより定期的に配慮せざるを得ないほどに，経営環境が変化していくと思われる。新規事業への参入基準と新規事業予算の編成との関連性に関しては，新規事業への参入基準があるほどに，新規事業予算をより編成している。新規事業計画の設定と新規事業予算の編成との関連性に関しては，新規事業計画を設定しているほどに，新規事業予算をより編成している。新規事業戦略に基づく計画の

第5章 新規事業の戦略・計画・予算システム

図表5-14 新規事業への参入基準と新規事業予算の編成との関連

上段：実数 下段：全%		合計	新規事業への参入基準				
			客観的な基準がある	ある程度の基準がある	検討中である	検討したい	ない
全体		185 100.0	17 9.2	80 43.2	31 16.8	23 12.4	34 18.4
新規事業予算の編成	定期的に編成する	44 23.8	8 4.3	27 14.6	3 1.6	1 0.5	5 2.7
	必要に応じて編成する	114 61.6	9 4.9	48 25.9	24 13.0	19 10.3	14 7.6
	していない	27 14.6	―	5 2.7	4 2.2	3 1.6	15 8.1

カイ自乗値 47.04　自由度 8　確率 0.0000　有意差判定 [＊＊]

図表5-15 新規事業計画の設定と新規事業予算の編成との関連

上段：実数 下段：全%		合計	新規事業計画の設定		
			定期的に設定する	必要に応じて設定する	していない
全体		184 100.0	41 22.3	125 67.9	18 9.8
新規事業予算の編成	定期的に編成する	44 23.9	31 16.8	13 7.1	―
	必要に応じて編成する	113 61.4	9 4.9	101 54.9	3 1.6
	していない	27 14.7	1 0.5	11 6.0	15 8.2

カイ自乗値 149.34　自由度 4　確率 0.0000　有意差判定 [＊＊]

設定と新規事業予算の編成との関連性に関しては，新規事業戦略に基づいて計画を設定しているほどに，新規事業予算をより編成している。

　新規事業計画に基づく新規事業予算の編成に関する調査結果によれば，「している」が43.1％，「多少している」が33.5％，「していない」が20.7％である。新規事業予算の編成と新規事業計画に基づく予算の編成との関連性に関しては，新規事業予算を編成しているほどに，新規事業計画に基づいて予算をより編成している。新規事業への参入基準と新規事業計画に基づく予算の編成との関連性に関しては，新規事業への参入基準があるほどに，新規事業計画に基づいて予算をより編成している。新規事業戦略に基づく計画の設定と新規事業計画に基づく予算の編成との関連性に関しては，新規事業戦略に基づいて計画を設定しているほどに，新規事業計画に基づいて予算をより編成している。

　新規事業予算の柔軟性の程度に関する調査結果によれば，「普通にある」が43.6％，「かなりある」が31.9％，「多少はある」が9.6％である。新規事業への参入基準と新規事業予算の柔軟性の程度との関連性に関しては，新規事業への参入基準があるほどに，新規事業予算の柔軟性がよりある。新規事業計画の設定と新規事業予算の柔軟性の程度との関連性に関しては，新規事業計画を設定しているほどに，新規事業予算の柔軟性がよりある。新規事業計画に基づく予算の編成と新規事業予算の柔軟性の程度との関連性に関しては，新規事業計画に基づいて予算を編成しているほどに，新規事業予算の柔軟性がよりある。新規事業予算の編成と新規事業予算の柔軟性の程度との関連性に関しては，新規事業予算を編成しているほどに，新規事業予算の柔軟性がよりある。

　新規事業の見直しに関する調査結果によれば，「必要に応じて見直す」が72.9％，「定期的に見直す」が18.6％である。新規事業への参入基準と新規事業の見直しとの関連性に関しては，新規事業への参入基準があるほどに，新規事業の見直しをよりしている。新規事業計画の設定と新規事業の見直しとの関連性に関しては，新規事業計画を設定しているほどに，新規事業の見直しをよりしている。新規事業予算の編成と新規事業の見直しとの関連性に関しては，新規事業予算を編成しているほどに，新規事業の見直しをよりして

第5章 新規事業の戦略・計画・予算システム

図表5-16 新規事業戦略に基づく計画の設定と新規事業計画に基づく予算の編成との関連

		合計	新規事業戦略に基づく計画の設定		
上段：実数 下段：全％			している	多少している	していない
全体		183 100.0	73 39.9	73 39.9	37 20.2
新規事業計画に基づく予算の編成	している	81 44.3	63 34.4	14 7.7	4 2.2
	多少している	63 34.4	9 4.9	49 26.8	5 2.7
	していない	39 21.3	1 0.5	10 5.5	28 15.3

カイ自乗値 153.52　自由度 4　確率 0.0000　有意差判定 [＊＊]

図表5-17 新規事業への参入基準と新規事業予算の柔軟性の程度との関連

		合計	新規事業への参入基準				
上段：実数 下段：全％			客観的な基準がある	ある程度の基準がある	検討中である	検討したい	ない
全体		178 100.0	17 9.6	78 43.8	30 16.9	23 12.9	30 16.9
新規事業予算の柔軟性の程度	大変ある	8 4.5	— —	4 2.2	2 1.1	— —	2 1.1
	かなりある	60 33.7	9 5.1	28 15.7	11 6.2	5 2.8	7 3.9
	普通にある	82 46.1	8 4.5	39 21.9	13 7.3	13 7.3	9 5.1
	多少はある	18 10.1	— —	7 3.9	2 1.1	4 2.2	5 2.8
	ない	10 5.6	— —	— —	2 1.1	1 0.6	7 3.9

カイ自乗値 37.51　自由度 16　確率 0.0018　有意差判定 [＊＊]

いる。

　新規事業予算は，すべての項目をまったく新しく最初から（ゼロベースで）予測決定することになるから，既存事業に関する業務執行予算は，ほとんど役に立たないどころか，むしろ有害になるかもしれない。新規事業を予測する前提条件等の不確実性のために，予算額もかなり不確実となる。予算を具体的に運用していくと，事前には考えられないことや，考えていたこととかなり違う状況となったりすることが多いので，試行錯誤的に対応していかなければならない。常に軌道修正が求められ，ある程度の追加（投資）予算が必要となることも当然考えられる。それ故に，新規事業予算はより柔軟に編成・運用することが肝要となる。しかも，新規事業予算はかなり多額な投資となり，資金回収もかなりの期間を要するので，戦略的視点をより強く組み込んでおかなければならない。たとえば，平等主義的な予算配分はやめて，重点的な戦略配分を実施すべきである。新規事業には，経営戦略・計画に従って徹底した予算配分を実施し，強力に推進することが求められている。

　新規事業予算を合理的に編成することにだけ注力して，予算を実行し，経営目標を達成することに最終的な目的があることを忘れてはいけない。

　戦略・計画・予算システムを構築することによって，各利害関係者の知識，判断を創造的に紡ぎ合わせながら，全員による建設的なコンセンサスを築いていくのである。これによって，実行する場合の各利害関係者のコミットメントが大幅に向上する。

　新規事業の業績評価に関する調査結果によれば，「必要に応じて評価する」が52.7％，「定期的に評価する」が35.6％である。新規事業の業績を定期的に評価している割合が，かなり低い状況である。これでは，新規事業の成功確率を高めることが非常に難しい。新規事業戦略の策定と新規事業の業績評価との関連性に関しては，新規事業戦略を策定しているほどに，新規事業の業績評価をより行う。新規事業への参入基準と新規事業の業績評価との関連性に関しては，新規事業への参入基準があるほどに，新規事業の業績評価をより行う。新規事業予算の編成と新規事業の業績評価との関連性に関しては，新規事業予算を編成しているほどに，新規事業の業績評価をより行う。

　新規事業の業績評価に関しては，既存事業の業績評価とは場合によっては

第5章 新規事業の戦略・計画・予算システム

図表5-18 新規事業予算の編成と新規事業予算の柔軟性の程度との関連

	上段：実数 下段：全%	合計	新規事業予算への編成		
			定期的に編成する	必要に応じて編成する	していない
全体		178 100.0	44 24.7	112 62.9	22 12.4
新規事業予算の柔軟性の程度	大変ある	8 4.5	3 1.7	4 2.2	1 0.6
	かなりある	60 33.7	16 9.0	41 23.0	3 1.7
	普通にある	82 46.1	20 11.2	57 32.0	5 2.8
	多少はある	18 10.1	5 2.8	9 5.1	4 2.2
	ない	10 5.6	— —	1 0.6	9 5.1

カイ自乗値　自由度　確率　　　有意差判定
67.11　　　 8　　 0.0000　　 [＊＊]

図表5-19 新規事業予算の編成と新規事業の見直しとの関連

	上段：実数 下段：全%	合計	新規事業予算への編成		
			定期的に編成する	必要に応じて編成する	していない
全体		182 100.0	44 24.2	114 62.6	24 13.2
新規事業の見直し	定期的に見直す	35 19.2	25 13.7	8 4.4	2 1.1
	必要に応じて見直す	137 75.3	19 10.4	106 58.2	12 6.6
	ほとんどしない	10 5.5	— —	— —	10 5.5

カイ自乗値　自由度　確率　　　有意差判定
123.29　　 4　　 0.0000　　 [＊＊]

図表5-20　新規事業戦略の策定と新規事業の業績評価との関連

		合計	新規事業戦略の策定		
	上段：実数 下段：全％		定期的に 策定する	必要に応じ て策定する	していない
全体		181 100.0	46 25.4	120 66.3	15 8.3
新規事業の 業績評価	定期的に評価する	67 37.0	26 14.4	40 22.1	1 0.6
	必要に応じて評価 する	98 54.1	18 9.9	75 41.4	5 2.8
	していない	16 8.8	2 1.1	5 2.8	9 5.0
			カイ自乗値 63.70	自由度 4	確率　　有意差判定 0.0000　　[＊＊]

図表5-21　新規事業予算の編成と新規事業の業績評価との関連

		合計	新規事業予算の編成		
	上段：実数 下段：全％		定期的に 編成する	必要に応じ て編成する	していない
全体		181 100.0	43 23.8	114 63.0	24 13.3
新規事業の 業績評価	定期的に評価する	67 37.0	28 15.5	33 18.2	6 3.3
	必要に応じて評価 する	98 54.1	14 7.7	75 41.4	9 5.0
	していない	16 8.8	1 0.6	6 3.3	9 5.0
			カイ自乗値 46.93	自由度 4	確率　　有意差判定 0.0000　　[＊＊]

第5章　新規事業の戦略・計画・予算システム

図表5-22　新規事業戦略の策定と新規事業の成果配分,報奨システムとの関連

		合計	新規事業戦略の策定		
	上段：実数 下段：全%		定期的に策定する	必要に応じて策定する	していない
全体		181 100.0	45 24.9	120 66.3	16 8.8
新規事業の成果配分，報奨システム	制度化している	10 5.5	6 3.3	4 2.2	— —
	必要に応じて考慮する	58 32.0	18 9.9	39 21.5	1 0.6
	ない	113 62.4	21 11.6	77 42.5	15 8.3

　　　　　　　　　　　　　カイ自乗値　自由度　　確率　　有意差判定
　　　　　　　　　　　　　　15.90　　　4　　0.0032　　[＊＊]

図表5-23　新規事業予算の編成と新規事業の成果配分，報奨システムとの関連

		合計	新規事業予算の編成		
	上段：実数 下段：全%		定期的に編成する	必要に応じて編成する	していない
全体		181 100.0	42 23.2	114 63.0	25 13.8
新規事業の成果配分，報奨システム	制度化している	10 5.5	7 3.9	3 1.7	— —
	必要に応じて考慮する	58 32.0	17 9.4	40 22.1	1 0.6
	ない	113 62.4	18 9.9	71 39.2	24 13.3

　　　　　　　　　　　　　カイ自乗値　自由度　　確率　　有意差判定
　　　　　　　　　　　　　　27.63　　　4　　0.0032　　[＊＊]

分離して，インセンティブ（incentive）をより強化するために，かなり貢献した場合には，それなりの報酬を提供できるような成果配分，報奨システムを事前に構築することも重要である。しかも，失敗に対しては客観的かつそれなりに寛大な評価がなされるべきであろう。

新規事業の成果配分，報奨システムの有無に関する調査結果によれば，「ない」が60.6％，「必要に応じて考慮する」が30.9％である。ほとんどないに等しい状況である。新規事業戦略の策定と新規事業の成果配分，報奨システムの有無との関連性に関しては，新規事業戦略を策定しているほどに，新規事業の成果配分，報奨システムがよりある。新規事業への参入基準と新規事業の成果配分，報奨システムの有無との関連性に関しては，新規事業への参入基準があるほどに，新規事業の成果配分，報奨システムがよりある。新規事業計画の設定と新規事業の成果配分，報奨システムの有無との関連性に関しては，新規事業計画を設定しているほどに，新規事業の成果配分，報奨システムがよりある。新規事業予算の編成と新規事業の成果配分，報奨システムの有無との関連性に関しては，新規事業予算を編成しているほどに，新規事業の成果配分，報奨システムがよりある。このように，新規事業戦略・計画・予算システムを構築しているほどに，新規事業の成果配分，報奨システムを構築する可能性がより強まるのである。

Ⅳ ▶ 結びに代えて

経営環境がダイナミックに変動すればするほどに，新規事業創造の可能性は増大する。技術革新による新しい事業の絶えざる創造が必要であり，新規事業の創造には，地域（特に世界的市場）の拡大・創造も影響する。今後の規制緩和，市場開放の推進によるビジネスチャンスを大いに利用して，新規事業を積極的に開拓することも考えられる。

新規事業に進むも地獄，留まるも地獄と考えられている。すなわち必要性大であるが，成功確率は極めて低い状況下で，どのような経営理念（business creed）・ビジョン（vision）・目標（objective, goal）に向かって，どの事業分野

に，どのように参入し，どの位の経営資源を投入し，どのように展開するのかという戦略的志向がますます求められている。しかも将来を託すことができるニューフロンティアの事業分野の模索も本格的に探求しなければならない。

社会が真に求めている事業を発掘し，強い信念を持って，夢中になって，精魂を傾けて育成に取り組むべきである。独自の領域を探求し，他社とは違う固有の発想，やり方，技術で，すなわち他社には簡単に追随できない方法で，戦略的に対処しながら柔軟かつ積極的に進めることが肝要である。実行段階において，環境変化に応じて計画変更が必要となれば迅速に対処すべきことは当然である。

新規事業分野には，重要な経営資源（特に貴重な技術優秀な人材）をできる限り重点的に配分して，明確に戦略性を発揮することが必要となる。

新規事業を創造しながら，できるだけ多くのソフトな経営資源（ノウハウ，起業家精神，文化，風土，価値観等）を蓄積することも肝要である。

異質の新規事業であっても，既存事業との相互関連性を根本的に見直し，必要に応じて，既存事業の経営資源を極力利用して，両者の関連を強調しながら，新しい（事業）業態を創造することによって，他社とは違った個性的な企業を構築できるかもしれない。これによって，次の新規事業を創造できる可能性も増大しよう。継続的な体験による学習ステップを繰り返す新規事業創造戦略によって，まったく新しい企業が誕生するかもしれない。

新規事業を重視して，より考慮しているほどに，戦略・計画・予算システムがより整備・充実されているが，必ずしも定着的な展開がなされているとは言えない。今までに考えられない新規事業が今後，着実に具現化されていくことを期待したい。具体的な事例を着実に積み重ねながら，より理論的な体系化を図っていかなければならない。

注

1) 新規事業創造戦略の事例として，たとえば次のケースが参考となろう。
  （味 の 素）食品企業　→生活文化企業（外食，サービス業等）
  （資 生 堂）化粧品事業→美と健康（医薬品，健康食品，カルチャー等）
  （キリンビール）ビール業→生活価値産業（健康，楽しさ，快適さに貢献）
  　　　　　　　　　　　　　　（アグリバイオ事業等）
  （新日本製鐵）鉄鋼業　　→複合企業（エンジニアリング事業，新素材，エレクトロニクス等）

2) 本章は，主に拙稿「新規事業戦略・計画・予算システム」『白鴎大学論集』白鴎大学，第9巻第1号，1994年，1－24頁に基づいている。

3) 経営資源に関しては，拙著『増補改訂版　新・経営資源の測定と分析』創成社，1994年参照。

4) BMO法に関しては，伊藤邦雄，大江　建，本荘修二稿「新規事業参入・撤退の分岐点」『ダイヤモンド・ハーバード・ビジネス』ダイヤモンド社，1991年,Feb.－Mar.，36－47頁，大江　建，森　忠芸，西園寺公友稿「BMO評価法で成功事業を探る」『マネジメント21』日本能率協会，1991年,May, 86－89頁，大江　建，本荘修二稿「BMO法によるベンチャー・ビジネスの成功確率予測法」『ダイヤモンド・ハーバード・ビジネス』ダイヤモンド社，1993年,Oct.－Nov.，88－99頁参照。

5) 池島政広稿「新規事業開発の成功要因の実証分析」『経営論集』亜細亜大学 経営学会，第27巻第1・2号合併号，131－151頁参照。

6) 加護野忠男他編『リストラクチャリングと組織文化』白桃書房，1993年参照。

7) 奥村昭博，加納良一稿「ニューベンチャー戦略」『組織科学』白桃書房，1993年，第27巻第1号，62－74頁参照。

第6章
外部経営資源活用の戦略・計画・予算システム

I ▶ はじめに

　景気の低迷が長引き，しかも将来にもあまり期待が持てそうもない。このままでは多くの企業は間違いなく生き残れなくなるであろう。これは，経営環境（business environment）が激変しており[1]，しかもそのスピードがあまりにも速すぎるために，企業は戦略的にどのようにこの環境に適応すべきかの混迷が続いている証拠である。特に今までの自社内部の経営資源の蓄積を中心とする，すべてを自前でやろうとする企業経営方法の限界が鮮明に現れてきている。そこで，戦略目的を達成するために，不足する経営資源をどのように外部から調達し，活用するのかという課題が関心を集めている。

　最近，ほとんど毎日のように新聞，雑誌にM&A（Merger & Acquisition）[2]，提携（Alliance, Linkages, Partnership）[3]に関連する記事が掲載され，極めてポピュラーな問題として，多くの関係者が関心を持たざるを得なくなってきた。しかも，基本的な経営戦略の一環として，外部経営資源の活用を考える事例が激増している[4]。一時的なブームとして理解するのでなく，企業が生存していくための基本戦略の一環として考慮しなければならないということを十二分に認識すべきなのである。今後の経営戦略は，外部経営資源活用を抜きにしては考えられない時代に突入している。

　外部経営資源の活用により，どのようにして外部経営資源と内部経営資源とを統合化していかなければならないのかという重要課題が登場してくる。外部経営資源を活用することによって，新たな経営資源を利用でき，内部経営資源も高度化でき，しかも今までまったく考えられなかった経営資源を創造

できるかもしれない。内部経営資源と外部経営資源のインタラクション（interaction）過程を通じた経営資源のダイナミックな創造である。このような展開を達成することは，そう容易ではない。多くの課題を戦略的視点から解決しながら，ある程度のリスクをかけ，積極的に対処し，学習していくことが肝要となる。

　企業組織のネットワーク（network）化，企業間関係の緊密化と柔軟化等により，新たな企業間関係を構築すべき時代となってきている。自社と外部との境界は不鮮明となり，経営資源の多種多様な組み合わせが同時平行的に可能となりつつある。このように，経営戦略上のオプション（option）が飛躍的に広がっている。各種の経営資源の組み合わせを考慮しながら，新しい経営資源の内部化（internalization）のみならず共有化（sharing）をも含めた，総合的な経営資源のより効率的な資源活用を探求すべきなのである。

　しかも外部経営資源の活用戦略が成功している確率が，現在までのところ必ずしも高くないという状況をどう理解し，どう対処していくべきかという今後の重要課題も残されている[5]。外部経営資源がそこにあるから，簡単に調達可能であるから，これを利用しようという消極的な理由も考えられる。経営戦略なき過剰資金に基づいた外部経営資源の活用が多くの場合失敗に終わっている。崩壊時に被る損害は，企業経営に深刻な影響を及ぼすであろう。すなわち，余剰資金に基づく安易な横並び意識による戦略なき外部経営資源導入は，結果として莫大な損失が生じるのである。

　供給者，顧客，競争者等を包含したより広範囲な経営環境状況を把握することが今後ますます重要性を増してくるであろう。時と場合に応じては，競合相手を今までのように単なる「ライバル」，「敵対者」として単純に理解するのではなく，「協同者」，「パートナー」として取り扱う発想の転換が求められている。

　以上の考察を通じて，外部経営資源活用に関する総括的な理解をするための理論的なフレームワーク（framework）として，戦略・計画・予算システム（Strategy Plan Budget System；SPBS）[6]への具体的な適用例を提供したい。

Ⅱ ▶ 外部経営資源活用の本質

1 外部経営資源活用の意義

　企業の基本構成要素である経営資源を現在時点で社内に所有しているものだけを主に利用するのか，外部にある他者の経営資源を積極的に内部化・共有化して利用するのかという観点（利用範囲別分類）に基づく経営資源の分類方法によれば，内部（社内）経営資源（internal business resources）とは，企業内部に所有している自己資源を意味している。外部（社外）経営資源（external business resources）とは，企業外部にある当社にとっては外部の経営資源を意味している。外部経営資源と言っても，外部にある経営資源のうち，合併，買収，提携等の手段によって，将来自己資源として利用可能なものおよび共有可能なものに限定される。このような分類方法は，現在時点での経営資源の所在場所に基づく分類でもある。このように，経営資源は内部経営資源と外部経営資源とに大別される。

　外部経営資源活用に関する一般的な形態を広義に体系化すれば，次のように要約できよう。

①外部経営資源の取得
　a）外部市場からの一般的取得（購入）
　b）外部市場からの包括的取得（M&A）──────▶内部化
②外部経営資源の借用（賃貸借，リース）
③外部経営資源の共有（提携）──────────▶共有化

　本章では，より限定的に主にb），③を中心とした外部経営資源の活用方法を考察する。b）は，経営資源を一括パッケージとして取得できる活用形態である。③は，十分な法的所有権は形成されないのが一般的であり，特定目的に制約された共同的な活用形態である。

　以上の発展形態として，次のように企業への経営資源の特定要素だけのサービス提供を事業として行っている専門企業が，発達してきていることにも注目すべきである。

図表6-1　外部経営資源活用の分類

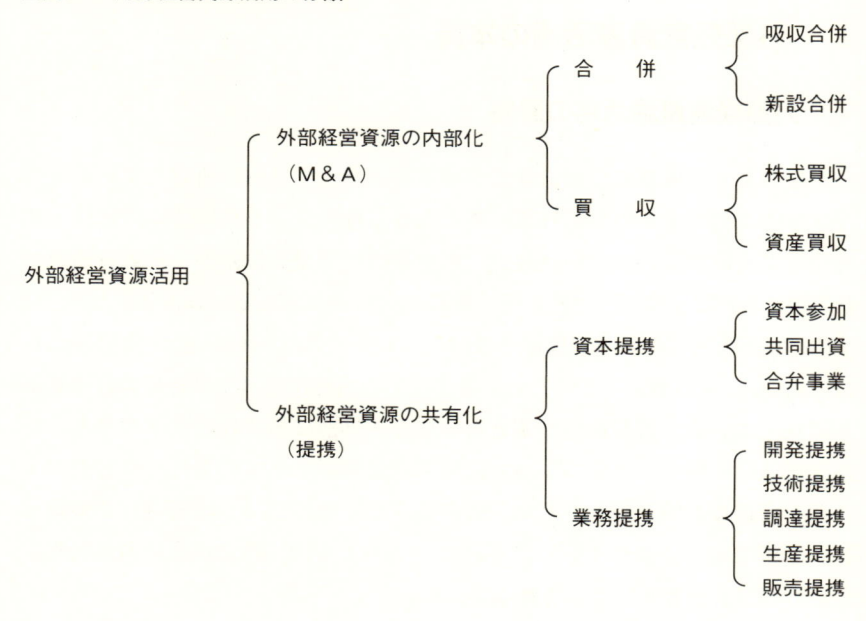

```
                                                    ┌ 吸収合併
                              ┌ 合　併 ┤
                              │        └ 新設合併
        ┌ 外部経営資源の内部化┤
        │       (M&A)         │        ┌ 株式買収
        │                     └ 買　収 ┤
        │                              └ 資産買収
外部経営資源活用 ┤
        │                              ┌ 資本参加
        │                     ┌ 資本提携┤ 共同出資
        │                     │        └ 合弁事業
        └ 外部経営資源の共有化┤
              (提携)           │        ┌ 開発提携
                              │        │ 技術提携
                              └ 業務提携┤ 調達提携
                                       │ 生産提携
                                       └ 販売提携
```

　　人→人材派遣会社，人材スカウト会社，人材情報提供会社
　　金→銀行等の金融機関，ベンチャーキャピタル
　　物→リース会社，ファブレス提供会社（専属加工）
　　情報→コンサルティング会社，研究所，M&A専門会社，情報処理専門会社，
　　　　情報提供専門会社，アウトソーシング受託会社

　このように，今後ますます柔軟な経営資源の展開を図る必要性が増してくるであろう。そして経営資源が相互作用過程の中でダイナミックに展開していく可能性が秘められている。多種多様な外部経営資源の展開が考えられるが，本章では，企業間の結びつきの強さにより[8]，完全な統合（M&A）と不完全な統合（提携）を中心に外部経営資源の活用に関する本質的な課題を概論的に論述しよう。

　図表6－1に外部経営資源活用に関する主に本章で考察する一般的な分類方法を例示する。

2 外部経営資源活用の理由

　日本では経営資源を囲い込む考え方が根強く，「社外秘」とする秘密主義や社外に仕事を頼むことを潔しとしない自給自足の「自前主義」が横行し，自らを一種の鎖国状態に陥れてしまう傾向が強かった。今後もこのような経営方法を続けていけるのであろうか。

　企業内の経営資源の再配分だけで環境変化にこれまでは適応できたが，将来の急激かつ過酷な環境変化を想定すると，必然的に外部からの経営資源の導入をも考えざるを得ない。この流れをうまく利用できなければ，企業は多分生き残れないであろう。

　伝統的な個別企業単独経営による内部成長戦略だけでは激動著しい環境に適応できなくなっている。すなわち必要なすべての経営資源を自社単独で所有し得る（「自社単独経営」）時代は，すでに過去のものになってしまった。個別企業だけでなし得る範囲は確実に縮小してきている。単独企業の力では自ずから限界があり，どんな大企業でも，どんな巨大な多国籍企業でも今後の不確実な環境変化に完全には適応できない。企業の経営資源は有限であり，企業単独では経営資源の制約を克服することが困難となってきている。そこで，他社の経営資源を利用したり，協力しあって生きていく共生（symbiosis）関係が求められる。すなわち，複数の企業組織が所有している経営資源を相互に交流させて，お互いに有効的に利用し合う手法である。経営資源の相互補完（complementary）作用を通じて，経営資源のより効率的な利用を狙う資源補完戦略なのである。もちろん，他社の浪費している，遊休している経営資源があれば，これを活かす経営戦略としても採用される。しかも，経営資源の展開がグローバルな規模や市場で追求すべき時代となってきている。

　自社単独経営を続けるに足る経営資源を十二分に持たない企業は，必然的に競争（competition）と協調（collaboration）という，二面性を同時に探求しなければならない。そこで，自社単独ではできない，より大きな価値を実現できる可能性が生じてくる。単独企業ではなし得ない目標を，どのようにして力を合わせて達成できるのであろうかという，なかなか難しい統合（integration）の問題が残されている。[9]

必要経営資源を自ら保有していなければ，必然的に外部から獲得しなければならない。そこで，必要経営資源を保有している企業との新たな関係を形成することになる。他企業への「資源依存」から導かれる相互依存性がこれからの企業生存のカギとなるかもしれない。このようにして，広範囲にわたる戦略的弾力性（flexibility）を持つことができる。

　企業間関係についての今までの固定概念を捨て，全関係者による根本的な意識改革を実施することが必要である。外部経営資源活用に対する，これまでの日本企業，日本人の心理的な抵抗感・倫理感（「乗っ取りは悪である」，「積極的にやるべきではない」）も徐々に変化し，薄まってきている。「一方的」な「敵対的」な方法には，多くの摩擦が生じ，本来的には利害関係者がある程度納得（consensus）しうる「友好的」な方法で行われなければ，後の運営が非常に難しくなる。

　多様な事業分野への大胆かつ迅速な多角化を進めようとすれば，どうしても人材，資金力，技術力，ノウハウ等という経営資源の制約により，単独企業での対応が困難となっている。しかも，事業規模はますます大きくなり，そして事業内容は複雑となり，複合化の傾向を強めている。すなわち，社会のニーズが，一企業の能力の限界を超えて巨大化，多様化，複雑化している現状に対応するためには，数社が結集し，それぞれの得意とする経営資源を持ち寄り，「企業連合」[10]によって事業を推進するのが有効であろう。さらには提携を重ねて，必要な機能統合を産み出すことが考えられる。自力での事業推進に制約の多い時代を迎えた現在，時代に即応した，より開かれた企業体質に転換することによって，成長の限界を打破することが今後必要であり，そのためにも，経営資源統合，経営資源提携はどうしても避けて通れない重要な戦略手段となってきている。戦略目標と現在の経営資源の不整合を是正するために，経営資源を外部的に拡大させる手法なのである。

　内外領域が不明確化しており，しかも自社と外部を分断してきた壁を経営戦略的に打破し，曖昧にし，外部との協調関係を構築し，知識等の経営資源の移動と増殖を目指すことが考案されている。自社の境界線を戦略的に破壊し，外部との同盟関係を強化するのである。

　たとえばマルチメディア事業のように，研究開発規模の飛躍的増大による

採算可能投資規模の莫大化という限界により，とても1社単独ではこのような投資額を負担できなくなっている。そこで，経営資源をお互いに補完し合い，自社の弱点を外部経営資源によって補おうとする。このことによって，自社の優位性を強化・補強し，お互いが相互作用し合いながら弁証法的に進化することが望まれている。このようにして，多種多様な経営資源の活用を効率的に拡大可能なのである。

内部蓄積を中心とするストック型企業から，設備・労働のリース，短期契約，情報の外部購入，サービス活動中心というフロー型企業への転換が柔軟性の観点から今新しい動向となりつつあることにも注目すべきであろう。

以上のように経営資源を総合的に見直して，再構築しようと試みている。そのためには，外部の経営資源を活用する能力が今後より重要となる。経営資源の組み替えによって，企業価値の創造がどの位増加するかが最終的な判断基準である。

内部経営資源と外部経営資源の連結の結果として，組織外，企業外の外部経営資源の利用，共有化によるインプット面の効率化と，経営資源結合による相乗（シナジー；Synergy）効果あるいはコストダウンを越えた産出効果が期待されている。

図表6-2に外部経営資源を活用せざるを得なくしている一般的な論理フローを要約しよう。

外部経営資源を取り込むにあたっては，誘引する経営資源が必要である。一般的には情報的資源がその役割を果たすと考えられる。すなわち優位性を持った情報的資源があって初めて，外部経営資源を自社内に取り込むことが可能なのである。情報と技術とが，共有可能性を持つ最も典型的な経営資源であろう。

外部経営資源を活用することにより，組織学習が活性化して情報的資源はさらに一段と高度化可能である。このように社内外と協力することによって，自社が持つよりもより多くの経営資源を結集できる企業となり得る。

外部経営資源を取り込むには，核となる経営資源は自社内で蓄積し，それ以外の活用できる経営資源を外部から取り込む手法も採用されつつある。経営資源をコア・コンピタンス（Core Competence；核心能力）に限定し，ヴァ

図表6-2　外部経営資源の活用フロー

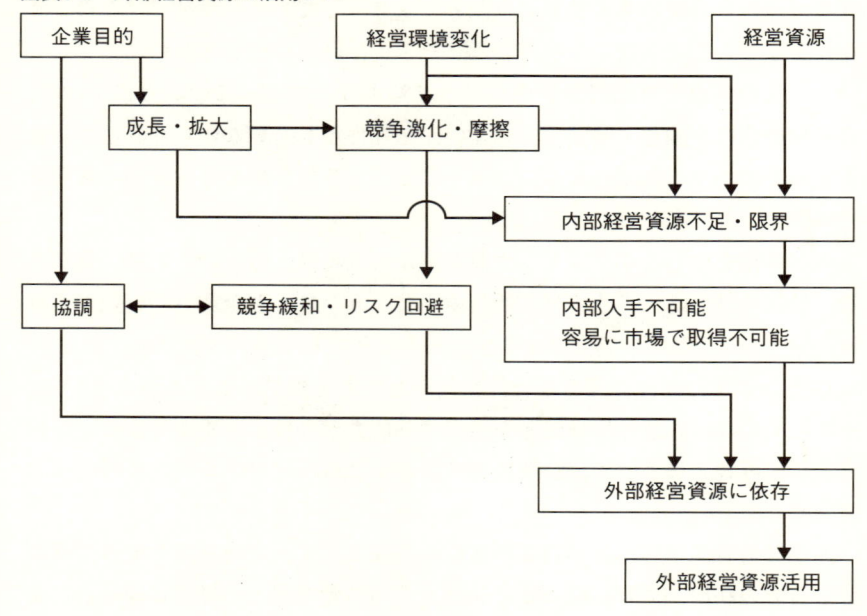

```
[企業目的]        [経営環境変化]        [経営資源]
   ↓                  ↓                   ↓
[成長・拡大] → [競争激化・摩擦]
   ↓                  ↓         ↘
   ↓                  ↓          [内部経営資源不足・限界]
   ↓                  ↓                   ↓
[協調] ← [競争緩和・リスク回避]    [内部入手不可能
                                    容易に市場で取得不可能]
                                          ↓
                              [外部経営資源に依存]
                                          ↓
                              [外部経営資源活用]
```

ーチャル・コーポレーション（仮想企業体）として外部経営資源を大いに活用するのである。

　自社の経営資源として蓄積すべきものと，外部の経営資源をそのまま活用すべきものと，両者の相互作用として新たな経営資源を創造すべきものとに明確に区別して，戦略的にそれぞれに対処すべきなのである。

　外部経営資源活用のメリットを次のように要約しよう。

①内部経営資源の蓄積だけでは不足する経営資源を補足できる。しかも必要資源を比較的容易に獲得できる。

②内部経営資源の蓄積を行うことに比べて時間を短縮できる。すなわち成長に要する時間を短縮できる。「時間と知識を金で買う」手法でもある。時間的に余裕がない場合に大変効果的である。

③事業展開のリスクを軽減できる。

④新しい企業行動や思考様式について学習できる。そこで，企業を変革する起爆剤としても利用可能である。

第6章　外部経営資源活用の戦略・計画・予算システム

⑤他企業から継続的な支持を得る一助となり，そして威信を高める効果も生じる。

外部経営資源活用に関しては，メリットばかりではなく，次のようなデメリットが考えられる。
①機能の低下。自主性が失われる。
②機密の漏洩。優位性が失われる可能性がある。新たな競争関係が生じる。
③経営管理の複雑化，利害調整，意見不一致，コンフリクトが生じる。

このような問題点を解消しながら，メリットを最大限に生かすような，外部経営資源の活用が待望される。すなわち，お互いに解決方法を探求しながら，相互に多くの統合化に関する知識等を蓄積していくのである。以下では，外部経営資源の活用方法を内部化と共有化とに大別してさらに検討しよう。

3　外部経営資源の内部化

外部経営資源を内部化することの妥当性がどのように論証できるのであろうか。より多くの専門領域に関与できる可能性を強調しながら，外部経営資源を完全に自社内に統合する外部経営資源重視の急成長戦略の方法として正当化できよう。すなわち，企業が経営資源の獲得や実際の経営活動において，外部取引市場を利用することよりも，内部組織として利用したほうが取引コストが節約できる場合，当該領域を内部化すべきである。そこで，たとえば販売会社と合併したり，部品会社を買収したりして，内部組織化することが考えられる。外部経営資源を企業内部に取り込み，資源蓄積の時間，コスト，リスクを削減する手法なのである。外部知識を結合することによって新知識を創造できる可能性が生じる。しかし，内部化と言っても，企業を完全な1つの厳格な組織体と考えることが，徐々に困難となってきている。そこで，社風，企業文化等の早期かつ徹底普及の実を上げることが大変重要である。

Aという会社がBという会社を内部化した場合の形態が図表6－3に示される。A社と内部化したB社は，最初は統合しても両者の境界がかなりはっきりしている。それが，徐々に境界がなくなり，最終的には，理想的形態として，以前のA社，B社とはまったく違ったN社となる。

図表6-3　外部経営資源の内部化

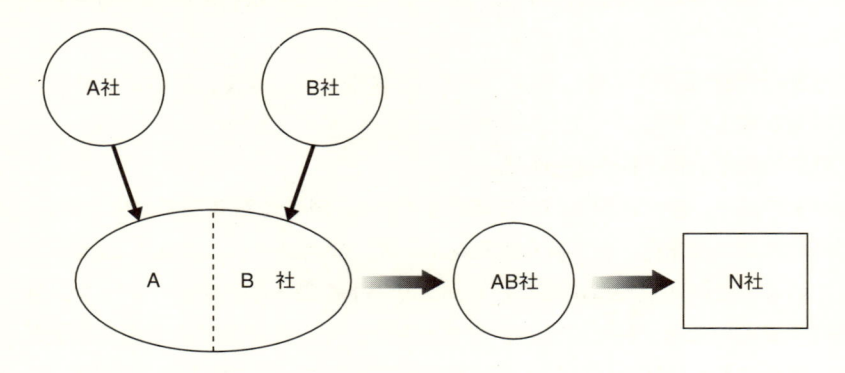

　外部経営資源内部化の基本的な方法として，M&Aが考えられる。M&Aとは，合併と買収とを包含する概念である。合併（Merger）とは[11]，2以上の会社が，合併契約に基づいて法的手続きに従って1つの会社に合体することで，複数の企業の結合としては，最も完全な形態である。合併は，消滅会社の権利義務を包括的に承継することから，被合併企業に簿外債務等表面に表れない瑕疵があっても当然に承継するというリスクを負う。しかも手続きは非常に複雑である。合併は通常，消滅会社の株主に存続会社の株式を交付することになる。このため，取得に現金がいらないというメリットがある反面，消滅会社の株主が合併会社の株主となるので，株主，経営者同士の人的信頼関係があることが重要である。また，人事の処遇，経営システムの統合等，企業文化の融合が成功のカギとなるので，合併効果が大きい反面，合併後の経営についても並々ならぬ配慮が求められる。

　買収（Acquisition）とは，買い手である企業または個人が，相手企業の経営権ないし支配権を全体としてまたは部分的に獲得することを目的として，売り手の企業から資産，営業部門，株式等を購入することである。資産または事業部門を買い取るものと，株式を買い取るものとに大別される。資産買収（Asset　Acquisition）は，資産のよいところだけを取得できるが，経営全般というダイナミックな経営力を買うわけにはいかないから，買い手側にかなりの統合に関する経営能力がなければ，資産も宝の持ち腐れとなるかもしれない。株式買収（Stock　Acquisition）は，株式を通して生きた企業の人，物，情

報等を包括的に買い取る方法である。

　資産や事業部門の買収は，特に「営業譲渡」と呼ばれている。営業譲渡とは，被買収企業の行っている営業の全部および一部を譲り受けることで，株式の譲り受けと異なり，株主総会の特別決議や公正取引委員会への届出等が必要であるため，やや時間がかかる。手続きが繁雑となるが，簿外債務のリスクがないことや買収側にとって魅力のない部門は営業譲渡の対象から外すことも可能であることから，企業内容に自信が持てない企業の買収等によく使われる。

　M&Aのメリットとしては，一般的に次の点が考えられる。[12]
①時間的価値を買うことができる，すなわち時間を節約できる。

　仕入先，販売先，人材，設備等の経営資源をそっくりそのまま引き継ぎ，直ちに利用できるから，新規投資に比べ大幅にスピードアップでき，時間を節約できる。研究開発から開始すると，大変な時間がかかってしまい，しかも，それほど労力をかけたところで日進月歩の科学技術に追いつけないかもしれない。製品のライフサイクルも短縮化している今日では，むしろ既に一定水準の技術力を有する企業を抱え込むほうが得策な場合が考えられる。すなわち，時間的コストの観点から，大きな節約効果が生じる。
②当該分野での専門的ノウハウや知識を事業の立上げの段階から獲得し利用できる。

　既存企業の経営ノウハウをそっくりそのまま手に入れることが可能となる。
③一度に大量に人材を獲得できる。既に高度な水準に達している即戦力の人材を大量にかつ瞬時にして確保できる。
④その事業の将来性に関して，リターンとリスクの予測が立てやすい。

　既存の事業を引き継ぐから今までの実績の延長から投資利益等を比較的容易に計算でき，そこで将来の投資リスクを相対的に削減可能である。
⑤投資資金の節約

　買収価格いかんでは再調達価格を下回る価格で取得できる可能性がある。買収する株式数は必ずしも発行済株式の100％である必要はなく，経営支配権を確保するに足る比率（たとえば50％超）にとどめることもある。この結果，自前で新規投資を行うことに比べ投資資金を節約することができる。

⑥相乗効果

　自社の内部経営資源と利用される外部経営資源とが相互に補完しあい相乗効果を発揮する場合も多い。

　M&Aのデメリットとしては，一般的に次の点が考えられる。

① M&A実行後初めてその企業の実態がわかり，思わぬトラブルに巻き込まれたり，予期せぬ負債を抱え込んだりするケースがある。
② 自社の経営方針や管理方式を早急に被買収側企業に導入することが困難である。自社の経営方式等を相手企業に定着させるためには長時間かかることが多い。そして全体のコントロールも大変難しくなる。特に，人事・労務管理上の不一致解消は非常に時間がかかる。
③ M&A以前の企業文化や風土，会社をとりまく環境を，M&A後もある程度引きずらなければならないという制約がある。被買収側の弱点を改善したり，企業文化を自社と一体化するのに大変な努力が必要となる。そして，企業経営が不安定となるリスクを内在している。
④ 不要な，あるいは必要以上の経営資源を引き継ぐことがある。したがって，M&A後に不要経営資源を売却・処分することも多い。
⑤ 初期投資額が多額となり，しかもその投資を途中で中止したり，時期を遅らせて実施すること等の変更が難しい。

4　外部経営資源の共有化

　外部経営資源を共有化するということは，どのような論理に基づいているのであろうか。外部経営資源の共有化とは，複数の企業が，それぞれの強さと独立性を保持しながら共通の目的と相互の利益を追求するために，限定した経営資源をコミットしながら，共同的な活用を狙う手法である。事業のいろいろな面での結びつきを深める正式なしかも長期間にわたる友好信頼関係である。将来生まれるかもしれない新しい市場やその産業の主流から落ちこぼれたくないとする保険的な動機づけによる防衛的視点から，外部経営資源の共有化・共通化を活用する場合も考えられる。遥かに多くの経営資源に対してアクセスが可能となり，パートナー間で経営資源が相互に交流する関係

第6章 外部経営資源活用の戦略・計画・予算システム

となる。そこで，経営資源のモビリティが非常に高くなってくる。

A社のaという部分の経営資源とB社のbという部分の経営資源を提供し合い，aとbの部分を相互に共有化するのである。この形態も，図表6－4に示すように，最初は，a，bの境界が非常に明確であるが，徐々に共有化が進展するに応じて，境界はなくなり，最終的には理想的形態として，まったく新しいnという形態となる。共有化は協同，平等という考えに基づいており，そして共有化の進展状況に応じて，両社の境界は解消されていく。

各企業が保有する経営資源の一部を提携プロジェクトに出し合い，プロジェクトの共有経営資源とすることによって，それぞれの経営資源の弱点・限界を補償する。共通の限定的目的を持ち，部分的に事業領域と特定経営資源を共有している複数の自律的企業・組織による，ゆるやかな連合体（ルーズ・カップリング；loose coupling）である。集合目標を中心として，弾力的に交流が行われ，共有される目的—事業—資源連関はより限定的かつ明示的であり，特定の市場・技術分野等に極めて限定される。したがって事前に共有する経営資源の範囲を明確に確定しておかなければならない。また，退出はかなり自由だが，参入は非常に制限される。事業展開速度の重要性がその必要性をより強めている。そして高額投資，開発期間短縮化等が外部経営資源の共有化をより一層促進している。個別企業レベルでの経営資源の限界は，提携によって共有する経営資源の合成効果によって突破される可能性を追求

図表6-4　外部経営資源の共有化

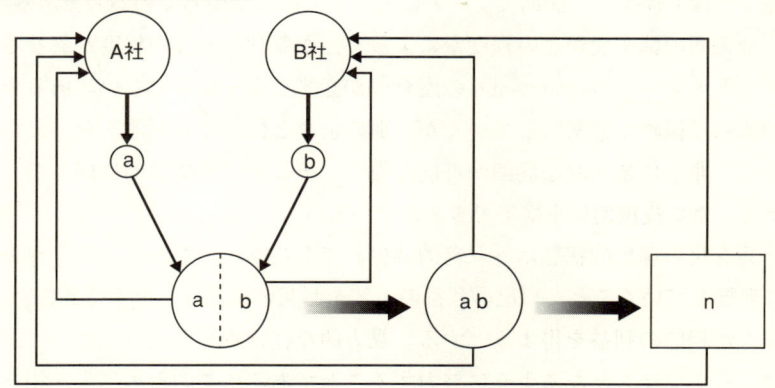

するのである。パートナー企業間の資源連関・結合を軸にした，協働活動相互に経営資源を交換しつつ相手方から自分たちの足りないところ，弱いところを学んでいく相互学習の過程でもある。したがって，情報は極めて双方的な流れとなる。コミュニケーションを円滑に行うためには，明確なメッセージとして伝達できるように，すなわち一定の共通認識が得られるように文書化すること（文書能力）が大変重要である。

　外部経営資源の共有化においては，パートナー相互の力を一体化するための経営資源の活用が考えられる。しかし，どのように協力関係を構築するかという課題が残っている。それぞれの長所を生かしながら，短所を補完しあう。「もらう」ばかりでなく，「与える」という発想が必要となる。そのためには他社に与えられる優位性のある経営資源を有していることが大前提である。

　パートナー相互間の緊密性の程度が，相対的に低い場合を「連携」，相対的に高い場合を「同盟」と呼んで区別することもある。ただし，必ずしも明確な区別の基準があるわけではない。たとえば，物，情報の流れを円滑化する「製販一体化」が最近注目されている[13]。

　共有化は，一般的に技術的補完関係，生産的補完関係，市場的補完関係等として形成される。より具体的な提携例としては，資本提携（資本参加，共同出資，合弁事業）と業務提携（開発提携，技術提携，調達提携，生産提携，販売提携等）と大別される。商品別，技術別に提携先が異なっている場合の提携戦略であるマルチ提携戦略が最近注目されてきている。このように，多様な分野で提携する提携ミックスに関しても関心が増しているのである。

　企業間の緊密度がどの程度かによって，かなり共有化の程度が異なる。コミットメント（commitment）の度合いが必ずしも一様ではない。ある企業との関係は極めて緊密にしていくが，別の企業とはかなり距離をおいていくように，非常に多面的な展開が可能となる。そこで，戦略目的に応じた，ダイナミックな提携関係を構築できるのである。

　共有化の理想的状態は「双務的共生」であろう。すなわち，双方がお互いに発展していくこと，自己の利益の一部をお互いに提供し合うことによって，双方が相応の利益を得ようとする。双方的な経営資源の流れによって，双方にとってプラスとなるように努力することである。このためにも，相互理解

に基づく信頼関係をいかに確立していくかが非常に重要となる。

　共有化を推進する過程で，共有化の質，範囲を拡大していく可能性を有しており，必要に応じて内部化へと発展させることも可能である。

　外部経営資源共有化における問題点もある。すなわちパートナーとの利益が不均衡となることも生じる。妥協の結果として，自社の独自性や活力，独創性が損なわれるかもしれない。自社の経営戦略の一部が，他社に依存してしまい，そこで，自社の経営戦略の転換をしなければならない可能性が生じる。こうなると必然的に新しい経営戦略の創造も必要となってくる。

　協同行動を取ったほうが，最適資源配分が可能となるから，ある特定の目的に関してだけ競争企業と協同行動をとるもので，協同行動をとる目的が達成されなくなると簡単に解消される性格のものである。調和が適切に管理されないと，両者の信頼関係は崩れ，緊張が高まり，そしてマイナスの影響しか生じないかもしれない。そこで，自律性が低下し，秘密が漏洩する可能性もある。お互いの持っていないものを出し合っている時はよいが，長期間経つと出し合うものが違ってくる。一方は出せても，他方は出せない。こうなると，お互いの立場が微妙に変化してくる。すなわち将来の不安，不確実性，紛糾，決裂の可能性や危険性を常に内在している。

　外部経営資源を内部化するのとは反対に，内部経営資源を外部化する手法も考えられる。[14] バリューチェーン（価値連鎖）を検討しながら，業界の最強でない機能分野については必要に応じてアウトソーシング（outsourcing；外部委託）も行われる。企業と企業の境目を流動化させ，アウトソーシングを利用するのである。このように企業の国境をなくすことによって，経営上の選択肢が大幅に広がってくる。他社と異なる独自の価値を生み出すことのできる中核的な経営資源だけを自社内に所有し，それ以外の経営資源は，自社のニーズに合わせて経営できればそれで十分であるという柔軟な考え方も成り立つ。すなわち，戦略的に重要なオペレーションだけを抱え，それ以外のものはできる限り他社に任せるという経営資源の外部化である。どちらが時間・コスト・品質・リスク等の観点からより効率的に経営できるかを比較，検討しながら意思決定される。そこで，どの業務は他社に外部委託し，逆にどの業務は積極的に他社から受注するのかを判断することも重要となる。

外部化を実施するには，最初に業務を社外にも通用する形で標準化することが前提となる。会社の文化も含めた企業間のインターフェースのオープン化，標準化を進めることが今後より一層求められるであろう。すなわち，業務標準化，アウトソーシングの順で進め，最終的には企業のコアを検討し，そして不要な仕事を抽出するのである。

　日本の下請け構造は「系列」という「閉じたネットワーク」であり，これを海外企業や系列外にも開かれたネットワークに変えなければ，柔軟なコスト管理や経営変革はできないと思われる。

　外部経営資源を活用する方法として，「内部化」（婚姻関係）にすべきか，「共有化」（友人関係）にすべきかという意思決定問題がある。図表6－5のように，各種の判断材料によって，選択されるが，ある案件は内部化，そして他の案件は共有化という選択も当然考えられる。どのような経営資源の活用がより効率的に経営できるのかという決定である。

　リンチ（Robert P.Lynch）は，各オペレーション・スタイルの相違を戦略的手法に応じて図示し，経営管理またはリーダーシップの方法が違うことを主張している[15]。

　外部経営資源活用の重要性に関する調査結果によれば，「普通に重要と考えている」が34.6％，「かなり重要と考えている」が28.2％，「大変重要と考えている」が16.0％，「多少は重要と考えている」が13.8％の順である。日本企

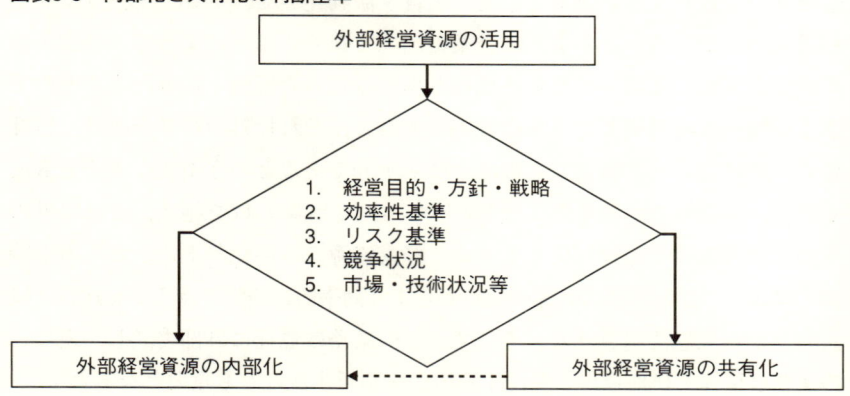

図表6-5　内部化と共有化の判断基準

```
              ┌─────────────────┐
              │ 外部経営資源の活用 │
              └────────┬────────┘
                       ↓
              ╱─────────────────╲
             ╱  1. 経営目的・方針・戦略 ╲
            ╱   2. 効率性基準            ╲
            ╲   3. リスク基準            ╱
             ╲  4. 競争状況              ╱
              ╲ 5. 市場・技術状況等     ╱
               ╲─────────────────╱
              ↓                       ↓
    ┌──────────────────┐     ┌──────────────────┐
    │ 外部経営資源の内部化 │◀----│ 外部経営資源の共有化 │
    └──────────────────┘     └──────────────────┘
```

業においては、外部経営資源活用はまだまだ今後の課題であろう。

Ⅲ ▶ 外部経営資源活用戦略・計画・予算システム

1　外部経営資源活用戦略

　以上の考察の結果，外部経営資源を活用するには，戦略的観点に基づいて，しかも計画・予算という実行の側面にも配慮して，弾力的に柔軟に経営環境にリアルタイムで対応していかなければならない。

　外部経営資源を活用するための経営戦略は，企業目的・目標・経営環境そして経営資源との相互検討の結果として策定される。

　企業を成長させるための基本的な方法には，次の3つの成長戦略方式が一般的に考えられる。すなわち経営資源の所在場所およびパートナー間のリンク（結びつき）の緊密度に基づいて大別される。

①内部成長戦略（internal growth）
　内部経営資源を充実させる，単独型経営，自前主義である。時間がかかり，急激な変化に対応しづらい。

②外部成長戦略（M&A）
　外部経営資源依存型経営であり，多額の投資が必要であるが，短時間で飛躍的な成長が可能である。

③共同成長戦略（提携）
　共同型経営であり，広範囲な領域に進出できるが，混乱が生じやすい。

　現実的には単一の成長戦略を採用するというよりも，各戦略を併用しているであろう。むしろどの戦略を重点的に活用しようとしているのかという比重の問題である。

　図表6－6に，各成長戦略の特徴上の相違を対比している。明確には区分，判断ができないが，相対的な特徴を比較したものである。

　最近の経営環境の変化は，これまでの内部成長戦略の限界を鮮明にしており，外部成長・共同成長戦略を積極的に採用せざるを得ない状況となってきている。本章で論じている外部経営資源活用は，外部成長・共同成長戦略と

図表6-6　各戦略方法の特徴比較

項目＼類型	内部成長戦略 (経営資源内部蓄積型)	外部成長戦略 (外部経営資源の内部化)	共同成長戦略 (外部経営資源の共有化)
支配力	全面的	ほとんど全面的	無し
管理能力	普通	かなり必要	比較的必要
調達時間	長時間	短時間	普通
市場参入度	難しい	迅速・容易	比較的容易
範囲	必要内，個別的，部分的	全部，一括パッケージ	限定的
資金負担	普通 固定化	多額 臨時的	比較的少ない 変動的
人間関係	容易	複雑・困難	かなり複雑・困難
リスク	単独，低い	買収側，高い	分担
秘密保持	可能	ある程度可能	困難
結びつき	大変強い	強い	弱い
安定度	大変安定	安定	不安定
柔軟性	小さい	比較的大きい	大きい
将来展開	制限	容易	大変容易

を包含したものである。

　外部成長・共同成長戦略を重視する場合には，次のような戦略展開が非常にやりやすくなるのである。

①拡大戦略

　市場シェアを拡大する戦略で，これは同業他社を買収することにより，既存の事業規模を短期間に拡大し，市場シェアを大幅に上げることを目指すものである。

②多角化戦略

　外部経営資源を活用して，既存事業の川上や川下分野への進出を図ったり，既存事業分野の周辺や関連事業への多角化，さらにまったく別の分野への多角化を図る例もある。

③新技術獲得戦略

　新製品開発等を目的とした新技術の獲得を目指すものである。
　新技術と同時に優秀な技術者も集団で獲得することができる。

第6章 外部経営資源活用の戦略・計画・予算システム

④販路拡大戦略

　市場シェア拡大手段の1つともいえるが，販売力のある企業や販売力の弱い地域にある企業を買収することにより販路の拡大を目指すものである。

⑤国際化戦略

　国際化を推進するためのもので，海外生産拠点や海外販売拠点の確保を目指すものである。

　このように多様な経営目標を達成するための有力な手法として，外部経営資源活用戦略は考えられている。

　当該意思決定に関しては，現実的な案件が突然のように出現し，迅速な判断が求められることが多い。したがって，事前にある程度基本方向を明確にしておき，個別の事例に応じて，適時に的確に判断していかなければならない。迅速な意思決定がなされたら，速やかに内外に公表することも肝要となる。

　外部経営資源活用を推進する組織としては，戦略的意図を明確にし，積極

図表6-7　外部経営資源活用の重要性と外部経営資源活用戦略の策定との関連

		合計	外部経営資源活用の重要性				
	上段：実数 下段：全%		大変重要と考えている	かなり重要と考えている	普通に重要と考えている	多少は重要と考えている	ほとんど考えていない
全体		185 100.0	30 16.2	53 28.6	65 35.1	26 14.1	11 5.9
外部経営資源活用戦略の策定	定期的に策定する	7 3.8	4 2.2	2 1.1	1 0.5	—	—
	必要に応じて策定する	119 64.3	21 11.4	45 24.3	46 24.9	6 3.2	1 0.5
	していない	59 31.9	5 2.7	6 3.2	18 9.7	20 10.8	10 5.4

カイ自乗値 63.77　自由度 8　確率 0.0000　有意差判定 [**]

図表6-8 外部経営資源活用の重要性と企業戦略と外部経営資源活用戦略との整合性との関連

		合計	外部経営資源活用の重要性				
上段:実数 下段:全%			大変重要と考えている	かなり重要と考えている	普通に重要と考えている	多少は重要と考えている	ほとんど考えていない
全体		176 100.0	29 16.5	53 30.1	61 34.7	24 13.6	9 5.1
企業戦略と外部経営資源活用戦略との整合性	している	48 27.3	16 9.1	16 9.1	13 7.4	3 1.7	— —
	多少している	74 42.0	9 5.1	27 15.3	33 18.8	5 2.8	— —
	していない	54 30.7	4 2.3	10 5.7	15 8.5	16 9.1	9 5.1

カイ自乗値 56.73　自由度 8　確率 0.0000　有意差判定 [＊＊]

図表6-9 外部経営資源活用戦略の策定と企業戦略と外部経営資源活用戦略との整合性との関連

		合計	外部経営資源活用戦略の策定		
上段:実数 下段:全%			定期的に策定する	必要に応じて策定する	していない
全体		176 100.0	7 4.0	117 66.5	52 29.5
企業戦略と外部経営資源活用戦略との整合性	している	48 27.3	6 3.4	41 23.3	1 0.6
	多少している	74 42.0	1 0.6	66 37.5	7 4.0
	していない	54 30.7	— —	10 5.7	44 25.0

カイ自乗値 116.54　自由度 4　確率 0.0000　有意差判定 [＊＊]

的に実践していくために，専門部署を設置することが大変重要である。

　外部経営資源活用戦略の策定に関する調査結果によれば，「必要に応じて策定する」が63.3％，「していない」が31.4％，「定期的に策定している」が3.7％である。外部経営資源活用は，継続的な経営戦略としては定着しておらず，必要に応じて考慮されている状況にある。外部経営資源活用の重要性と外部経営資源活用戦略の策定との関連性に関しては，外部経営資源活用の重要性があるほどに，外部経営資源活用戦略をより策定している。

　企業戦略と外部経営資源活用戦略との整合性に関する調査結果によれば，「多少している」が39.4％，「していない」が28.7％，「している」が25.5％である。外部経営資源活用の重要性と企業戦略と外部経営資源活用戦略との整合性に関しては，外部経営資源活用の重要性があるほどに，企業戦略と外部経営資源活用戦略とがより整合している。外部経営資源活用戦略の策定と企業戦略と外部経営資源活用戦略との整合性に関しては，外部経営資源活用戦略を策定しているほどに，企業戦略と外部経営資源活用戦略とがより整合している。

　自己経営資源不足限界への対処に関する調査結果によれば，「自己の経営資源を充実，強化する」が58.0％，「積極的に外部に求める」が26.6％，「自己の経営資源内に企業目標を決定」が9.0％である。外部経営資源活用戦略の策定と自己経営資源不足限界への対処との関連性に関しては，外部経営資源活用戦略を策定しているほどに，自己の経営資源をより充実，強化している。自己の経営資源の状況に応じて，外部経営資源活用の割合がかなり影響しているように考えられる。

　外部経営資源の探索法に関する調査結果によれば，「常に関心を抱いている」が57.4％，「していない」が19.7％，「外部機関等に依存している」が16.5％である。外部経営資源活用の重要性と外部経営資源の探索法との関連性に関しては，外部経営資源活用の重要性があるほどに，外部経営資源の探索について常に関心をより抱いている。外部経営資源活用戦略の策定と外部経営資源の探索法との関連性に関しては，外部経営資源活用戦略を策定しているほどに，外部経営資源の探索について常に関心をより抱いている。

　外部経営資源活用の基準に関する調査結果によれば，「ない」が42.6％，

図表6-10　外部経営資源活用戦略の策定と自己経営資源不足限界への対処との関連

	上段：実数 下段：全％	合計	外部経営資源活用戦略の策定		
			定期的に策定する	必要に応じて策定する	していない
全体		181 100.0	7 3.9	117 64.6	57 31.5
自己（内部）経営資源不足限界への対処	積極的に外部に求める	50 27.6	2 1.1	42 23.2	6 3.3
	自己の経営資源を充実、強化する	109 60.2	5 2.8	62 34.3	42 23.2
	自己の経営資源内に企業目標を決定	17 9.4	―	12 6.6	5 2.8
	感じていない	5 2.8	―	1 0.6	4 2.2
		カイ自乗値 18.45	自由度 6	確率 0.0052	有意差判定 [＊＊]

図表6-11　外部経営資源活用戦略の策定と外部経営資源の探索法との関連

	上段：実数 下段：全％	合計	外部経営資源活用戦略の策定		
			定期的に策定する	必要に応じて策定する	していない
全体		180 100.0	6 3.3	116 64.4	58 32.2
外部経営資源の探索法	探索システムを構築している	4 2.2	―	3 1.7	1 0.6
	常に関心を抱いている	108 60.0	6 3.3	87 48.3	15 8.3
	外部機関等に依存している	31 17.2	―	21 11.7	10 5.6
	していない	37 20.6	―	5 2.8	32 17.8
		カイ自乗値 70.41	自由度 6	確率 0.0000	有意差判定 [＊＊]

第6章　外部経営資源活用の戦略・計画・予算システム

図表6-12　外部経営資源活用の重要性と外部経営資源活用の基準との関連

上段：実数 下段：全％		合計	外部経営資源活用の重要性				
			大変重要と考えている	かなり重要と考えている	普通に重要と考えている	多少は重要と考えている	ほとんど考えていない
全体		183 100.0	30 16.4	52 28.4	65 35.5	25 13.7	11 6.0
外部経営資源活用の基準	客観的な基準がある	6 3.3	3 1.6	1 0.5	2 1.1	— —	— —
	ある程度の基準がある	44 24.0	11 6.0	19 10.4	13 7.1	1 0.5	— —
	検討中である	24 13.1	5 2.7	8 4.4	10 5.5	— —	1 0.5
	検討したい	29 15.8	2 1.1	8 4.4	14 7.7	5 2.7	— —
	ない	80 43.7	9 4.9	16 8.7	26 14.2	19 10.4	10 5.5

カイ自乗値　自由度　確率　有意差判定
42.87　　　16　　0.0003　　[＊＊]

図表6-13　外部経営資源活用戦略の策定と外部経営資源活用の基準との関連

上段：実数 下段：全％		合計	外部経営資源活用戦略の策定		
			定期的に策定する	必要に応じて策定する	していない
全体		183 100.0	7 3.8	118 64.5	58 31.7
外部経営資源活用の基準	客観的な基準がある	6 3.3	1 0.5	4 2.2	1 0.5
	ある程度の基準がある	44 24.0	4 2.2	40 21.9	— —
	検討中である	24 13.1	1 0.5	20 10.9	3 1.6
	検討したい	29 15.8	— —	18 9.8	11 6.0
	ない	80 43.7	1 0.5	36 19.7	43 23.5

カイ自乗値　自由度　確率　有意差判定
49.44　　　8　　0.0000　　[＊＊]

「ある程度の基準がある」が23.4％,「検討したい」が15.4％,「検討中である」が12.8％の順である。外部経営資源活用に関する明確な判断基準が欠如している状況である。外部経営資源活用の重要性と外部経営資源活用の基準との関連性に関しては，外部経営資源活用の重要性があるほどに，外部経営資源活用の基準がよりある。外部経営資源活用戦略の策定と外部経営資源活用の基準との関連性に関しては，外部経営資源活用戦略を策定しているほどに，外部経営資源活用の基準がよりある。

2　外部経営資源活用計画

　外部経営資源活用戦略に基づいて，戦略を遂行するためにより体系化した全体的な経営基本構造計画および業務執行計画が設定される。調達価格（買収価格等）が思ったよりも高めに設定されるために，将来業績に関する計画が概して楽観的な期待を込めて作成される傾向が強いので，できる限り冷静な客観的な計画，予測とすべきである。

　一般的な外部経営資源活用の手順を簡単に考えてみよう。

①活用手段の選択

　どのような活用手段を採用すべきかという課題である。現在外部経営資源活用戦略は非常に各種の手法に多様化しているから，目的に応じて自社に最も適した手段を選択することになる。

②対象企業の選定

　最適な相手，パートナーを探すことが重要である。対象企業をどのように探索するのか。そのためには，目標企業発見システムを構築しておくべきである。活用目的に大きく依存しているから，事前に活用分野を戦略的に決定しておかなければならない。

　何を求めているかを明確にし，補完すべき必要経営資源を確定するのである。

③企業の評価[16]

　被買収企業の経営実態（主に財政状態を中心に）を概括的にある程度調査する必要があり，公認会計士等の専門家による「買収調査・監査（Due

Diligence)」を実施する場合もある。

　対象企業の評価に関しては，当該企業の現在の状況のみならず外部経営資源活用後の業績を予測したものでなければならない。自社自体の将来的評価と，対象企業を加えた活用後における企業全体の将来的評価とを比較することになる。対象企業が生み出すキャッシュフローだけでなく，自社のキャッシュフローに及ぼす影響についても考慮する必要がある。すなわち，対象企業を含めた自社の株主資本価値の変化額を計算するのである。これは，自社自体の価値にも影響を与えるという意味で，統合型の活用戦略であり，いわゆる相乗効果による株主資本価値の増減を含む企業統合である。そこで，対象企業を含めた統合的なキャッシュフローを計算対象とすることが当然必要となる。

　各種の評価方法や立場が考えられるから，たとえば最高上限価額，最低下限価額等を算定し，柔軟に対応することも重要である。

　活用しなかったら，自社の事業にどのような影響を受けるのかということで，評価することも考えられる。このように，多様な評価方法を併用しながら，次の動態的な交渉過程を経て，最終的には経営者の判断によって決定される。

　たとえば，買収価格の決定に関しては，買収企業の場合には，買収契約額が買収希望額以内に納めなければならない。

④交渉
⑤契約
⑥実施
⑦アフターマネジメント

　一般的に，事前，途中，事後という3段階で評価される。しかし評価基準が不明確であり，定期的に評価していない企業があまりにも多すぎる。確かに，正確に評価することはなかなか難しいが，柔軟な対応が求められる。活用後の経営環境によって，予測される成果が大幅に変動してしまうために，正確な評価をすることが困難になっている。それにもかかわらず，今後はできる限り定期的かつ個別的に評価できるような仕組みを考案することが待望される。

両組織の有機的かつ効果的な統合による成果が最も重要である。そこでたとえば，買収の場合は，当然買収後価値額は買収額以上とならなければならない。

外部経営資源活用を成功させるためには，活用業務を円滑に遂行し，当初の目的を達成できるように，活用事業を適切に運営していかなければならない。すなわち，業務遂行能力が重要となる。

外部経営資源活用に関しては，体験，経験，知識が重要であり，戦略遂行によって獲得した資源を効果的に蓄積し，今後の活用戦略に活かさなければならない。特に，計画部門，実行部門，そして管理部門が相互に連携し，スパイラルに学習できるシステムを構築することが望まれる。すなわち実践を通じた統合・共有・協調のスキルを累積しながら展開することが非常に重要である。

次に，具体的な外部経営資源活用計画の主な例として，投資計画，資金調達計画を考えてみよう。

（1）外部経営資源活用投資計画

外部経営資源を取得し，共有するために必要な投資額を経営戦略に基づいて計画する。事前にコストやベネフィットを測定することが，環境変化に応じて非常に困難となってきている。

投資額としては，次のようなものが一般的に必要と考えられる。これらの必要額を計画するのである。

① 運転資本

② 設備投資 { 直接 / 間接

③ 研究開発費投資

（2）外部経営資源活用資金調達計画

外部経営資源活用戦略を実行するために必要な資金をどのように調達するのかという問題を考察しよう。案件数が大幅に増加しており，しかも案件ごとの金額が大型化しているために，必要資金額は巨額となる。そこで，根本的な資金調達計画を事前に準備しておく必要がある。時には，緊急の資金調達を実施することもあろう。新たに取得される資産等に安易に依存した資金

調達には，かなりの不確実性という難題が内在している。

たとえば，M&Aの資金調達に関しては，以下のような検討課題が考えられる[17]。

①買収資金の限度額設定

買収金額はあらかじめ買収企業が持つ資金調達能力の範囲内であるかを検討する。

②買収資金をどのような調達方法で行うか。

各種の資金調達源泉の構成比と，各資金調達コストを比較・検討する。

③資金調達に付随する特定機関との情報をどのように収集するか。

当然絶えまない情報交換と交渉が必要とされる。

④資金調達のタイミングとM&Aの決定・実施プロセスとに整合性を持たせる。

買収資金に加えて，買収後も生産面での設備投資に多額の資金を投じたり，予想以上の運転資本が必要となることが多いので，十二分に対策を講じておくべきである。

外部経営資源活用計画の設定に関する調査結果によれば，「必要に応じて設定する」が54.3％，「していない」が38.8％，「定期的に設定している」が3.2％の順である。外部経営資源活用の重要性と外部経営資源活用計画の設定との関連性に関しては，外部経営資源活用の重要性があるほどに，外部経営資源活用計画をより設定している。外部経営資源活用戦略の策定と外部経営資源活用計画の設定との関連性に関しては，外部経営資源活用戦略を策定しているほどに，外部経営資源活用計画をより設定している。外部経営資源活用の基準と外部経営資源活用計画の設定との関連性に関しては，外部経営資源活用の基準があるほどに，外部経営資源活用計画をより設定している。

外部経営資源活用戦略に基づく外部経営資源活用計画の設定に関する調査結果によれば，「していない」が48.9％，「多少している」が36.7％，「している」が8.5％である。外部経営資源活用は臨時的な特別の経営戦略と考えられているので，必ずしも定期的に計画レベルまでには具体化されていない。突発的に発生，決定されるので，事前の計画や準備がほとんどなされていないのであろう。外部経営資源活用戦略の策定と外部経営資源活用戦略に基づく計画の設定との関連性に関しては，外部経営資源活用戦略を策定しているほどに，外部経営資源活用戦略に基づいて計画をより設定している。外部経営

資源活用の重要性と外部経営資源活用戦略に基づく計画の設定との関連性に関しては，外部経営資源活用を重視しているほどに，外部経営資源活用戦略に基づいて計画をより設定している。外部経営資源活用の基準と外部経営資源活用戦略に基づく計画の設定との関連性に関しては，外部経営資源活用の基準があるほどに，外部経営資源活用戦略に基づいて計画をより設定している。外部経営資源活用計画の設定と外部経営資源活用戦略に基づく計画の設定との関連性に関しては，外部経営資源活用計画を設定しているほどに，外部経営資源活用戦略に基づいて計画をより設定している。

3　外部経営資源活用予算

　外部経営資源活用戦略・計画に基づいて，確実に実行するための実践手段として予算を編成することになる。予算として具体化して，初めて単なる表面上の建て前でなくなる。そうでないと，経営戦略・計画として決定されな

図表6-14　外部経営資源活用戦略の策定と外部経営資源活用計画の設定との関連

		合計	外部経営資源活用戦略の策定		
	上段：実数 下段：全％		定期的に策定する	必要に応じて策定する	していない
全体		181 100.0	7 3.9	116 64.1	58 32.0
外部経営資源活用計画の設定	定期的に設定する	6 3.3	3 1.7	3 1.7	— —
	必要に応じて設定する	102 56.4	4 2.2	92 50.8	6 3.3
	していない	73 40.3	— —	21 11.6	52 28.7

	カイ自乗値	自由度	確率	有意差判定
	122.43	4	0.0000	[＊＊]

かったのと，実質的には変わらないことになる。

　トップの方針を正確に理解し，最も効果的に実施できる形に具体化する作業である。理念と洞察力に基礎をおく決断であり，極めて創造的な活動でなくてはならない。外部経営資源活用を裏づけるためには，予算は明確に確定しておくべきである。しかも，活用に基づいた進捗状況が予算対比という形式で常にモニターでき，予定どおりに進行しているか，何らかの変更が必要ないかを定期的にチェックできるようなシステムが必要である。

　外部経営資源活用に基づく，従業員数，生産能力，必要キャッシュ等を十分に考慮した実現可能な予算の編成でなければならない。

　外部経営資源活用のために必要とされる予算額を予測することになる。具体的には，M&A予算（合併予算，買収予算），提携予算として総額が編成される。そしてその内訳として，各プロジェクト（Project）を確実に実行するために必要なプロジェクト予算額が個々に編成される。外部経営資源活用の各プロジェクト予算は，次のような区分に基づいて編成される。

①調査・探索費用予算（コンサルティング料等）
②調達直接費用予算（直接的に取引を遂行するための費用）
③事後費用予算

　予算額は，プロジェクトの進捗状況に応じて弾力的に運用されなければならない。外部経営資源活用に関しては，予算期間内には必ずしも計画通り実施できるとは限らない。該当企業が見つからなかったり，条件が一致しなかったりすることが当然考えられる。この場合は無理に予算を消化すべきではない。そこで，当該予算額は見直される。このように，外部経営資源活用予算は他の予算と比べてもかなりの柔軟性を有している。

　提携事業もできる限り独立的に評価すべきであるが，既存の事業の中に組み込まれている等の状況もあり，厳格な評価はあまり行われていないであろう。すなわち，現行事業との関連があったりして，現行製品の開発，生産，販売過程で部分的に利用されたりして，金額的な成果を正確に算定することができないことも多い。

　外部経営資源活用による経営資源額の拡大は，内部と外部経営資源の単純合計ではなく，相乗効果を期待して，より以上の合計額となろう。

外部経営資源活用予算の編成に関する調査結果によれば,「していない」が48.9％,「必要に応じて編成する」が44.1％,「定期的に編成する」が3.2％である。外部経営資源活用に関する予算は,ほとんど編成されていない状況にある。外部経営資源活用戦略の策定と外部経営資源活用予算の編成との関連性に関しては,外部経営資源活用戦略を策定しているほどに,外部経営資源活用予算をより編成している。外部経営資源活用の基準と外部経営資源活用予算の編成との関連性に関しては,外部経営資源活用の基準があるほどに,外部経営資源活用予算をより編成している。

　外部経営資源活用計画に基づく外部経営資源活用予算の編成に関する調査結果によれば,「していない」が52.7％,「多少している」が30.9％,「している」が11.2％である。外部経営資源活用戦略の策定と外部経営資源活用計画に基づく予算の編成との関連性に関しては,外部経営資源活用戦略を策定しているほどに,外部経営資源活用計画に基づいて予算をより編成している。

　外部経営資源活用予算の柔軟性の程度に関する調査結果によれば,「普通にある」が36.2％,「ない」が21.8％,「かなりある」が13.3％,「多少はある」が12.2％である。外部経営資源活用の基準と外部経営資源活用予算の柔軟性の程度との関連性に関しては,外部経営資源活用の基準があるほどに,外部経営資源活用予算の柔軟性がよりある。

　外部経営資源活用の見直しに関する調査結果によれば,「必要に応じて見直す」が60.6％,「ほとんどしていない」が26.1％,「定期的に見直す」が5.3％である。外部経営資源活用の基準と外部経営資源活用の見直しとの関連性に関しては,外部経営資源活用の基準があるほどに,外部経営資源活用をより見直している。外部経営資源活用戦略の策定と外部経営資源活用の見直しとの関連性に関しては,外部経営資源活用戦略を策定しているほどに,外部経営資源活用をより見直している。外部経営資源活用計画の設定と外部経営資源活用の見直しとの関連性に関しては,外部経営資源活用計画を設定しているほどに,外部経営資源活用をより見直している。外部経営資源活用予算の編成と外部経営資源活用の見直しとの関連性に関しては,外部経営資源活用予算を編成しているほどに,外部経営資源活用をより見直している。

　合併買収の業績評価に関する調査結果によれば,「必要に応じて評価する」

第6章　外部経営資源活用の戦略・計画・予算システム

図表6-15　外部経営資源活用戦略の策定と外部経営資源活用予算の編成との関連

		合計	外部経営資源活用戦略の策定		
	上段：実数 下段：全％		定期的に策定する	必要に応じて策定する	していない
全体		181 100.0	7 3.9	117 64.6	57 31.5
外部経営資源活用予算の編成	定期的に編成する	6 3.3	1 0.6	5 2.8	― ―
	必要に応じて編成する	83 45.9	5 2.8	71 39.2	7 3.9
	していない	92 50.8	1 0.6	41 22.7	50 27.6

カイ自乗値　自由度　確率　　　有意差判定
49.28　　　4　　　0.0000　　［＊＊］

図表6-16　外部経営資源活用の基準と外部経営資源活用予算の編成との関連

		合計	外部経営資源活用の基準				
	上段：実数 下段：全％		客観的な基準がある	ある程度の基準がある	検討中である	検討したい	ない
全体		181 100.0	6 3.3	44 24.3	23 12.7	29 16.0	79 43.6
外部経営資源活用予算の編成	定期的に編成する	6 3.3	― ―	3 1.7	1 0.6	1 0.6	1 0.6
	必要に応じて編成する	83 45.9	4 2.2	37 20.4	12 6.6	13 7.2	17 9.4
	していない	92 50.8	2 1.1	4 2.2	10 5.5	15 8.3	61 33.7

カイ自乗値　自由度　確率　　　有意差判定
55.02　　　8　　　0.0000　　［＊＊］

図表6-17　外部経営資源活用予算の編成と外部経営資源活用の見直しとの関連

<table>
<tr><th colspan="2" rowspan="2">上段：実数
下段：全％</th><th rowspan="2">合計</th><th colspan="3">外部経営資源活用予算の編成</th></tr>
<tr><th>定期的に編成する</th><th>必要に応じて編成する</th><th>していない</th></tr>
<tr><td colspan="2">全体</td><td>172
100.0</td><td>6
3.5</td><td>83
48.3</td><td>83
48.3</td></tr>
<tr><td rowspan="3">外部経営資源活用の見直し</td><td>定期的に見直す</td><td>10
5.8</td><td>4
2.3</td><td>4
2.3</td><td>2
1.2</td></tr>
<tr><td>必要に応じて見直す</td><td>114
66.3</td><td>2
1.2</td><td>74
43.0</td><td>38
22.1</td></tr>
<tr><td>ほとんどしない</td><td>48
27.9</td><td>—
—</td><td>5
2.9</td><td>43
25.0</td></tr>
</table>

	カイ自乗値	自由度	確率	有意差判定
	90.20	4	0.0000	[＊＊]

図表6-18　外部経営資源活用戦略の策定と合併買収の業績評価との関連

<table>
<tr><th colspan="2" rowspan="2">上段：実数
下段：全％</th><th rowspan="2">合計</th><th colspan="3">外部経営資源活用戦略の策定</th></tr>
<tr><th>定期的に策定する</th><th>必要に応じて策定する</th><th>していない</th></tr>
<tr><td colspan="2">全体</td><td>173
100.0</td><td>7
4.0</td><td>112
64.7</td><td>54
31.2</td></tr>
<tr><td rowspan="3">合併買収の業績評価</td><td>定期的に評価する</td><td>24
13.9</td><td>2
1.2</td><td>18
10.4</td><td>4
2.3</td></tr>
<tr><td>必要に応じて評価する</td><td>92
53.2</td><td>4
2.3</td><td>73
42.2</td><td>15
8.7</td></tr>
<tr><td>していない</td><td>57
32.9</td><td>1
0.6</td><td>21
12.1</td><td>35
20.2</td></tr>
</table>

	カイ自乗値	自由度	確率	有意差判定
	39.51	4	0.0000	[＊＊]

図表6-19　外部経営資源活用予算の編成と合併買収の業績評価との関連

		合計	外部経営資源活用予算の編成		
	上段：実数 下段：全%		定期的に編成する	必要に応じて編成する	していない
全体		173 100.0	6 3.5	80 46.2	87 50.3
合併買収の 業績評価	定期的に評価する	24 13.9	1 0.6	15 8.7	8 4.6
	必要に応じて評価する	92 53.2	5 2.9	52 30.1	35 20.2
	していない	57 32.9	─	13 7.5	44 25.4

カイ自乗値	自由度	確率	有意差判定
26.78	4	0.0000	[＊＊]

が48.9%，「していない」が30.9%，「定期的に評価する」が12.8%である。外部経営資源活用戦略の策定と合併買収の業績評価との関連性に関しては，外部経営資源活用戦略を策定しているほどに，合併買収の業績評価をより行っている。外部経営資源活用計画の設定と合併買収の業績評価との関連性に関しては，外部経営資源活用計画を設定しているほどに，合併買収の業績評価をより行っている。外部経営資源活用予算の編成と合併買収の業績評価との関連性に関しては，外部経営資源活用予算を編成しているほどに，合併買収の業績評価をより行っている。

提携の成果の評価に関する調査結果によれば，「必要に応じて評価する」が55.3%，「していない」が26.6%，「定期的に評価する」が11.2%である。外部経営資源活用戦略の策定と提携の成果の評価との関連性に関しては，外部経営資源活用戦略を策定しているほどに，提携の成果の評価をより行っている。外部経営資源活用の基準と提携の成果の評価との関連性に関しては，外部経営資源活用の基準があるほどに，提携の成果の評価をより行っている。

外部経営資源活用計画の設定と提携の成果の評価との関連性に関しては，外部経営資源活用計画を設定しているほどに，提携の成果の評価をより行っている。外部経営資源活用予算の編成と提携の成果の評価との関連性に関しては，外部経営資源活用予算を編成しているほどに，提携の成果の評価をより行っている。

　外部経営資源活用に関しては，戦略レベルではかなり考慮されているが，計画レベルでは多少考慮されており，予算レベルではあまり考慮されていない。このように各レベルごとによる相違が明確に確認される。

図表6-20　外部経営資源活用予算の編成と提携の成果の評価との関連

	上段：実数 下段：全%	合計	外部経営資源活用予算の編成		
			定期的に編成する	必要に応じて編成する	していない
全体		174 100.0	6 3.4	82 47.1	86 49.4
提携の成果の評価	定期的に評価する	21 12.1	1 0.6	13 7.5	7 4.0
	必要に応じて評価する	104 59.8	5 2.9	61 35.1	38 21.8
	していない	49 28.2	— —	8 4.6	41 23.6
			カイ自乗値 33.65	自由度 4	確率 0.0000	有意差判定 [＊＊]

Ⅳ ▶ 結びに代えて

　本章においては，各種各様な外部経営資源活用方法をかなり大胆に要約して，最も基本的な手法を中心にして検討してきたが，個々具体的な方法においてはより詳細な考察が必要となることは当然であろう。

　外部経営資源を活用するのは，内部経営資源だけを考える経営方法ではなく，経営資源の根本的な組み替えや改革をも意図しており，これによって，企業を生まれ変わらせて，より存在価値のあるものとするための大胆な戦略手法である。特に，明確な経営理念に基づいた経営資源の統合化を進めていくことが極めて重要である。経営資源統合化が有機的かつ効果的に行われると，目標，事業ドメインを市場ニーズに対応させて，拡大・変革していくことが極めて容易となる。

　外部経営資源活用は現在までのところ，必ずしも定期的な継続的な事項ではないが，急激な環境変化と効率化を追求すれば，今後より定着化していくものと考えられる。部分的な提携や協力強化は，日常茶飯事的に多方面に飛躍的に拡大していくものと思えるので，事前に戦略的に計画し，できるだけ予算化していくように配慮していくことが非常に重要となろう。もちろん同時に，戦略・計画・予算の大幅な変更という柔軟性をもより保持させていかなければならない。

　現在を生き抜き，そして未来を創造するためには，内部経営資源と外部経営資源とを結ぶ新たな企業間・経営資源間関係を創造することが重要な課題となってきた。試行錯誤の経験をしながら，外部経営資源活用に関する経営能力を蓄積し，常に迅速な対応ができるような体制を構築しておくことがますます求められている。それには，SPBシステムのなかに外部経営資源活用という重要課題を組み込むことである。まさに，基本戦略として確定し，確実に実行できるように計画・予算へとブレークダウンしながら，より現実的な対応を迅速に実行することが必要なのである。

　外部経営資源活用に関しては，企業自体の本質をも変革し得る根本的な課題を多く内在しており，今後のさらなる研究・検証が当然期待される。

注

1) 外部経営資源活用に多大な影響を及ぼしている主な経営環境の最近の動向を要約的に例示しよう。
①市場・製品の成熟化　②製品ライフサイクルの短縮化　③製品・技術の規格化，標準化　④消費者ニーズの多様化　⑤技術革新　⑥多角化・新規事業　⑦規制緩和　⑧高度情報化　⑨国際化，貿易摩擦　⑩再建，リストラ，再編

2) 提携のなかでも，戦略性を強く有している提携を特に「戦略提携」(Strategic Alliance) と呼び，区別している。特に国際的な戦略提携が最近増加してきている。本章の論点も戦略提携により関連しているが，厳密な定義としての戦略提携に限定しないように，より広範囲な提携一般についても拡大できるようにするために，むしろ「提携」という用語として広義に用いる。提携戦略を積極的に採用している東芝の事例について例示的に説明しよう。
東芝はE&E（エネルギーとエレクトロニクス）戦略を基本としており，その延長線として提携戦略を位置づけている。1900年初頭から，技術ライセンス契約，ジョイントベンチャー等を通して，提携戦略を企業戦略の土台としてきた。主な提携例を例示しよう。
①GEとの提携
②アップルコンピュータとマルチメディアに関する共同開発
③タイム・ワーナー，伊藤忠と資本提携，映画・有線テレビの合弁
④モトローラとマイコンの合弁等
⑤IBM，シーメンス，モトローラとDRAMの共同開発
⑥IBMと液晶の合弁，フラシュメモリーの提携等
⑦三星電子とフラシュメモリーの共同開発等
⑧ナショナルセミコンとフラシュメモリーの業務提携等
⑨サン・マイクロシステムズとWSの提携等
⑩マイクロソフトとOSの開発提携
⑪トヨタと移動体通信機器の製造提携
⑫AT&T，NECと次世代携帯端末の開発提携等
⑬DECとLSIの共同開発等
⑭三井物産，GI，スターTVとデジタル衛星放送受信機器の合弁
⑮GIとテレビ用デジタル圧縮技術の提携
⑯インテルへデスク型パソコンの生産委託
⑰オラクルと基幹業務パッケージソフトの共同開発等

3) 最近の大型事例としては，次のようなものがある。
①松下電器産業がMCA売却
②三菱銀行と東京銀行との合併（東京三菱銀行）

③三菱地所がロックフェラーセンタービルを譲渡
④日本セメントと秩父小野田との合併（太平洋セメント）
⑤日本石油と三菱石油との合併（日石三菱）
⑥レンゴーとセッツとの合併
⑦三井信託銀行と中央信託銀行との合併（中央三井信託銀行）
⑧住友ゴムとグッドイヤーの全面提携
⑨日本たばこ産業がRJRナビスコ海外たばこ事業買収
⑩ウォルト・ディズニーがABC買収
⑪タイム・ワーナーがTBS買収
⑫ウェルズ・ファーゴがファースト・インターステート買収
⑬ダイムラー・ベンツとクライスラーとの合併（ダイムラー・クライスラー）
⑭ドイツ銀行がバンカース・トラスト買収
⑮エクソンがモービル買収（エクソン・モービル）
⑯シティコープとトラベラーズ・グループとの合併

　エコノミスト誌が，1985-95年5月までの日本の公表M&A事例を年代別，業種別に集計している。エコノミスト臨時増刊『会社を救うM&A』毎日新聞社，1995年7月17日号，116-228頁参照。

4）1991年1月の通商産業省産業政策局国際企業課による「我が国のM&Aに関するアンケート調査」によると，「日本におけるM&Aの今後は？」という質問に対して，「経営戦略の一環として定着しており，今後も増加」という選択肢の回答が54.9％となっている。通商産業省産業政策局国際企業課編『我が国のM&Aの課題』通商産業調査会，1991年，98-99頁。

5）トム・コープランド他著，伊藤邦雄訳『企業評価と戦略経営』日本経済新聞社，1993年，247-253頁参照。

6）本章は，主に拙稿「外部経営資源活用戦略・計画・予算システム」『白鷗ビジネスレビュー』白鷗大学ビジネス開発研究所，第5巻第1号，1996年3月，101-118頁に基づいている。

7）経営資源の分類方法に関しては，拙著『増補改訂版 新・経営資源の測定と分析』創成社，1994年，9-10頁参照。

8）山下達哉は，企業間の結びつきの手段を，経営資源の投入の程度と自社の経営に対する影響の観点から位置づける方法を示している。中村元一，山下達哉，JSMSアライアンス研究会著『実践「アライアンス」型経営』ダイヤモンド社，1993年，82頁参照。

9）林　伸二は，「戦略タイプ（水平型，垂直型，製品拡張型，市場拡大型，コングロマリット型）によってM&Aのシナジーもしくはメリットの期待が変わる」と述べている。そして，「M&A成功のカギは組織統合能力にあろう」と論じている。林

伸二著『日本企業のM&A戦略』同文館，1993年，183－184頁他参照。
10) 1990年代に入って米国で増加しているコンソーシアム（Consortium）が典型例である。これは企業あるいは企業以外の組織体を含む連合組合である。特に最先端技術分野で，特定の研究開発プロジェクトについて一定期間共同研究を集中的に行うものである。小川卓也著『戦略的提携』エルゴ，1995年，378－379頁参照。
11) 合併の一事例としての1982年7月1日のトヨタ自工とトヨタ自販合併によるトヨタ自動車誕生に関しては，拙稿「事例研究資料──トヨタ自動車株式会社（工販合併による生き残り戦略）」『白鷗女子短大論集』白鷗女子短期大学，第8巻第1号，1982年12月，115－144頁参照。
12) M&Aのメリットとデメリットに関しては，中小企業事業団 中小企業研究所編『中小企業のM&A戦略』同友館，1993年，208頁参照。
　M&Aにおいては，売り手側の立場からメリットを考えることもできる。売却することが，当然得となるから売却するのである。
　①事業承継　②自己再生・自己増殖　③キャピタライゼーション
13) 商品の共同開発や経営情報・販売情報の共有化等を柱に，戦略的な提携関係を結んだ花王とジャスコの「製販同盟」は大変参考になろう。山田泰造著『花王の製販同盟』ダイヤモンド社，1994年参照。
　次のような手法も最近注目されている。
　①「流通系列化」
　製造業者が自己の商品の販売について販売業者の協力を確保し，その販売について自己の政策が実現できるように販売業者を掌握し，組織化する一連の行為を意味する。製造業者がこうした一連の行為によって自己の商品を最終需要者に到達させるまでの過程（流通経路）を1つのシステムとして構築しようとすることを意味することもある。
　②「業際化」
　異業種企業が連結して新市場の創出を志向した脱本業戦略を意味する。
14) 「あなたの仕事がなくなる」『日経ビジネス』日経BP社，1995年3月20日号，22－36頁参照。
15) Robert P. Lynch, *Business Alliance Guide*, John Wiley & Sons, 1993. pp.31－32.
16) 一般的な企業評価方法に関しては，拙著，前掲書，17－33頁参照。
17) M&Aの資金調達問題に関しては，中小企業事業団 中小企業研究所編，前掲書，125－126頁参照。

第7章 企業グループの戦略・計画・予算システム

I ▶ はじめに

　21世紀の企業像を目指した「21世紀ビジョン」づくりが産業界に広がっている。そこにおいて，「グループ化」というキーワードが「国際化」，「社会貢献」と並んで最も関心を集めてきているのは何故であろうか。参考までに企業グループ化と関連する主な事例を掲げてみよう[1]。

　　　連結経営重視（旭硝子）
　　　真のグループ経営の確立（大阪商船三井船舶）
　　　グループ総合経営の強化（KDD）
　　　国際的企業グループへ飛躍（ジャスコ）
　　　グループ力の強化（住友化学工業）
　　　Group Management（東レ）
　　　グループの変身（名古屋鉄道）
　　　関係会社との共存共栄（日本発条）
　　　多軸連邦複合経営（松屋）
　　　ネットワーク経営，グループ経営の志向（丸紅）

　具体的な目標設定においても，個別企業の数値のみならず，連結数値をも掲げている企業が増加しつつある。このように，21世紀に向っての核心に「グループ化」というテーマが注目を集めてきているのは明白である。開かれた状況下で，今まで以上の公平な取引が行われるように，各企業はグループ間の取引を見直し，新たなグループ関係を構築し始めている。思わぬ誤解や不信感を取り除くためには，積極的な情報の公開が必要である。

企業グループの問題はかなり昔から議論されてきたが，今このように，新たな認識のもとで再び登場してきた。しかも外部報告制度においても，個別から連結時代に突入しようとしている。本章では，企業グループ化を企業経営の中核に据えて，その具体的な考え方，経営管理手法を考察しながら，企業グループの戦略・計画・予算システム（Strategy Plan Budget System；SPBS）について論究する。[2]

II ▶ 企業グループ経営の本質

1　企業グループの誕生

　企業が発展すると，核分裂を起し，子会社が誕生する（分社化）。子会社が発展すると，核分裂を起し，孫会社が誕生する。必要に応じて他企業を核融合（合併）させて，同一企業グループに組み入れることもある。時には子会社または孫会社を核融合させて，親会社に組み入れることもある。このように企業は基本的には核分裂を繰り返し，必要に応じて核融合も行い，単一企業体から非常に多くの構成体からなるグループ企業体へと発展していくのである。この背景には，企業の多角化，分権化，国際化，M&Aの活発化，消費

図表7-1　企業の核分裂と核融合

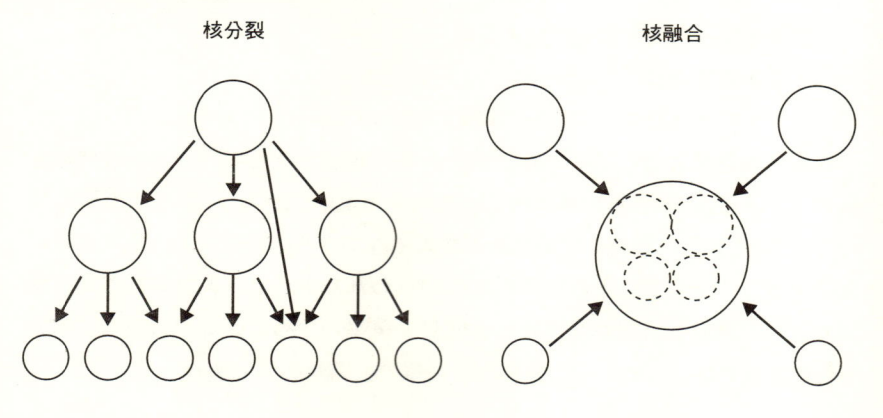

　　　　　核分裂　　　　　　　　　　　　　核融合

者ニーズの多様化，業法改正等が大きく影響している。最近の傾向は，グループ構成企業の急増のみならず，多種多様な業種への進出，そして再編，見直しをも迫られている。

　企業はグループを構成することによって，各企業の経営資源を共有させ，資源移動を容易にし，効率的な資源配分を可能にする。激動するマーケットにより対応させるために，グループ全体で事業ドメインを拡大・進行し，戦略的に経営することが考えられる。すなわち，生活者およびマーケット志向を徹底するために，企業グループとしての経営を推進するのである。

　上岡一嘉は企業形態の成長過程に関して，所有概念を中心とする静態的な観点から，経営戦略，管理，組織を中心とする動態的な観点へと展開している。同様に，企業グループの成長過程に関しても，所有概念を中心とする静態的な観点から，経営戦略，管理，組織を中心とする動態的な観点へと展開してみよう。[3)]

2　企業グループの共存共栄の経営

　これまでの日本の企業グループは，どちらかと言えば，子会社，関連会社等を誕生させても，親会社を中心に考える，すなわち親会社の業績を最優先にする経営を実践してきた。子会社等を下請け企業として取り扱ったり，親会社に従属する存在として位置づけたりしている。子会社等の自己存在・発展目的よりも，親会社に貢献する目的がより重要視されてきている。子会社等の利益は親会社によって犠牲にされることもあり，「グループ経営」というよりも，完全に親会社中心の経営である。最近の長引く不況で，子会社の悪化が親会社自身の存在をも危うくしている場合もあり，子会社の切り捨て等の大胆な展開がなされている。

　このような日本的土壌により，欧米では連結財務諸表が中心的な財務諸表であるにもかかわらず，日本ではこれまで個別財務諸表が中心であり，グループ経営ではなく，個別親会社中心の経営であった。1977年度以降日本においても証券取引法上，連結財務諸表が制度化され，徐々に整備，充実され，やっと国際会計基準の調和化に向けて，連結決算中心の時代へと変貌を遂げ

つつある。この連結会計も，企業の自主的な必要性から導入されたものではなく，法制度上の強制によるものである。このために，連結財務諸表作成は，外部報告目的に終始しており，内部経営管理目的にはそれほど利用されていなかった。

　このような親会社中心の経営であれば最終的には子会社等の利益は親会社の利益に集約されるから，子会社等の管理は矛盾することなく統一的に実施されやすい。すなわち，親会社の立場から，子会社等をできる限り合理的に管理・運営するということである（「子会社管理」，「関係会社管理」）。

　しかしながら，今後の企業経営を展望すると，他人の犠牲による繁栄は間違いなく否定されるであろう。親子間の関係についても，一方的な支配従属関係から脱却しなければ，企業の真の生存・発展の道は遠ざかっていってしまうかもしれない。子会社といっても，経営上の自主性，主体性は必要であり，必ず何時か完全な従属から解放を求める時が到来するであろう。そこで，親会社側が一歩後退して，子会社とできる限り平等になり，親子間の支配従属関係というよりも，共同体というイコール・パートナーの関係に移行するほうが，グループ経営としては望ましい。さらに，グループ共同体という新しい企業主体を登場させたほうがより適切かもしれない。親会社もグループ共同体の主要構成メンバーとなるのである。すなわち，親会社中心の経営から，完全なグループ中心の経営への転換である。

　このようなグループ中心の経営になると，グループ全体の経営活動とグループメンバーの個別企業の経営活動との新たな関係が求められる。両活動は，理想的には同一方向に向うべきであろうが，時と場合によっては逆方向に向うことも生じてこよう。グループ中心の経営であるから，最終的にはグループの利益を最優先することになる。そこで，グループの利益のために，グループメンバーの利益が犠牲になることも考えられる。これも極端になると，今までの親会社中心の経営と同様の問題が生じてきてしまうかもしれない。あまりにもグループの利益を優先させると，メンバーの自主性が失われ，各個別企業の活力が乏しくなる危険性がある。そこで，グループの利益とメンバーの利益を相対的に調和させながら，しかも各メンバー間の利益をも調整し，グループ共同体としての発展を目指し，同時に各メンバーそれぞれの発展を

も目指そうとする，共存共栄の経営が求められている。

　各メンバーの自主性，主体性を尊重すると同時に，グループ全体としての統合性をも尊重する。各メンバーの機動性を発揮しながら，グループ全体としての統一性をも発揮するのである。すなわち，分権的システムを内包しながら，全体としての統一された方向に向って，メンバー間のコンフリクトを和らげていく。分散と統合，分権と集権という相反する概念をバランスさせながら，同時並行的に追求する思想である。そこで，個と全体，自立と統合とが巧みに図られ，グループ共同体としての有機的一体化が達成される。

　個別企業経営と企業グループ経営の優位性に関する調査結果によれば，「両方をほぼ同じように重視している」が43.1%，「個別企業の経営をより重視している」が35.6%，「企業グループの経営をより重視している」が19.7%である。外部報告が連結中心時代になると，間違いなく大きく変わっていくであろう。

3　企業グループ経営の推進

　グループ経営を推進するに応じて，個別企業の業績だけではまったく実態が把握できなくなってしまう。そこで，個別企業の業績のみならず，グループ全体としての業績にも注目され，そしてどちらかと言えば，グループ業績のほうがより重要となってきている。

　企業競争においても，個別企業間の競争から，企業グループ間の総合力による全面競争時代へと突入している。競争が激化すれば，当然協調も必要となる。

　子会社等を包含する共存共栄のグループ経営を推進するには，これまでの経営管理手法とは異なる，新たなグループ経営管理手法を開発し，利用していかなければならないであろう。

　企業グループの目標理念ビジョンの有無に関する調査結果によれば，「ある」が50.5%，「検討中である」が19.7%，「ない」が13.8%，「検討したい」が12.8%の順である。個別企業経営と企業グループ経営の優位性と企業グループの目標理念ビジョンの有無との関連性に関しては，個別企業経営と企業

グループ経営の両方をほぼ同じように重視しているほどに，企業グループの目標理念ビジョンがよりある。

　グループ全体としての統一性を持たせることが重要であり，それにはグループの経営理念を明確にし，グループとしての共通のアイデンティティを共有することである。そして，具体的なグループの経営活動のためには，個別企業の場合と同様に，グループ全体としてのSPBを構築し，グループ全体としての実態を客観的に把握し，進むべき方向を明確にし，目標に基づく適切な経営を実践すべきであろう。

　経営環境からグループ経営を実践しつつある企業はあるが，その必要条件としてのグループとしての経営管理・情報制度が不備であったり，統一性に欠けるものもある。外部報告目的で作成した連結財務諸表を事後的に分析・評価するだけでは，真のグループ経営とはとても言えない。

　グループ経営を本当に推進しようとすれば，グループ全体の経営管理・情報制度を新たに構築し，しかもより適切な水準へと変革させていかなければ

図表7-2　個別企業経営と企業グループ経営の優位性と企業グループの目標理念ビジョンの有無との関連

	上段：実数 下段：全％	合計	個別企業経営と企業グループ経営の優位性		
			個別企業の経営をより重視している	企業グループの経営をより重視している	両方をほぼ同じように重視している
全体		182 100.0	67 36.8	37 20.3	78 42.9
企業グループの目標理念ビジョンの有無	ある	95 52.2	25 13.7	25 13.7	45 24.7
	検討中である	37 20.3	13 7.1	7 3.8	17 9.3
	検討したい	24 13.2	10 5.5	2 1.1	12 6.6
	ない	26 14.3	19 10.4	3 1.6	4 2.2
		カイ自乗値 22.47	自由度 6	確率 0.0010	有意差判定 [＊＊]

ならない。これまでグループ全体としてのSPBをあまり策定していないのは，各メンバーの自主性を尊重しているからであろうか。親会社中心の経営により，親会社によるタイトな拘束や規制を嫌っているからであろうか。グループ全体としてのSPBはあまり役に立たないからであろうか。策定方法があまりにも複雑，難解で手数がかかりすぎるからであろうか。グループ全体としての経営情報制度が整備されていないからであろうか。

連結会計の導入によって，グループ全体としての実績評価がなされ，これに対応する形で，グループ全体としてのSPBも注目されつつあるが，未だに整備段階であり，今後の課題となっている。[4)] どんなに困難であろうが，グループのSPBは必要不可欠であり，これを欠いて真のグループ経営を推進することはできないであろう。

4 企業グループメンバーの分類

グループ経営管理を推進するには，最初にグループのメンバーを確定しなければならない。企業はますます多くの企業との連携を強めているから，どの範囲までをグループ企業として位置づけるかを明確にすることから，グループ経営はスタートしよう。

連結財務諸表原則にとらわれる必要はなく，単にグループ間の所有関係だけではなく，グループ全体としての関連性を総合的に検討すべきであろう。たとえば，人，資金，物，情報という経営資源との結びつきで考えることを総合的観点から提案したい。[5)] グループとしての経営上の結びつきは，形式的には所有関係を中心に考えられるが，実質的には複雑，難解な形態をなしており，単純に判断できないことが多い。グループ経営を重視し，グループの一体化を問題にする場合には，グループとしての関連（結合）度をできる限り，客観的に分析，整理しておくことが必要である。

企業グループ範囲の決定法に関する調査結果（複数回答）によれば，「連結子会社」が49.5％，「経営上非常に関連する関係会社」が46.3％，「支配下にある会社」が30.9％，「経営上非常に関連する会社」が19.1％の順である。

グループ間の関連度が強い企業と弱い企業とを同一水準で取り扱うのでは

なく，その関連度に応じた取り扱いが求められる。すなわち，各メンバーのグループ全体としての位置づけを明確にし，その目的，役割をはっきりさせることである。そのためにも，グループの関連度からグループメンバーを体系的に分類，整理することが重要となる。

連結財務諸表に必ずしも準拠せずに，グループ経営管理をより重視して，グループのメンバーを確定し，各メンバーの位置づけを明確にする。

Ⅲ ▶ 企業グループ戦略・計画・予算システム

1 企業グループの戦略的経営管理手法

企業が単一の企業体から，複数の企業グループ共同体へと変貌するに従って，戦略経営の手法も個別企業の戦略経営から企業グループの戦略経営へと重点移動が行われていくであろう。しかし，グループ戦略経営と言えども，本質的にはこれまでの個別企業の戦略経営手法に準拠して考えていけばよいであろう。特にグループ全体とメンバー間の調和ということが最大の課題となる。

グループ全体を貫く経営哲学，理念，思想，アイデンティティ，方向性においては完全に一体化され，その具体的な実践活動においては，各メンバーの自主性をできる限り尊重し，各メンバーに最も適する手法を採用できるようにする。別会社としての長所を最大限生かしつつ，しかも同時にグループとしての長所をも最大限利用する。全体的には非常に強硬であるけれども，個別には状況に応じて柔軟に対応しようとする戦略経営手法が求められる。

グループ全体としての求心力を追求するカナメとなるのが，グループとしてのSPBという戦略経営手法である。実行可能性を踏まえれば，計画をフォローし，実績との対比等という分析，評価まで含めて考えねばならないから，結局予算という段階まで落し込まなければならない。各メンバーの基本的経営情報はグループ本部に集中させながら，各メンバー間の調整が行われる。すなわち，グループ全体のSPBは，各メンバーのSPBと基本的には同一方向

第7章　企業グループの戦略・計画・予算システム

図表7-3　グループとメンバーのＳＰＢ関連

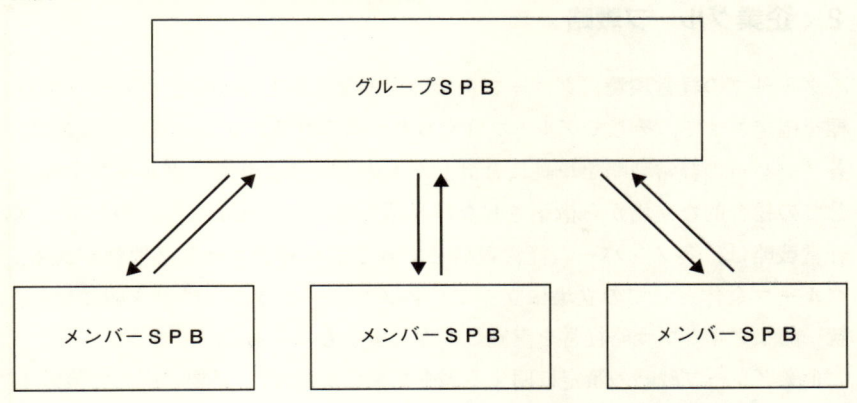

```
                    ┌─────────────────────────┐
                    │      グループＳＰＢ       │
                    │                          │
                    └─────────────────────────┘
                      ↕          ↕          ↕
            ┌──────────┐  ┌──────────┐  ┌──────────┐
            │メンバーＳＰＢ│  │メンバーＳＰＢ│  │メンバーＳＰＢ│
            └──────────┘  └──────────┘  └──────────┘
```

で整合していなければならない。グループ全体としてのSPBは，各メンバーに割り当てられると同時に，各メンバーのSPBを累積することによって，グループ全体となるように調節される。両者が完全に一体化されるまで検討が繰り返される。

　グループ全体レベルでは，より大綱的でより単純で明確であるのに対して，各メンバーレベルでは，より詳細でより精緻な洗練されたものになる。

　グループ中心の戦略経営であるから，グループ全体のレベルが各メンバーレベルに優先し，各メンバーレベルの実行を通じて，グループ全体レベルの実行が可能となる。

　グループ全体と各メンバーとを調和させるには，グループメンバーによる「グループ会議」[6]を必要に応じて開催することが重要である。グループメンバーのコンセンサスを得るためには，経営情報の交流だけではなく，血の通った人間中心のコミュニケーションを円滑にすることも必要である。グループメンバー間の相互交流をできる限り実施し，一方的な押しつけではなく，各メンバー自身が十分に納得しうるSPBを築き上げていくことである。メンバー間の経営情報，人間の交流を通して，メンバー間のコンフリクトを緩和し，コンセンサスの形成を意識的に取り込むのである。

2 企業グループ戦略

　グループの経営環境，グループ企業の実態を分析しながら，グループの目標を確定させて，そしてグループ経営戦略が練られる。グループ経営戦略は，各メンバーの経営戦略を単純に合計したものというよりも，グループ全体としての総合的な立場から構築されなければならない。しかも，このグループ経営戦略は，各メンバーの経営戦略とできる限り整合させる必要性がある。グループ全体としての立場に立って，各メンバーの使命，役割を明確にし，統一的なグループ戦略経営を実施しようとするものである。

　企業グループ戦略の策定に関する調査結果によれば，「必要に応じて策定する」が39.9％，「定期的に策定する」が26.1％，「検討中である」が14.4％，「していない」が11.7％，「検討したい」が6.4％の順である。企業グループ戦略を必要に応じて策定する程度では不十分であり，毎期継続的に策定すべき

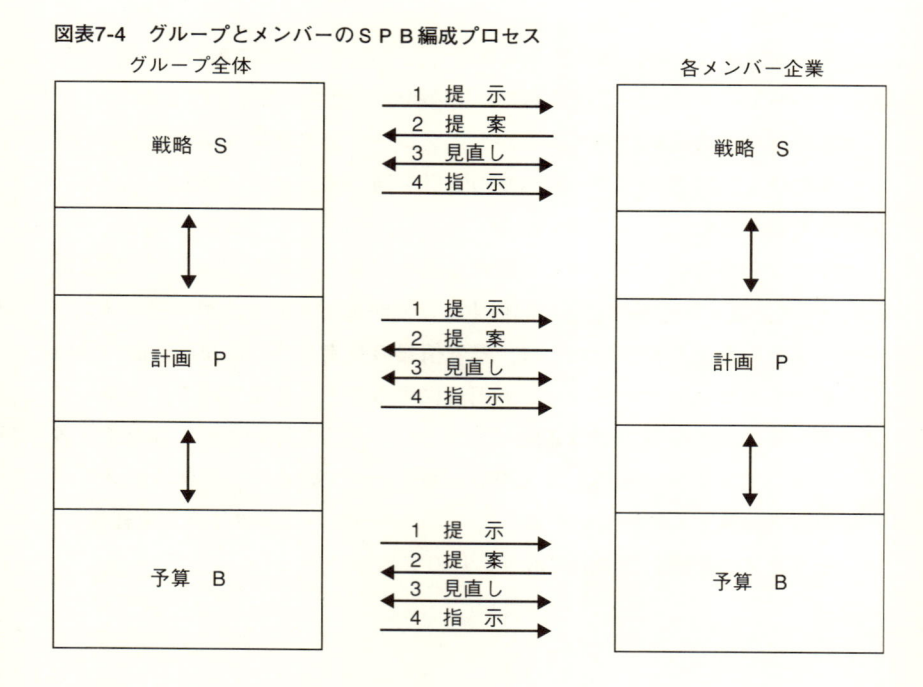

図表7-4　グループとメンバーのＳＰＢ編成プロセス

グループ全体		各メンバー企業
戦略 S	1 提示 → ← 2 提案 3 見直し → ← 4 指示	戦略 S
↕		↕
計画 P	1 提示 → ← 2 提案 3 見直し → ← 4 指示	計画 P
↕		↕
予算 B	1 提示 → ← 2 提案 3 見直し → ← 4 指示	予算 B

図表7-5 個別企業経営と企業グループ経営の優位性と企業グループ戦略の策定との関連

	上段：実数 下段：全％	合計	個別企業経営と企業グループ経営の優位性		
			個別企業の経営をより重視している	企業グループの経営をより重視している	両方をほぼ同じように重視している
全体		185 100.0	67 36.2	37 20.0	81 43.8
企業グループ戦略の策定	定期的に策定する	49 26.5	8 4.3	16 8.6	25 13.5
	必要に応じて策定する	75 40.5	21 11.4	16 8.6	38 20.5
	検討中である	27 14.6	14 7.6	5 2.7	8 4.3
	検討したい	12 6.5	7 3.8	—	5 2.7
	していない	22 11.9	17 9.2	—	5 2.7

カイ自乗値	自由度	確率	有意差判定
36.13	8	0.0000	[＊＊]

図表7-6 企業グループの目標理念ビジョンの有無と企業グループ戦略の策定との関連

	上段：実数 下段：全％	合計	企業グループの目標理念ビジョンの有無			
			ある	検討中である	検討したい	ない
全体		182 100.0	95 52.2	37 20.3	24 13.2	26 14.3
企業グループ戦略の策定	定期的に策定する	47 25.8	40 22.0	4 2.2	1 0.5	2 1.1
	必要に応じて策定する	74 40.7	45 24.7	15 8.2	10 5.5	4 2.2
	検討中である	27 14.8	4 2.2	17 9.3	5 2.7	1 0.5
	検討したい	12 6.6	4 2.2	1 0.5	6 3.3	1 0.5
	していない	22 12.1	2 1.1	—	2 1.1	18 9.9

カイ自乗値	自由度	確率	有意差判定
156.98	12	0.0000	[＊＊]

図表7-7　個別企業経営と企業グループ経営の優位性と企業グループ戦略と個別企業戦略との整合性との関連

		合計	個別企業経営と企業グループ経営の優位性		
	上段：実数 下段：全%		個別企業の経営をより重視している	企業グループの経営をより重視している	両方をほぼ同じように重視している
全体		183 100.0	65 35.5	37 20.2	81 44.3
企業グループ戦略と個別企業戦略との整合性	している	80 43.7	11 6.0	24 13.1	45 24.6
	多少している	74 40.4	33 18.0	10 5.5	31 16.9
	していない	29 15.8	21 11.5	3 1.6	5 2.7
		カイ自乗値 38.22	自由度 4	確率 0.0000	有意差判定 [＊＊]

図表7-8　企業グループの目標理念ビジョンの有無と企業グループ戦略と個別企業戦略との整合性との関連

		合計	企業グループの目標理念ビジョンの有無			
	上段：実数 下段：全%		ある	検討中である	検討したい	ない
全体		180 100.0	95 52.8	37 20.6	24 13.3	24 13.3
企業グループ戦略と個別企業戦略との整合性	している	79 43.9	64 35.6	10 5.6	4 2.2	1 0.6
	多少している	72 40.0	29 16.1	20 11.1	17 9.4	6 3.3
	していない	29 16.1	2 1.1	7 3.9	3 1.7	17 9.4
			カイ自乗値 95.62	自由度 6	確率 0.0000	有意差判定 [＊＊]

第7章　企業グループの戦略・計画・予算システム

図表7-9　企業グループ戦略の策定と企業グループ戦略と個別企業戦略との整合性との関連

		合計	企業グループ戦略の策定				
	上段：実数 下段：全％		定期的に策定する	必要に応じて策定する	検討中である	検討したい	していない
全体		183 100.0	49 26.8	74 40.4	27 14.8	12 6.6	21 11.5
企業グループ戦略と個別企業戦略との整合性	している	80 43.7	40 21.9	36 19.7	4 2.2	— —	— —
	多少している	74 40.4	9 4.9	33 18.0	16 8.7	10 5.5	6 3.3
	していない	29 15.8	— —	5 2.7	7 3.8	2 1.1	15 8.2

カイ自乗値 106.34　自由度 8　確率 0.0000　有意差判定 [**]

時代に突入している。個別企業経営と企業グループ経営の優位性と企業グループ戦略の策定との関連性に関しては，個別企業経営と企業グループ経営の両方をほぼ同じように重視しているほどに，企業グループ戦略をより策定している。企業グループの目標理念ビジョンの有無と企業グループ戦略の策定との関連性に関しては，企業グループの目標理念ビジョンがあるほどに，企業グループ戦略をより策定している。

　企業グループ戦略と個別企業戦略との整合性に関する調査結果によれば，「している」が42.6％，「多少している」が39.4％，「していない」が15.4％である。個別企業経営と企業グループ経営の優位性と企業グループ戦略と個別企業戦略との整合性に関しては，個別企業経営と企業グループ経営の両方をほぼ同じように重視しているほどに，企業グループ戦略と個別企業戦略とがより整合している。企業グループの目標理念ビジョンの有無と企業グループ戦略と個別企業戦略との整合性に関しては，企業グループの目標理念ビジョンがあるほどに，企業グループ戦略と個別企業戦略とがより整合している。

企業グループ戦略の策定と企業グループ戦略と個別企業戦略との整合性に関しては，企業グループ戦略を策定しているほどに，企業グループ戦略と個別企業戦略とがより整合している。

　目指すべき企業グループ全体の大きな方向の枠組みのもとで，各メンバーの自主性を尊重し，各メンバーの独創的なビジョンや戦略ドメインを策定し，ダイナミックに個別の戦略を遂行していく。このように，グループ全体の経営戦略のもとに，グループ全体としての総合力を発揮し，より創造力のある経営体質を構築し，グループ全体としての効率性を追求しようとする。

　グループ経営戦略と各メンバー経営戦略の関連性について明確にしよう。グループ全体の経営戦略を策定し，これを各メンバーに提示する。各メンバーは，グループ経営戦略を基礎として各メンバーの経営戦略を策定し，これをグループ本部に提案する。各メンバーの戦略は，グループ全体の経営戦略によって基本的な事項は制約されることに注意しなければならない。しかしながら，グループ本部による一方的な押しつけに対しては異議を唱えることも可能である。グループ全体の戦略に基づく1つの事業体，すなわち全体の中の個という立場で，各メンバーの戦略が構築される。グループ本部は，各メンバーから提案された各個別戦略を総合的な観点から統一し，必要に応じて各メンバーに見直しを求める。そこで，グループ本部と各メンバー間の相互調整が行われる。最終的に両者の合意が得られると，全体的な戦略として，各メンバーに指示される。相互の合意がすぐ得られれば，相互交流を繰り返す必要はなくなる。

3　企業グループ計画

　グループ戦略に基づいてグループ計画が策定される。グループ計画と各メンバーの計画との関連性，編成プロセスは，グループ戦略と同様の方法で考えられるので，図表7－4を参照すればある程度は理解できるであろう。

　企業グループ計画の設定に関する調査結果によれば，「定期的に設定する」が38.8％，「必要に応じて設定する」が27.7％，「していない」が19.1％，「検討中である」が6.9％，「検討したい」が5.9％の順である。グループ計画に関

第**7**章　企業グループの戦略・計画・予算システム

しては，定期的に設定するが，必要に応じて設定するよりもかなり多い。経営戦略を必要に応じて策定しているかなりの企業数が，計画レベルでは定期的に設定するとなっている。戦略性が多少欠けている計画ではなかろうかという課題が残る。企業グループ戦略の策定と企業グループ計画の設定との関連性に関しては，企業グループ戦略を策定しているほどに，企業グループ計画をより設定している。

　企業グループ戦略に基づく企業グループ計画の設定に関する調査結果によれば，「していない」が34.0％，「している」が32.4％，「多少している」が29.3％である。企業グループ戦略の策定と企業グループ戦略に基づく計画の設定との関連性に関しては，企業グループ戦略を策定しているほどに，企業グループ戦略に基づいて計画をより設定している。企業グループ計画の設定と企業グループ戦略に基づく計画の設定との関連性に関しては，企業グループ計画を設定しているほどに，企業グループ戦略に基づいて計画をより設定している。

図表7-10　企業グループ戦略の策定と企業グループ計画の設定との関連

	上段：実数 下段：全％	合計	企業グループ戦略の策定				
			定期的に策定する	必要に応じて策定する	検討中である	検討したい	していない
全体		185 100.0	49 26.5	75 40.5	27 14.6	12 6.5	22 11.9
企業グループ計画の設定	定期的に設定する	73 39.5	44 23.8	25 13.5	1 0.5	2 1.1	1 0.5
	必要に応じて設定する	52 28.1	3 1.6	40 21.6	6 3.2	1 0.5	2 1.1
	検討中である	13 7.0	— —	2 1.1	11 5.9	— —	— —
	検討したい	11 5.9	— —	2 1.1	1 0.5	6 3.2	2 1.1
	していない	36 19.5	2 1.1	6 3.2	8 4.3	3 1.6	17 9.2
		カイ自乗値 225.53	自由度 16		確率 0.0000	有意差判定 [＊＊]	

企業グループ計画は，企業グループ戦略よりもより具体的で，体系的な計量化を試みる必要性がある。そこで，企業グループ計画の中心をなすものである，企業グループ基本構造計画，企業グループ損益計画，企業グループキャッシュフロー計画，企業グループ貸借対照表計画を作成することになる。グループ売上やグループ利益だけを単純に計画目標とすることが多いが，売上から利益算出の過程までをある程度は表示するほうがより理解しやすく，実践への道標となろう。キャッシュフロー計画も貸借対照表計画をも作成して，より総合的な企業グループ計画としたほうが，企業グループ戦略の実現をより容易にするであろう。

　企業グループ計画を設定するには事前に，計画体系，計画期間，様式，処理・手続基準を統一し，できる限り各メンバーの計画設定方法についても統一しておいたほうが便利であろう。

　企業グループ計画の設定において，全体とメンバー間で著しい不一致が生じた場合には，企業グループ戦略の見直しを求めることになる。

4　企業グループ予算

　企業グループ計画に基づいて企業グループ予算が編成される。企業グループ予算と各メンバーの予算との関連性，編成プロセスは，企業グループ戦略・計画と同様の方法で考えられるので，図表7－4を参照すればある程度は理解できるであろう。

　企業グループ予算の編成に関する調査結果によれば，「定期的に編成する」が37.8％，「していない」が28.7％，「必要に応じて編成する」が17.0％，「検討中である」が7.4％，「検討したい」が5.3％の順である。企業グループ戦略の策定と企業グループ予算の編成との関連性に関しては，企業グループ戦略を策定しているほどに，企業グループ予算をより編成している。企業グループ計画の設定と企業グループ予算の編成との関連性に関しては，企業グループ計画を設定しているほどに，企業グループ予算をより編成している。企業グループ戦略に基づく計画の設定と企業グループ予算の編成との関連性に関しては，企業グループ戦略に基づいて計画を設定しているほどに，企業グル

第7章 企業グループの戦略・計画・予算システム

図表7-11 企業グループ戦略の策定と企業グループ予算の編成との関連

		合計	企業グループ戦略の策定				
	上段：実数 下段：全%		定期的に策定する	必要に応じて策定する	検討中である	検討したい	していない
全体		180 100.0	47 26.1	74 41.1	26 14.4	11 6.1	22 12.2
企業グループ予算の編成	定期的に編成する	70 38.9	33 18.3	25 13.9	4 2.2	3 1.7	5 2.8
	必要に応じて編成する	32 17.8	6 3.3	23 12.8	2 1.1	― ―	1 0.6
	検討中である	14 7.8	1 0.6	6 3.3	6 3.3	1 0.6	― ―
	検討したい	10 5.6	― ―	3 1.7	2 1.1	4 2.2	1 0.6
	していない	54 30.0	7 3.9	17 9.4	12 6.7	3 1.7	15 8.3

カイ自乗値 85.08　自由度 16　確率 0.0000　有意差判定 [＊＊]

図表7-12 企業グループ計画の設定と企業グループ予算の編成との関連

		合計	企業グループ計画の設定				
	上段：実数 下段：全%		定期的に設定する	必要に応じて設定する	検討中である	検討したい	していない
全体		180 100.0	70 38.9	52 28.9	13 7.2	10 5.6	35 19.4
企業グループ予算の編成	定期的に編成する	70 38.9	50 27.8	13 7.2	1 0.6	1 0.6	5 2.8
	必要に応じて編成する	32 17.8	12 6.7	16 8.9	1 0.6	2 1.1	1 0.6
	検討中である	14 7.8	3 1.7	5 2.8	6 3.3	― ―	― ―
	検討したい	10 5.6	― ―	5 2.8	1 0.6	2 1.1	2 1.1
	していない	54 30.0	5 2.8	13 7.2	4 2.2	5 2.8	27 15.0

カイ自乗値 124.58　自由度 16　確率 0.0000　有意差判定 [＊＊]

ープ予算をより編成している。

　企業グループ計画に基づく企業グループ予算の編成に関する調査結果によれば，「していない」が45.2％，「している」が29.8％，「多少している」が21.3％である。企業グループ予算は，企業グループ計画に基づいてあまり編成されていない。すなわち，企業グループ計画と予算との関連性がかなり欠如している状況である。企業グループ戦略の策定と企業グループ計画に基づく予算の編成との関連性に関しては，企業グループ戦略を策定しているほどに，企業グループ計画に基づいて予算をより編成している。企業グループ計画の設定と企業グループ計画に基づく予算の編成との関連性に関しては，企業グループ計画を設定しているほどに，企業グループ計画に基づいて予算をより編成している。企業グループ戦略に基づく計画の設定と企業グループ計画に基づく予算の編成との関連性に関しては，企業グループ戦略に基づいて計画を設定しているほどに，企業グループ計画に基づいて予算をより編成している。企業グループ予算の編成と企業グループ計画に基づく予算の編成と

図表7-13　企業グループ戦略に基づく計画の設定と企業グループ計画に基づく予算の編成との関連

		合計	企業グループ戦略に基づく計画の設定		
	上段：実数 下段：全％		している	多少している	していない
全体		179 100.0	61 34.1	55 30.7	63 35.2
企業グループ計画に基づく予算の編成	している	55 30.7	42 23.5	10 5.6	3 1.7
	多少している	39 21.8	12 6.7	23 12.8	4 2.2
	していない	85 47.5	7 3.9	22 12.3	56 31.3
		カイ自乗値 103.27	自由度 4	確率 0.0000	有意差判定 [＊＊]

の関連性に関しては，企業グループ予算を編成しているほどに，企業グループ計画に基づいて予算をより編成している。

企業グループ予算は，企業グループ計画よりもより具体的で，体系的な金額化を試みる必要性がある。そこで，企業グループ予算の中心をなすものである，企業グループ投資予算，企業グループ損益予算，企業グループキャッシュフロー予算，企業グループ貸借対照表予算を編成することになる。実践の統制基準となるものであるから，年間計，半年計だけでなく，月別に分割設定することが経営管理上必要である。月次での相殺消去処理が大変であれば，グループ間取引が表示上把握できるようにする簡便法でも許容されるであろう。

企業グループ計画よりも，表示項目をより詳細に設定し，定期的な統制が可能なように編成されなければならない。そして，企業グループ計画の設定と同様に，事前に予算体系，予算期間，様式，処理・手続基準を統一し，できる限り各メンバーの予算編成方法についても統一しておいたほうが便利であろう。

企業グループ予算の編成において，全体とメンバー間で著しい不一致が生じた場合には，企業グループ計画の見直しを求めることになる。以上のように，企業グループ戦略と企業グループ計画，そして企業グループ予算は，相互交流的に調和され，最終的には整合された企業グループSPBを構築し，各メンバーのSPBとも調和される。

5　企業グループ経営情報システムとネットワーク化

企業グループSPBを効果的に構築し，運用するためには，その前提として企業グループ情報システムを整備，充実させなければならない。企業グループSPBには，会計情報を中核とする経営情報・報告システムを統一的に構築することが求められる。しかも，グループメンバーの数が増えると，より迅速に情報を処理しなければならないから，各メンバー間の経営情報をネットワーク化し，統一的なシステムとすべきである。これによって，企業グループの計画，予算そして実績のデータが迅速にしかも統一的に収集，処理そし

図表7-14 企業グループ戦略の策定と企業グループの業績評価との関連

		合計	企業グループ戦略の策定				
	上段：実数 下段：全%		定期的に策定する	必要に応じて策定する	検討中である	検討したい	していない
全体		180 100.0	47 26.1	74 41.1	26 14.4	11 6.1	22 12.2
企業グループの業績評価	定期的に評価する	107 59.4	38 21.1	46 25.6	10 5.6	6 3.3	7 3.9
	必要に応じて評価する	52 28.9	7 3.9	25 13.9	9 5.0	3 1.7	8 4.4
	していない	21 11.7	2 1.1	3 1.7	7 3.9	2 1.1	7 3.9
			カイ自乗値 33.07	自由度 8	確率 0.0001	有意差判定 [＊＊]	

図表7-15 企業グループ予算の編成と企業グループの業績評価との関連

		合計	企業グループ予算の編成				
	上段：実数 下段：全%		定期的に編成する	必要に応じて編成する	検討中である	検討したい	していない
全体		181 100.0	71 39.2	32 17.7	14 7.7	10 5.5	54 29.8
企業グループの業績評価	定期的に評価する	108 59.7	61 33.7	17 9.4	7 3.9	4 2.2	19 10.5
	必要に応じて評価する	52 28.7	10 5.5	14 7.7	4 2.2	4 2.2	20 11.0
	していない	21 11.6	— —	1 0.6	3 1.7	2 1.1	15 8.3
			カイ自乗値 48.44	自由度 8	確率 0.0000	有意差判定 [＊＊]	

第7章 企業グループの戦略・計画・予算システム

て分析することが可能となる。企業グループ全体としての損益，キャッシュフロー等の状況を瞬時に把握し，迅速な意思決定そして実践ができるような経営情報システムが必要なのである。

　企業グループの業績評価に関する調査結果によれば，「定期的に評価する」が57.4％，「必要に応じて評価する」が27.7％，「していない」が11.2％である。企業グループ戦略の策定と企業グループの業績評価との関連性に関しては，企業グループ戦略を策定しているほどに，企業グループの業績評価をより行っている。企業グループ計画の設定と企業グループの業績評価との関連性に関しては，企業グループ計画を設定しているほどに，企業グループの業績評価をより行っている。企業グループ戦略に基づく計画の設定と企業グループの業績評価との関連性に関しては，企業グループ戦略に基づいて計画を設定しているほどに，企業グループの業績評価をより行っている。企業グループ予算の編成と企業グループの業績評価との関連性に関しては，企業グループ予算を編成しているほどに，企業グループの業績評価をより行っている。企業グループ計画に基づく予算の編成と企業グループの業績評価との関連性に関しては，企業グループ計画に基づいて予算を編成しているほどに，企業グループの業績評価をより行っている。

　企業グループ全体の管理情報システムの有無に関する調査結果によれば，「ある」が40.4％，「検討中である」が24.5％，「検討したい」が16.0％，「ない」が15.4％の順である。個別企業経営と企業グループ経営の優位性と企業グループ全体の管理情報システムの有無との関連性に関しては，個別企業経営と企業グループ経営の両方をより重視しているほどに，かなり企業グループ全体の管理情報システムがよりある。企業グループ戦略の策定と企業グループ全体の管理情報システムの有無との関連性に関しては，企業グループ戦略を策定しているほどに，企業グループ全体の管理情報システムがよりある。企業グループ計画の設定と企業グループ全体の管理情報システムの有無との関連性に関しては，企業グループ計画を設定しているほどに，企業グループ全体の管理情報システムがよりある。企業グループ予算の編成と企業グループ全体の管理情報システムの有無との関連性に関しては，企業グループ予算を編成しているほどに，企業グループ全体の管理情報システムがよりある。

図表7-16 個別企業経営と企業グループ経営の優位性と企業グループ全体の管理情報システムの有無との関連

	上段：実数 下段：全%	合計	個別企業経営と企業グループ経営の優位性		
			個別企業の経営をより重視している	企業グループの経営をより重視している	両方をほぼ同じように重視している
全体		180 100.0	67 37.2	36 20.0	77 42.8
企業グループ全体の管理情報システムの有無	ある	76 42.2	24 13.3	19 10.6	33 18.3
	検討中である	45 25.0	11 6.1	10 5.6	24 13.3
	検討したい	30 16.7	16 8.9	4 2.2	10 5.6
	ない	29 16.1	16 8.9	3 1.7	10 5.6
		カイ自乗値 12.93	自由度 6	確率 0.0442	有意差判定 [*]

図表7-17 企業グループ戦略の策定と企業グループ全体の管理情報システムの有無との関連

	上段：実数 下段：全%	合計	企業グループ戦略の策定				
			定期的に策定する	必要に応じて策定する	検討中である	検討したい	していない
全体		180 100.0	47 26.1	74 41.1	26 14.4	11 6.1	22 12.2
企業グループ全体の管理情報システムの有無	ある	76 42.2	28 15.6	32 17.8	6 3.3	3 1.7	7 3.9
	検討中である	45 25.0	10 5.6	22 12.2	11 6.1	2 1.1	— —
	検討したい	30 16.7	4 2.2	10 5.6	7 3.9	4 2.2	5 2.8
	ない	29 16.1	5 2.8	10 5.6	2 1.1	2 1.1	10 5.6
		カイ自乗値 38.68	自由度 12	確率 0.0001	有意差判定 [**]		

図表7-18 企業グループ予算の編成と企業グループ全体の管理情報システムの有無との関連

		合計	企業グループ予算の編成				
	上段：実数 下段：全％		定期的に編成する	必要に応じて編成する	検討中である	検討したい	していない
全体		180 100.0	70 38.9	32 17.8	14 7.8	10 5.6	54 30.0
企業グループ全体の管理情報システムの有無	ある	76 42.2	44 24.4	12 6.7	3 1.7	1 0.6	16 8.9
	検討中である	46 25.6	13 7.2	11 6.1	11 6.1	1 0.6	10 5.6
	検討したい	30 16.7	6 3.3	5 2.8	— —	7 3.9	12 6.7
	ない	28 15.6	7 3.9	4 2.2	— —	1 0.6	16 8.9

カイ自乗値	自由度	確率	有意差判定
67.23	12	0.0000	[＊＊]

図表7-19 企業グループ全体の管理情報システムの有無と企業グループのコミュニケーションとの関連

		合計	企業グループ全体の管理情報システムの有無			
	上段：実数 下段：全％		ある	検討中である	検討したい	ない
全体		181 100.0	76 42.0	46 25.4	30 16.6	29 16.0
企業グループのコミュニケーション	定期的に行う	113 62.4	58 32.0	34 18.8	12 6.6	9 5.0
	必要に応じて行う	64 35.4	17 9.4	12 6.6	15 8.3	20 11.0
	あまり行わない	4 2.2	1 0.6	— —	3 1.7	— —

カイ自乗値	自由度	確率	有意差判定
36.31	6	0.0000	[＊＊]

企業グループのコミュニケーションの頻度に関する調査結果によれば,「定期的に行う」が60.6%,「必要に応じて行う」が34.0%,「あまり行わない」が2.1%である。企業グループ戦略の策定と企業グループのコミュニケーションの頻度との関連性に関しては，企業グループ戦略を策定しているほどに，企業グループのコミュニケーションがよりある。企業グループ計画の設定と企業グループのコミュニケーションの頻度との関連性に関しては，企業グループ計画を設定しているほどに，企業グループのコミュニケーションがよりある。企業グループ全体の管理情報システムの有無と企業グループのコミュニケーションの頻度との関連性に関しては，企業グループ全体の管理情報システムがあるほどに，企業グループのコミュニケーションがよりある。企業グループ戦略・計画・予算システムを構築するには，企業グループ全体の経営情報システムやグループ間のコミュニケーションが必要不可欠な事項として関連している。

　グローバル企業グループにおいては，国内のネットワークを構築するだけではなく，国際的なネットワークの構築も考えなければならない。松下電器では，国内グループ企業のみならず，海外グループ企業をも統合して，統一会計報告制度を構築している。決算日を統一し，フォーマットの規格化，標準化，財務諸表様式の統一化，予算書類の標準化が推進されている。[8] 松下のように，すべての海外グループ企業とネットワーク化した事例はまだ例外的かもしれないが，真のグループ経営を考えると必ず必要となるであろう。

　グローバル企業において，一般的に管理面での国際化が最も遅れており，早急に対応しないと，真のグローバル企業グループには達しえないであろう。[9] 製造業においては，1985年以降，製造，販売，研究開発を戦略的にコンピュータと通信によって結合させ，企業活動全体を結合しようとするCIM（Computer Integrated Manufacturing；コンピュータによる統合生産）が注目され，各地に分散した工場を統合した会社全体，さらにはグループ関連事業をも巻き込んだグループ全体の効率改善運動が試みられている。このような事柄とも関連させながら，企業グループ経営情報ネットワークを構築することも重要である。

Ⅳ ▶ 結びに代えて—キヤノン(株)のグループ経営

　以上の総括として，キヤノン㈱のグループ経営の現状について触れながら，今後のグループ経営およびグループSPBについての課題を提起しておきたい。

　キヤノン㈱は，1937年創業で，カメラ，複写機，プリンター，コンピュータ，ファクシミリ等を製造し，製品の75％を海外で販売する最も典型的なグローバル企業である。しかも，国内・海外生産子会社，国内・海外販売子会社等を多数擁する一団企業グループを形成している。製造，販売，開発ともグローバルに展開しており（それでも，輸出比率は70％超と非常に高い），本業（事務機，カメラ，光学機器）を中心とした優良な企業グループであるから，一事例として取り上げる。1973年から始まる第三次長期経営計画の主要テーマの1つとして，「キヤノングループ全体の効率化」が掲げられ，グループ経営の第一歩を歩み始めた。そして，現在は第二の創業を機に，「世界の繁栄と人類の幸福のため，『共生』を理念に世界貢献できる真のグローバル企業をめざします。」という理念をベースにしたグローバル企業構想を実現中である。

　「理想の会社を築き，永遠の繁栄をはかる」をグループの経営理念として掲げ，中長期計画を中心とする戦略経営を実践している。毎年，世界会議を開催し，連結売上・利益額・投資額を骨子とする中長期計画，短期利益計画，月次予算を策定して，かなり合理的な管理を体系的に実施している。グループ間の処理システム，報告様式は統一されているが，各グループの情報は並列的に収集するだけで，処理手数の問題等で必ずしも連結ベースで整備されているわけではない。

　生産計画は本体で部門別にグローバルに立案し，販売計画は各現地会社を中心に立案・調整されている。生産面に関しては，本体事業部主導で集権的であるが，販売面に関しては，各現地会社に分権化されている。結果として，生産と販売との調整問題が内在化している。

　しかも，連結会計も決算のためであり，必ずしも経営管理目的のために役立てられてはいない。子会社としての独立性，影響力が強くなるに従って，グループ全体としての求心力が必要であり，グループ経営管理をより一層改

善しなければならない時期にきているであろう。特に注目したいのは，現在国際的な情報システムを段階的に構築しつつあることである。2000年までに，連結子会社120社の経理・財務内容を管理する情報システムを再構築し，月次の連結決算の結果を翌月に入って10日以内に把握する仕組みをつくる[11]。キヤノングループが，真のグローバル経営管理の模範を示すことを期待する。

グループ経営がかなり実践されているにもかかわらず，グループ経営の本質，その具体的経営管理手法についてはほとんど検討がなされていなかった。そこで，その基礎的フレームワークを構築するための第一歩を検討したにすぎない。日本の優良企業グループにおいても，試行錯誤状態であり，今後の問題を残しつつ徐々に改善を重ねている状況であろう。これを打破するには，グループ経営に関するパラダイムを変換しなければならないのかもしれない。この事に積極的に対処しながら，創造的に戦略経営を推進していくことが求められている。

多くの未解決の重要課題があるが，次の点を今後検討すべきであろう。

① セグメント情報とその経営管理との関連性

グループメンバーの数が多くなると，直接グループ全体として統合するよりも，その中間にセグメントを設定することが合理的と考えられる。そこで，グループ全体とそのセグメントとの関連を考察しながら，セグメント別の戦略的経営管理手法・情報システムについて検討しなければならない（第8章参照）。

② 戦略情報システムとの関連性

近年，SIS（Strategic Information System；戦略情報システム）が一種のブームとなって，異常な注目を浴びていた。経営戦略との関連性を強調することは，本書の趣旨と合致し，その背景を支えるのは経営情報システムであることも本書の趣旨と合致する[12]。そこで，SISをSPBと関連させて検討することも考えられる。

その他に，本章ではグループの求心力となるべき経営管理手法に重点をおいて論究してきたが，企業は多くのグループ外の企業等とも密接な関係を深めつつ，ネットワーク的な展開を試みている。グループ内の強い結びつきと同時に，グループ外の弱い，柔軟な結びつきを求めている。両方向への発展

動向にも注目したい（第6章参照）。

　生産，販売，研究開発という機能別，製品種類に基づく製品別，そして地方，国別という地域別の三次元の関連をどのように体系化し，検討するかも重要である。

　調査結果によれば，特にグループ戦略策定の強化が必要不可欠な今後の重要課題と考えられる。

注

1) 硲 宗夫著『21世紀企業のメガコンセプト』毎日コミュニケーションズ，1990年，「主要30社の2000年ビジョン」『実業の日本』実業之日本社，1990年7月1日号，34－39頁，日本経済新聞1991年3月28日付「主要企業の21世紀計画」，「21世紀ビジョン調査」『東洋経済統計月報』東洋経済新報社，1991年7月，15－24頁参照。
2) 本章は，主に拙稿「企業グループの戦略・計画・予算」『白鷗大学論集』白鷗大学，1992年3月，第6巻第2号，157－182頁に基づいている。
3) 上岡一嘉著『企業形態発展論』紀伊國屋書店，1985年参照。
4) 松谷靖二稿「関連会社管理の実態と問題点」『企業会計』中央経済社，1982年11月号，99－103頁，柴田典男・曽根豊次稿「関係会社管理（その1）」『企業会計』中央経済社，1987年4月号，109頁，――稿「関係会社管理（その2）」『企業会計』中央経済社，1987年5月号，96－105頁参照。
5) 経営資源に関しては，拙著『増補改訂版　新・経営資源の測定と分析』創成社，1994年参照。
　　連結財務諸表原則の改訂（1997年6月6日）では，連結子会社の判定基準として支配力基準，持分法適用会社の判定基準としては，影響力基準が採用された。
6) ダイエーは，1991年3月から，グループ経営の最高決定としてグループの将来のあるべき姿などを論議する「グループ経営政策会議」を設置した。7人のメンバーが中心で週1回程度の割合で開催される。これは，グループ全体の方向を論議できる組織を作ることで，効率的なグループ経営を実現させるのが狙いだ。同会議を運営するにあたっては各企業が積極的に参加できる体制にするほか，対話型の運営を目指したいとしている。日経流通新聞1991年2月23日付参照。
7) 三越は，関連会社の売上高がこの5年間で倍増するなど，急速に周辺分野の事業拡大を進めている。本社と関連会社29社をオンラインで結んだ情報ネットワークシステムを，1991年3月から稼働させる。それぞれの事業分野で蓄積される情報をグループ共有の財産として効率的に収集・活用し，コスト軽減とビジネスチャンス拡大

に結びつけるのが目的である。日経流通新聞1990年10月13日付参照。
8）原田行男稿「変容迫られる企業グループ経営とその戦略」『ダイヤモンド・ハーバード・ビジネス』ダイヤモンド社，1987年12・1月号，119頁参照。
9）日本経済新聞1990年6月6日付参照。
10）キヤノンに関しては，貿易之日本別冊『キヤノン—雄大な世界戦略と精神的支柱』貿易之日本社，1979年4月，キヤノン史編集委員会編集『キヤノン史—技術と製品の50年』キヤノン㈱，1987年，上岡一嘉稿「TAKESHI MITARAI AND CANON」『白鷗女子短大論集』白鷗女子短期大学，第8巻第2号，1983年8月，147-167頁，田中稔三インタビュー「キヤノン　海外経営戦略の多様化と会計問題」『企業会計』中央経済社，1991年1月号，78-86頁，市原 巌稿「世界人類との共生をかかげ真のグローバル企業をめざす」『マネジメント21』日本能率協会，1991年9月号，14-18頁，その他，有価証券報告書，CANON FACT BOOK, CANON STORY等参照。
11）日経産業新聞1998年10月23日付参照。
12）最近になって，ERP（Enterprise Resource Planning）も注目されている。統合データベースの利用による統一的に一貫したシステム構築の考え方であるERPも参考になろう。

第8章
セグメント別の戦略・計画・予算システム

I ▶ はじめに

　最近，セグメント情報が注目され，話題にのぼることが多くなってきた。社会的要請として，セグメント別会計情報が1991年3月決算会社から開示されることになったことが大きく影響している。その後段階的に情報量の整備，充実がなされてきた。元来，セグメント別の会計情報については，内部経営管理目的として経営管理会計の主要研究課題として論じられ，企業実践においても積極的に利用されてきている。そこで，内部経営管理目的のセグメント別会計情報も外部報告目的をも考慮して，統合的な会計情報システムとして測定できるように今までの方法を見直し，新しいセグメンテーション，セグメント別戦略的経営管理手法を再構築しなければならない時期が到来した。

　セグメント別管理・報告の先進国，アメリカ合衆国においては，1960年代に，企業規模の拡大や経営活動の多角化が顕著となり，さらに子会社，関係会社が増大し，異業種を統合するコングロマリット（conglomerate）も出現してきた。いくつかの産業を営む企業形態が形成され，企業全体の管理・報告だけでは不十分となり，そこでセグメント別に細分化して管理・報告することが必要となった。

　日本企業においても異業種へ積極的に参入することによって，ある特定の産業に区分することが難しくなっている事例が増加している。企業規模の拡大等に応じて，このように，複合的・総合的企業が急増している。そこで，企業全体に対する内訳区分としてのセグメント別の管理・報告の必要性がますます認識されてきた。

図表8-1　個別・連結とセグメント別との関連

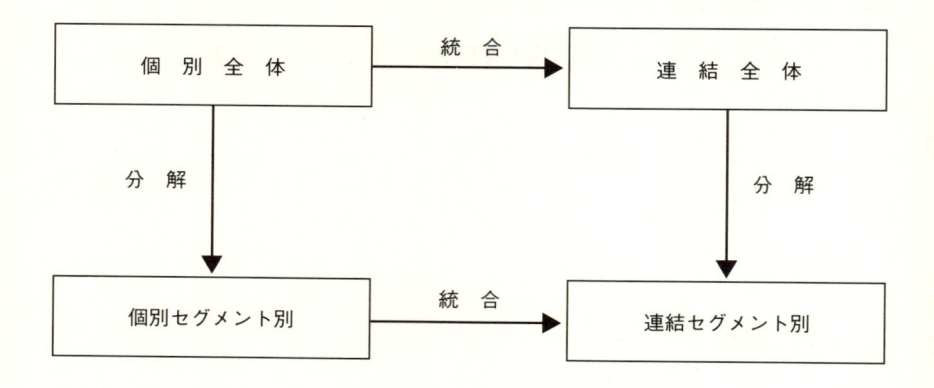

```
┌─────────────┐     統 合     ┌─────────────┐
│  個 別 全 体 │ ───────────▶ │  連 結 全 体 │
└─────────────┘              └─────────────┘
       │                             │
    分 解                         分 解
       │                             │
       ▼                             ▼
┌─────────────┐     統 合     ┌─────────────┐
│個別セグメント別│ ───────────▶ │連結セグメント別│
└─────────────┘              └─────────────┘
```

　企業の多角化，国際化により，企業全体の経営戦略と同様に，その構成部分としてのセグメント別の経営戦略がより実践的に重要性を増してきている。現実的には多様なセグメントが考えられ非常に複雑難解であるが，基本的な理解を得ることを第一目的としてセグメント別管理の基本構想を検討しよう。戦略経営のより一層の進展は，経営戦略を中心とした新しいセグメント別戦略的経営管理手法を考慮せざるを得ない状況を生み出している。戦略・計画・予算が完全に一体化され一連の連鎖による相互作用に注目する戦略・計画・予算システム（SPBS）構築へと発展する可能性があろう。本章では，企業セグメントに基づくSPBシステムに関して論究する。[1]

　セグメント別情報の制度化を根本的な影響要因としてある程度は考慮するが，主たる関心は内部管理目的の立場から，セグメント別管理問題について考察することにある。

II ▶ セグメント別情報の本質

1　セグメント情報の意義

　最初に，全体の情報とセグメント別情報の関連について検討してみよう。

第8章　セグメント別の戦略・計画・予算システム

図表8-2　企業セグメント別の目標理念ビジョンの有無と当期利益との関連

上段：実数 下段：全％		合計	企業セグメント別の目標理念ビジョンの有無			
			ある	検討中である	検討したい	ない
全体		175 100.0	87 49.7	29 16.6	22 12.6	37 21.1
当期利益	1億円未満	17 9.7	5 2.9	3 1.7	2 1.1	7 4.0
	1億円以上10億円未満	42 24.0	24 13.7	6 3.4	3 1.7	9 5.1
	10億円以上15億円未満	23 13.1	11 6.3	5 2.9	5 2.9	2 1.1
	15億円以上30億円未満	20 11.4	7 4.0	3 1.7	7 4.0	3 1.7
	30億円以上	73 41.7	40 22.9	12 6.9	5 2.9	16 9.1

	カイ自乗値	自由度	確率	有意差判定
	21.54	12	0.0430	[＊]

図表8-3　個別企業セグメント別情報，企業グループセグメント別情報と
　　　　　企業セグメント別の目標理念ビジョンとの関連

上段：実数 下段：全％		合計	個別企業セグメント別情報，企業グループセグメント別情報			
			両方作成している	個別企業セグメント別情報だけを作成	企業グループセグメント別情報だけを作成	両方作成していない
全体		175 100.0	102 58.3	44 25.1	15 8.6	14 8.0
企業セグメント別の目標理念ビジョン	ある	86 49.1	58 33.1	22 12.6	5 2.9	1 0.6
	検討中である	29 16.6	15 8.6	11 6.3	―	3 1.7
	検討したい	23 13.1	13 7.4	5 2.9	3 1.7	2 1.1
	ない	37 21.1	16 9.1	6 3.4	7 4.0	8 4.6

	カイ自乗値	自由度	確率	有意差判定
	28.78	9	0.0007	[＊＊]

全体の情報も個別と連結とが考えられるので，それぞれのセグメント別情報が必要となる。第一に，個別企業を各セグメント別に分割することが考えられる。個別企業が多方面の事業を行っている場合に，主な事業分野別のセグメントを独立的単位として，個別全体情報に対するその内訳としての個別セグメント別情報を作成するのである。第二に，企業グループとして全体を連結する場合にも，その内訳としてのセグメント別に分割することが考えられる。企業グループを通して多方面の事業を行っている場合に用いられる。すなわち，連結情報を補足するものとして連結セグメント別情報が利用される。

制度化された外部報告においては，連結情報の補足としての連結セグメント別情報を開示することになっている。内部管理目的の観点からは，企業内外の多角化等の状況により，個別企業セグメント別と企業グループセグメント別の両者が基本的な管理情報として必要不可欠である。本書では，主に企業グループのセグメント別SPBシステムについて論点をあてる。

個別企業セグメント別情報，企業グループセグメント別情報の重要性に関する調査結果によれば，「両方作成している」が54.3％，「個別だけ作成している」が23.9％，「していない」が8.5％，「グループだけ作成している」が8.0％の順である。

企業セグメント別の目標理念ビジョンの有無に関する調査結果によれば，「ある」が46.3％，「ない」が19.7％，「検討中である」が15.4％，「検討したい」が12.2％の順である。企業セグメント別の目標理念ビジョンの有無と当期利益との関連性に関しては，企業セグメント別の目標理念ビジョンがあるほどに，かなり当期利益がより多くなっている。個別企業セグメント別情報，企業グループセグメント別情報の重要性と企業セグメント別の目標理念ビジョンの有無との関連性に関しては，個別企業セグメント別情報と企業グループセグメント別情報の両方を作成しているほどに，企業セグメント別の目標理念ビジョンがよりある。

2　セグメンテーションの方法

企業全体をどのような構成部分に分けるかが，セグメンテーション（segmentation）の問題である。セグメントを一般的に定義すれば，全体に対するその構成部分という部分集合であるが，より厳格に定義すれば，その構成部分が各種の観点から特に独立性，自主性，責任と権限を有するということになる。

セグメンテーションの決定方法に関する調査結果によれば，「製品・サービス別」が46.4%，「業種別」が27.1%，「市場別」が5.3%，「地域別」が3.7%，「職能別」が2.1%の順である。[2] 企業セグメント別の目標理念ビジョンの有無とセグメンテーションの決定方法との関連性に関しては，企業セグメント別の目標理念ビジョンがあるほどに，製品・サービス別のセグメンテーションがより多く採用されている。

セグメンテーションの見直しに関する調査結果によれば，「必要に応じて見直す」が64.4%，「ほとんどしない」が22.3%，「定期的に見直す」が6.9%の順である。セグメンテーションの見直しと当期利益との関連性に関しては，セグメンテーションを見直しているほどに，かなり当期利益がより多くなっている。セグメンテーションの見直しと経営戦略・計画・予算の関連性の程度に関しては，セグメンテーションを見直しているほどに，かなり経営戦略・計画・予算の関連性がよりある。企業セグメント別の目標理念ビジョンの有無とセグメンテーションの見直しとの関連性に関しては，企業セグメント別の目標理念ビジョンがあるほどに，セグメンテーションをより見直している。

内部管理目的の場合には，各企業の実態管理にそくして各種各様な区分方法が考えられる。特に，組織，製品，地域，職能，経営管理方法，法的実体等の区分によってセグメンテーションは大きく影響されよう。最終的には経営戦略，組織，計算区分等を中心とした連鎖として総合的に決定されると想像される。そして，内部管理目的のセグメントを要約した形で外部報告に利用することが最も一般的であろう。[3]

内部管理目的のセグメンテーションにおいても，ある計画期間内は原則的に固定させて考えることになる。長期的観点からの経営戦略が確立していれば各セグメント区分は相当期間安定するであろう。しかしセグメンテーションは経営戦略の変更に応じて必然的に再編成が必要となる。事業再構築等の

図表8-4 企業セグメント別の目標理念ビジョンの有無とセグメンテーションの決定方法との関連

		合計	企業セグメント別の目標理念ビジョンの有無			
上段：実数 下段：全％			ある	検討中である	検討したい	ない
全体		173 100.0	87 50.3	28 16.2	22 12.7	36 20.8
セグメンテーションの決定方法	製品・サービス別	87 50.3	52 30.1	6 3.5	10 5.8	19 11.0
	業種別	51 29.5	17 9.8	13 7.5	9 5.2	12 6.9
	市場別	10 5.8	2 1.2	5 2.9	— —	3 1.7
	地域別	7 4.0	4 2.3	— —	2 1.2	1 0.6
	職能別	4 2.3	3 1.7	1 0.6	— —	— —
	その他	14 8.1	9 5.2	3 1.7	1 0.6	1 0.6

カイ自乗値 31.37　自由度 15　確率 0.0078　有意差判定 [＊＊]

　重要な経営戦略の変更に応じては，当然セグメンテーションは大きく変わる[4]。この場合には，以前のセグメンテーションとの一連の関連が明確になるようにしておかなければならない。

　セグメントを階層的に体系化させて，上位セグメントとその内訳の中位セグメント，そしてその内訳の下位セグメントに分類して用いる（たとえば事業本部，事業部，部門と分ける）こともできる。セグメンテーションは1つとは限らず，むしろ必要に応じていくつかのセグメンテーションが同時に採用され，各種の観点からの区分が可能なように，より柔軟に構築すべきである。上位レベルではあるセグメント分類を中心に区分し，その中位，下位レベルとしては他のセグメント分類を採用することもできる。このように非常

第**8**章　セグメント別の戦略・計画・予算システム

図表8-5　セグメンテーションの見直しと当期利益との関連

			セグメンテーションの見直し		
	上段：実数 下段：全％	合計	定期的に見直す	必要に応じて見直す	ほとんどしない
全体		175 100.0	13 7.4	121 69.1	41 23.4
当期利益	1億円未満	17 9.7	— —	10 5.7	7 4.0
	1億円以上10億円未満	43 24.6	7 4.0	23 13.1	13 7.4
	10億円以上15億円未満	23 13.1	1 0.6	20 11.4	2 1.1
	15億円以上30億円未満	19 10.9	2 1.1	12 6.9	5 2.9
	30億円以上	73 41.7	3 1.7	56 32.0	14 8.0

カイ自乗値　自由度　確率　有意差判定
16.96　　　8　　0.0306　　［*］

図表8-6　セグメンテーションの見直しと経営戦略・計画・予算の関連性の程度との関連

			セグメンテーションの見直し		
	上段：実数 下段：全％	合計	定期的に見直す	必要に応じて見直す	ほとんどしない
全体		175 100.0	13 7.4	120 68.6	42 24.0
経営戦略・計画・予算の関連性の程度	大変ある	45 25.7	5 2.9	32 18.3	8 4.6
	かなりある	74 42.3	4 2.3	56 32.0	14 8.0
	普通にある	44 25.1	4 2.3	28 16.0	12 6.9
	多少はある	12 6.9	— —	4 2.3	8 4.6
	ない	— —	— —	— —	— —

カイ自乗値　自由度　確率　有意差判定
16.11　　　8　　0.0408　　［*］

図表8-7　企業セグメント別の目標理念ビジョンの有無とセグメンテーションの見直しとの関連

上段：実数 下段：全%		合計	企業セグメント別の目標理念 ビジョンの有無			
			ある	検討中である	検討したい	ない
全体		175 100.0	87 49.7	29 16.6	22 12.6	37 21.1
セグメンテーションの見直し	定期的に見直す	13 7.4	13 7.4	— —	— —	— —
	必要に応じて見直す	121 69.1	62 35.4	23 13.1	16 9.1	20 11.4
	ほとんどしない	41 23.4	12 6.9	6 3.4	6 3.4	17 9.7

カイ自乗値　自由度　確率　有意差判定
26.74　　　6　　0.0002　　[＊＊]

に多様なセグメンテーションが可能であり，現実的にもかなり多種多様な分類方法が採用されている。それでも製品別と地域別そして機能別とが最も一般的な区分方法の基礎となろう。

　一般的に上位セグメントはより広範囲の責任が課せられ，下位セグメントでは，より限定された責任が課せられることになる。現実的には，各セグメントがどの範囲までの責任が課せられているかを明確にしておくことが最も重要である。

3　営業費用の配分方法

　日本公認会計士協会の報告は，営業費用の配分に関する一般的ルールを公表している[5]。これによれば，営業費用を各セグメントに直課できるものと直課できないものとに区別している。直課できる営業費用とは，各セグメントごとに直接把握できるもので，売上原価および販売直接費等が該当する。直

第8章 セグメント別の戦略・計画・予算システム

図表8-8 営業費用の配分と分類

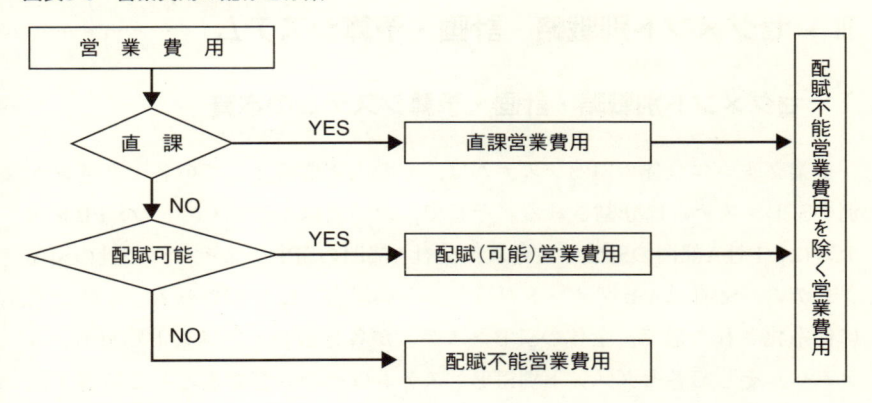

```
┌─────────┐
│ 営業費用 │
└────┬────┘
     ▼
  ◇ 直課 ◇ ──YES──▶ ┌──────────────┐ ──▶ ┐
     │               │ 直課営業費用 │      │配
     NO              └──────────────┘      │賦
     ▼                                     │不
  ◇配賦可能◇ ──YES──▶ ┌────────────────┐ ─▶│能営業費用を除く営業費用
     │                │配賦(可能)営業費用│   │
     NO               └────────────────┘   │
     ▼                                     │
  ┌──────────────────┐                    │
  │ 配賦不能営業費用 │ ───────────────────▶┘
  └──────────────────┘
```

課できない営業費用とは，各セグメントに共通する費用であって，販売間接費および一般管理費が該当する。これらの費用は，合理的な配賦基準によって各セグメントに配賦される。配賦しなかった場合には，配賦不能営業費用として開示し，その主な内容を明らかにしなければならないことになっている。直課できない営業費用には，合理的な配賦基準が比較的容易に見いだせるものと見いだしにくいものがある。合理的な配賦基準が比較的容易に見いだせるものとしては，販売間接部門の人件費，賃借料，固定資産税，保険料，修繕費，減価償却費，光熱費等である。

　一般的に，合理的な配賦基準が見いだしにくい営業費用の例としては，コンピュータ処理費用，複数のセグメントに関連する広告宣伝費，販売部門担当の役員の報酬等である。これらの費用についても，各企業の実情に応じて配賦基準が決定される。配賦基準の合理性をどのように判断するかという課題と，合理性がないのに敢えて配賦する場合にはどのように行うのかという課題が残されている。

　我が国のセグメント開示基準では，配賦不能営業費用を除く営業費用の合計額の記載だけであるが，これを直課営業費用と配賦営業費用とに区分開示ができれば，配賦額の割合が判明し，より合理的な利用も可能となろう。直課できる費用の割合を増加させることによって，配賦問題の曖昧性を極力排除することができる。[6]

Ⅲ ▶ セグメント別戦略・計画・予算システム

1　セグメント別戦略・計画・予算システムの本質

　企業グループ全体のSPBシステムは，その内訳要素としての各セグメント別のSPBシステムに分割される。そして，たとえばAセグメントのＳPBシステムは，P社A部門のSPBシステム，S1社A部門のSPBシステム，S2社のSPBシステム（S2社はAセグメントだけしかない場合）に分割される。このように体系化された形で，全体のSPBシステムが各分割のセグメント別SPBシステムへ，そして各セグメント別SPBシステムはその分割要素としての各下位レベルのSPBシステムへと分割，整合される。

　上から下への一方通行的分割だけではなく，下から上への相互交流をも包含する分割システムとして構築すべきであろう。必要に応じては，フィードバックループを何回も繰り返すことになる。

　各セグメントの立場を十分尊重するためには，一方的な押しつけではなく，各セグメント自身が十分に納得しうるSPBを築き上げていくことである。人間・情報の交流を積極的に取り入れて，各セグメント間のコンフリクトを緩和し，コンセンサスの形成を意識的に取り込むのである。しかし，企業グループ全体のSPBは各セグメントのSPBより上位概念で優先され，実際は各セグメントのSPBの実行を通じて，企業グループ全体のSPBの実行が可能となることにも留意しなければならない。

　このようなプロセスは，ビジネススピードが重要視されてきている最近の経営においては，非常に時間のかかるものであると批判されるかもしれない。しかしながら，意思決定，計画段階において時間がかかったとしても，このプロセスを経ることによって，次の実施段階におけるビジネススピードをより早めることが可能となり，総時間においては，決してビジネススピードを無視していることにはつながらない。むしろ，コンセンサスプロセスを重視することによって，その後の経営活動が円滑に実施され，結果的にはビジネススピードを速めることにもなろう。

図表8-9　企業グループ全体と各セグメント別のＳＰＢ関連

```
                    企業グループ全体ＳＰＢ
                   ／        │        ＼
                  ／         │         ＼
            Ａセグメント   Ｂセグメント   Ｃセグメント
              ＳＰＢ         ＳＰＢ         ＳＰＢ
            ／   │   ＼
           ／    │    ＼
        Ｐ社   Ｓ１社   Ｓ２社
        Ａ部門  Ａ部門
        ＳＰＢ   ＳＰＢ    ＳＰＢ
```

2　セグメント別戦略

　企業グループ全体を１つの組織単位として総合的な経営戦略が策定される。グループ全体としての立場から，目標達成に向けての方向が確定されるのである。そして，企業グループ全体としての経営戦略は，各セグメントにブレークダウンされるので，各セグメントへの分割配分の決定と，各セグメント間の調和に重点がおかれる。企業グループ全体の観点から，各セグメント間の経営戦略をできる限り同一ベクトルへ整合させることが肝要である。企業グループ全体の経営戦略に従って，各セグメントは各自の固有の経営戦略を策定する。各セグメント別の経営環境，特に競争会社の動向を考慮し，各セグメント分野別の経営戦略を策定する[7]。各セグメント別戦略は，企業グループ全体の戦略によってある程度は制約される以外はかなり自由に策定できる。

　企業セグメント別戦略の策定に関する調査結果によれば，「定期的に策定する」が35.1％，「必要に応じて策定する」が33.0％，「していない」が12.2％，「検討中である」が7.4％，「検討したい」が5.9％の順である。企業セグメント別戦略の策定と当期利益との関連性に関しては，企業セグメント別戦略を策定しているほどに，かなり当期利益がより多くなっている。企業セグメント別の目標理念ビジョンの有無と企業セグメント別戦略の策定との関連性に関しては，企業セグメント別の目標理念ビジョンがあるほどに，企業セグメント別戦略をより策定している。セグメンテーションの見直しと企業セグメ

図表8-10　企業グループ全体と各セグメント別のＳＰＢ編成プロセス

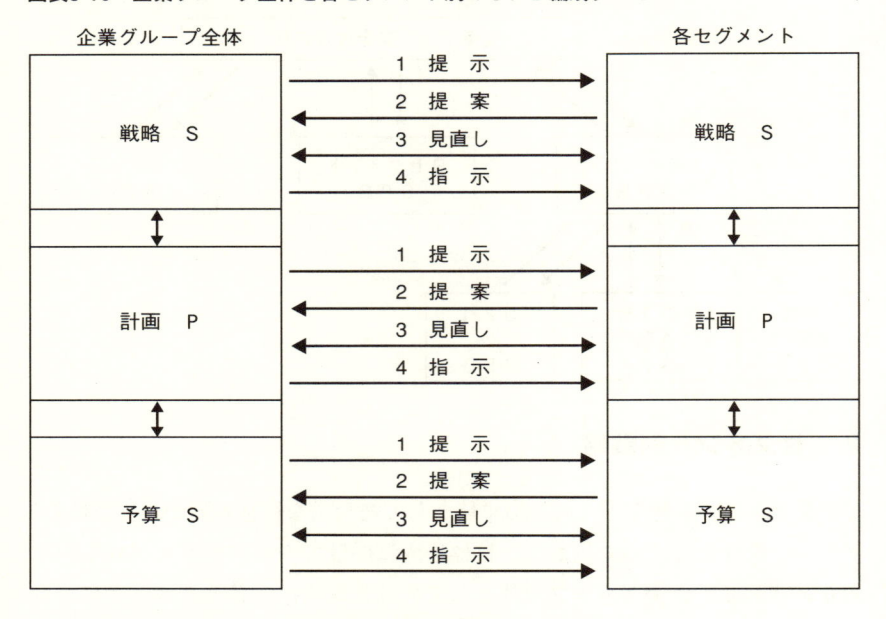

```
  企業グループ全体                              各セグメント
 ┌──────────┐   1 提 示  →   ┌──────────┐
 │          │   2 提 案  ←   │          │
 │ 戦略  S  │   3 見直し →   │ 戦略  S  │
 │          │   4 指 示  →   │          │
 └────↕─────┘                └────↕─────┘
 ┌──────────┐   1 提 示  →   ┌──────────┐
 │          │   2 提 案  ←   │          │
 │ 計画  P  │   3 見直し →   │ 計画  P  │
 │          │   4 指 示  →   │          │
 └────↕─────┘                └────↕─────┘
 ┌──────────┐   1 提 示  →   ┌──────────┐
 │          │   2 提 案  ←   │          │
 │ 予算  S  │   3 見直し →   │ 予算  S  │
 │          │   4 指 示  →   │          │
 └──────────┘                └──────────┘
```

図表8-11　企業セグメント別戦略の策定と当期利益との関連

上段：実数 下段：全％		合計	企業セグメント別戦略の策定				
			定期的に策定する	必要に応じて策定する	検討中である	検討したい	していない
全体		175 100.0	66 37.7	61 34.9	14 8.0	11 6.3	23 13.1
当期利益	1億円未満	17 9.7	2 1.1	9 5.1	2 1.1	— —	4 2.3
	1億円以上10億円未満	43 24.6	18 10.3	10 5.7	6 3.4	3 1.7	6 3.4
	10億円以上15億円未満	23 13.1	7 4.0	11 6.3	1 0.6	3 1.7	1 0.6
	15億円以上30億円未満	20 11.4	4 2.3	8 4.6	2 1.1	4 2.3	2 1.1
	30億円以上	72 41.1	35 20.0	23 13.1	3 1.7	1 0.6	10 5.7

	カイ自乗値	自由度	確率	有意差判定
	30.82	16	0.0142	[＊]

第8章　セグメント別の戦略・計画・予算システム

図表8-12　企業セグメント別の目標理念ビジョンの有無と企業セグメント別戦略の策定との関連

<table>
<tr><th colspan="2" rowspan="2">上段：実数
下段：全%</th><th rowspan="2">合計</th><th colspan="4">企業セグメント別の目標
理念ビジョンの有無</th></tr>
<tr><th>ある</th><th>検討中
である</th><th>検討し
たい</th><th>ない</th></tr>
<tr><td colspan="2">全体</td><td>175
100.0</td><td>87
49.7</td><td>28
16.0</td><td>23
13.1</td><td>37
21.1</td></tr>
<tr><td rowspan="5">企業セグメ
ント別戦略
の策定</td><td>定期的に策定する</td><td>66
37.7</td><td>56
32.0</td><td>4
2.3</td><td>—
—</td><td>6
3.4</td></tr>
<tr><td>必要に応じて策定
する</td><td>61
34.9</td><td>28
16.0</td><td>13
7.4</td><td>10
5.7</td><td>10
5.7</td></tr>
<tr><td>検討中である</td><td>14
8.0</td><td>2
1.1</td><td>7
4.0</td><td>2
1.1</td><td>3
1.7</td></tr>
<tr><td>検討したい</td><td>11
6.3</td><td>—
—</td><td>2
1.1</td><td>7
4.0</td><td>2
1.1</td></tr>
<tr><td>していない</td><td>23
13.1</td><td>1
0.6</td><td>2
1.1</td><td>4
2.3</td><td>16
9.1</td></tr>
</table>

	カイ自乗値	自由度	確率	有意差判定
	113.37	12	0.0000	[＊＊]

図表8-13　セグメンテーションの見直しと企業セグメント別戦略の策定との関連

<table>
<tr><th colspan="2" rowspan="2">上段：実数
下段：全%</th><th rowspan="2">合計</th><th colspan="3">セグメンテーションの見直し</th></tr>
<tr><th>定期的に
見直す</th><th>必要に応じ
て見直す</th><th>ほとんどし
ない</th></tr>
<tr><td colspan="2">全体</td><td>175
100.0</td><td>13
7.4</td><td>120
68.6</td><td>42
24.0</td></tr>
<tr><td rowspan="5">企業セグメ
ント別戦略
の策定</td><td>定期的に策定する</td><td>66
37.7</td><td>10
5.7</td><td>46
26.3</td><td>10
5.7</td></tr>
<tr><td>必要に応じて策定
する</td><td>62
35.4</td><td>3
1.7</td><td>48
27.4</td><td>11
6.3</td></tr>
<tr><td>検討中である</td><td>14
8.0</td><td>—</td><td>9
5.1</td><td>5
2.9</td></tr>
<tr><td>検討したい</td><td>10
5.7</td><td>—</td><td>7
4.0</td><td>3
1.7</td></tr>
<tr><td>していない</td><td>23
13.1</td><td>—</td><td>10
5.7</td><td>13
7.4</td></tr>
</table>

	カイ自乗値	自由度	確率	有意差判定
	26.63	8	0.0008	[＊＊]

図表8-14 企業セグメント別の目標理念ビジョンの有無と企業グループ戦略とセグメント別戦略との整合性との関連

上段：実数 下段：全%		合計	企業セグメント別の目標理念ビジョンの有無			
			ある	検討中である	検討したい	ない
全体		172 100.0	85 49.4	29 16.9	23 13.4	35 20.3
企業グループ戦略とセグメント別戦略との整合性	している	72 41.9	53 30.8	9 5.2	1 0.6	9 5.2
	多少している	66 38.4	25 14.5	16 9.3	15 8.7	10 5.8
	していない	34 19.8	7 4.1	4 2.3	7 4.1	16 9.3

カイ自乗値 48.96　自由度 6　確率 0.0000　有意差判定 [＊＊]

図表8-15 企業セグメント別戦略の策定と企業グループ戦略とセグメント別戦略との整合性との関連

上段：実数 下段：全%		合計	企業セグメント別戦略の策定				
			定期的に策定する	必要に応じて策定する	検討中である	検討したい	していない
全体		172 100.0	65 37.8	61 35.5	13 7.6	11 6.4	22 12.8
企業グループ戦略とセグメント別戦略との整合性	している	72 41.9	50 29.1	18 10.5	2 1.2	1 0.6	1 0.6
	多少している	66 38.4	9 5.2	39 22.7	7 4.1	6 3.5	5 2.9
	していない	34 19.8	6 3.5	4 2.3	4 2.3	4 2.3	16 9.3

カイ自乗値 102.07　自由度 8　確率 0.0000　有意差判定 [＊＊]

ント別戦略の策定との関連性に関しては，セグメンテーションを見直しているほどに，企業セグメント別戦略をより策定している。

　企業グループ戦略と企業セグメント別戦略との整合性に関する調査結果によれば，「している」が39.4％，「多少している」が35.6％，「していない」が18.1％の順である。企業セグメント別の目標理念ビジョンの有無と企業グループ戦略と企業セグメント別戦略との整合性に関しては，企業セグメント別の目標理念ビジョンがあるほどに，企業グループ戦略と企業セグメント別戦略とがより整合している。企業セグメント別戦略の策定と企業グループ戦略と企業セグメント別戦略との整合性に関しては，企業セグメント別戦略を策定しているほどに，企業グループ戦略と企業セグメント別戦略とがより整合している。

　各セグメント別の経営戦略が策定されたら，全体としての調整，各セグメント間の相互調整が行われる。問題がある場合には，各セグメントに見直しを求め，完全な形で合意が得られるまで戦略調整がスパイラルに繰り返される。そして，合意された形での経営戦略が最終的に各セグメントに指示される。このように，企業全体の経営戦略とセグメント別の経営戦略との間には，基本的なフレームワークを根底から変えるような本質的な差異はないであろう。

　各セグメント別経営戦略が確定すると，各セグメントを構成している各部門（事業部），各子会社等にさらにブレークダウンされる。これは，各セグメント別の経営戦略の分割と同様のプロセスで行われる。

3　セグメント別計画

　セグメント別戦略に基づいてセグメント別基本構造計画および業務執行計画が設定される。企業グループ全体の計画と各セグメント別の計画との関連性，編成プロセスは，セグメント別戦略と同様の方法で考えられるので，図表8-10を参照すればある程度は理解できるであろう。

　セグメント別計画は，セグメント別戦略よりもより具体的で，体系的な計量化を試みる必要性がある。そこで，セグメント別計画の中心をなすもので

図表8-16　企業セグメント別計画の設定と当期利益との関連

		合計	企業セグメント別計画の設定				
	上段：実数 下段：全%		定期的に設定する	必要に応じて設定する	検討中である	検討したい	していない
全体		175 100.0	86 49.1	43 24.6	9 5.1	9 5.1	28 16.0
当期利益	1億円未満	17 9.7	3 1.7	7 4.0	3 1.7	1 0.6	3 1.7
	1億円以上10億円未満	43 24.6	22 12.6	7 4.0	1 0.6	3 1.7	10 5.7
	10億円以上15億円未満	23 13.1	7 4.0	13 7.4	1 0.6	1 0.6	1 0.6
	15億円以上30億円未満	20 11.4	12 6.9	2 1.1	2 1.1	2 1.1	2 1.1
	30億円以上	72 41.1	42 24.0	14 8.0	2 1.1	2 1.1	12 6.9

カイ自乗値 35.64　自由度 16　確率 0.0032　有意差判定 [**]

図表8-17　企業セグメント別の目標理念ビジョンの有無と企業セグメント別計画の設定との関連

		合計	企業セグメント別の目標理念ビジョンの有無			
	上段：実数 下段：全%		ある	検討中である	検討したい	ない
全体		173 100.0	86 49.7	28 16.2	23 13.3	36 20.8
企業セグメント別計画の設定	定期的に設定する	84 48.6	61 35.3	9 5.2	5 2.9	9 5.2
	必要に応じて設定する	42 24.3	18 10.4	13 7.5	4 2.3	7 4.0
	検討中である	9 5.2	2 1.2	3 1.7	3 1.7	1 0.6
	検討したい	9 5.2	— —	— —	6 3.5	3 1.7
	していない	29 16.8	5 2.9	3 1.7	5 2.9	16 9.2

カイ自乗値 81.76　自由度 12　確率 0.0000　有意差判定 [**]

第8章 セグメント別の戦略・計画・予算システム

図表8-18 企業セグメント別戦略の策定と企業セグメント別計画の設定との関連

上段：実数 下段：全%		合計	企業セグメント別戦略の策定				
			定期的に策定する	必要に応じて策定する	検討中である	検討したい	していない
全体		173 100.0	65 37.6	61 35.3	13 7.5	11 6.4	23 13.3
企業セグメント別計画の設定	定期的に設定する	84 48.6	60 34.7	19 11.0	2 1.2	2 1.2	1 0.6
	必要に応じて設定する	42 24.3	3 1.7	34 19.7	2 1.2	2 1.2	1 0.6
	検討中である	9 5.2	—	3 1.7	6 3.5	—	—
	検討したい	9 5.2	—	—	1 0.6	6 3.5	2 1.2
	していない	29 16.8	2 1.2	5 2.9	2 1.2	1 0.6	19 11.0

カイ自乗値 263.41　自由度 16　確率 0.0000　有意差判定 [＊＊]

ある，セグメント別基本構造計画，セグメント別損益計画，セグメント別キャッシュフロー計画，セグメント別貸借対照表計画を作成することになる。

　企業セグメント別計画の設定に関する調査結果によれば，「定期的に設定する」が45.7％，「必要に応じて設定する」が22.9％，「していない」が15.4％，「検討中である」が4.8％，「検討したい」が4.8％の順である。「定期的に設定する」割合については，計画レベルのほうが戦略レベルよりもより多い状況である。企業セグメント別計画の設定と当期利益との関連性に関しては，企業セグメント別計画を設定しているほどに，当期利益がより多くなっている。企業セグメント別の目標理念ビジョンの有無と企業セグメント別計画の設定との関連性に関しては，企業セグメント別の目標理念ビジョンがあるほどに，企業セグメント別計画をより設定している。企業セグメント別戦略の策定と企業セグメント別計画の設定との関連性に関しては，企業セグメント別戦略を策定しているほどに，企業セグメント別計画をより設定している。企業グループ戦略と企業セグメント別戦略との整合性と企業セグメント別計画の設

定との関連性に関しては，企業グループ戦略と企業セグメント別戦略とが整合しているほどに，企業セグメント別計画をより設定している。

　企業セグメント別戦略に基づく企業セグメント別計画の設定に関する調査結果によれば，「している」が45.3％，「多少している」が26.6％，「していない」が20.7％の順である。企業セグメント別の目標理念ビジョンの有無と企業セグメント別戦略に基づく計画の設定との関連性に関しては，企業セグメント別の目標理念ビジョンがあるほどに，企業セグメント別戦略に基づいて計画をより設定している。企業セグメント別戦略の策定と企業セグメント別戦略に基づく計画の設定との関連性に関しては，企業セグメント別戦略を策定しているほどに，企業セグメント別戦略に基づいて計画をより設定している。

　セグメント別計画を設定するには，事前に計画体系，計画期間，様式，処理・手続基準を統一し，できる限り各セグメントの計画設定方法についても統一しておいたほうが便利であろう。

　セグメント別計画の設定において，企業グループ全体と各セグメント間で著しい不一致が生じた場合には，セグメント別戦略の見直しを求めることになる。

4　セグメント別予算

　セグメント別計画に基づいてセグメント別予算が編成される。企業グループ全体予算と各セグメント別の予算との関連性，編成プロセスは，セグメント別戦略・計画と同様の方法で考えられるので，図表8－10を参照すればある程度は理解できるであろう。

　セグメント別予算は，セグメント別計画よりもさらに具体的で，系統的な金額化を試みる必要性がある。そこで，各セグメント別の投資予算，損益予算，キャッシュフロー予算，貸借対照表予算が編成される。実践の統制基準となるものであるから，年間計，半年計だけでなく，月別に分割設定することが経営管理上必要である。月次の相殺消去処理が手続上大変であれば，セグメント間取引が表示上把握できるようにする簡便法でも許容されるであろう。

図表8-19 企業セグメント別予算の編成と当期利益との関連

		合計	企業セグメント別予算の編成				
	上段：実数 下段：全%		定期的に編成する	必要に応じて編成する	検討中である	検討したい	していない
全体		175 100.0	82 46.9	26 14.9	8 4.6	6 3.4	53 30.3
当期利益	1億円未満	17 9.7	3 1.7	4 2.3	2 1.1	— —	8 4.6
	1億円以上10億円未満	43 24.6	24 13.7	1 0.6	2 1.1	1 0.6	15 8.6
	10億円以上15億円未満	23 13.1	7 4.0	5 2.9	1 0.6	3 1.7	7 4.0
	15億円以上30億円未満	20 11.4	9 5.1	3 1.7	1 0.6	2 1.1	5 2.9
	30億円以上	72 41.1	39 22.3	13 7.4	2 1.1	— —	18 10.3

カイ自乗値	自由度	確率	有意差判定
29.89	16	0.0186	[＊]

図表8-20 企業セグメント別戦略の策定と企業セグメント別予算の編成との関連

		合計	企業セグメント別戦略の策定				
	上段：実数 下段：全%		定期的に策定する	必要に応じて策定する	検討中である	検討したい	していない
全体		173 100.0	65 37.6	61 35.3	13 7.5	11 6.4	23 13.3
企業セグメント別予算の編成	定期的に編成する	82 47.4	55 31.8	22 12.7	1 0.6	2 1.2	2 1.2
	必要に応じて編成する	24 13.9	3 1.7	17 9.8	3 1.7	1 0.6	— —
	検討中である	8 4.6	1 0.6	3 1.7	3 1.7	1 0.6	— —
	検討したい	7 4.0	— —	3 1.7	— —	4 2.3	— —
	していない	52 30.1	6 3.5	16 9.2	6 3.5	3 1.7	21 12.1

カイ自乗値	自由度	確率	有意差判定
137.95	16	0.0000	[＊＊]

セグメント別計画よりも，表示項目をより詳細に設定し，定期的に統制が可能なように実践的に編成されなければならない。そして，セグメント別計画の設定と同様に，事前に予算体系，予算期間，様式，処理・手続基準を統一し，できる限り各セグメントの予算編成方法についても統一しておいたほうが便利であろう。

　企業セグメント別予算の編成に関する調査結果によれば，「定期的に編成する」が43.6％，「していない」が28.2％，「必要に応じて編成する」が13.8％，「検討中である」が4.3％，「検討したい」が3.7％の順である。企業セグメント別予算の編成と当期利益との関連性に関しては，企業セグメント別予算を編成しているほどに，かなり当期利益がより多くなっている。企業セグメント別戦略の策定と企業セグメント別予算の編成との関連性に関しては，企業セグメント別戦略を策定しているほどに，企業セグメント別予算をより編成している。企業セグメント別計画の設定と企業セグメント別予算の編成との関連性に関しては，企業セグメント別計画を設定しているほどに，企業セグ

図表8-21　企業セグメント別計画の設定と企業セグメント別予算の編成との関連

		合計	企業セグメント別計画の設定				
	上段：実数 下段：全％		定期的に設定する	必要に応じて設定する	検討中である	検討したい	していない
全体		175 100.0	86 49.1	42 24.0	9 5.1	9 5.1	29 16.6
企業セグメント別予算の編成	定期的に編成する	82 46.9	71 40.6	10 5.7	— —	— —	1 0.6
	必要に応じて編成する	25 14.3	6 3.4	16 9.1	1 0.6	1 0.6	1 0.6
	検討中である	8 4.6	1 0.6	2 1.1	4 2.3	1 0.6	— —
	検討したい	7 4.0	1 0.6	2 1.1	— —	3 1.7	1 0.6
	していない	53 30.3	7 4.0	12 6.9	4 2.3	4 2.3	26 14.9
			カイ自乗値 177.76	自由度 16	確率 0.0000	有意差判定 [**]	

メント別予算をより編成している。企業セグメント別戦略に基づく計画の設定と企業セグメント別予算の編成との関連性に関しては，企業セグメント別戦略に基づいて計画を設定しているほどに，企業セグメント別予算をより編成している。

企業セグメント別計画に基づく企業セグメント別予算の編成に関する調査結果によれば，「している」が41.5％，「していない」が34.6％，「多少している」が17.0％の順である。「していない」の割合が，考えていたより多いのはどうしてであろうか。企業セグメント別戦略の策定と企業セグメント別計画に基づく予算の編成との関連性に関しては，企業セグメント別戦略を策定しているほどに，企業セグメント別計画に基づいて予算をより編成している。企業セグメント別計画の設定と企業セグメント別計画に基づく予算の編成との関連性に関しては，企業セグメント別計画を設定しているほどに，企業セグメント別計画に基づいて予算をより編成している。企業セグメント別予算の編成と企業セグメント別計画に基づく予算の編成との関連性に関しては，企

図表8-22 企業セグメント別戦略の策定と企業セグメント別の業績評価との関連

		合計	企業セグメント別戦略の策定				
	上段：実数 下段：全％		定期的に策定する	必要に応じて策定する	検討中である	検討したい	していない
	全体	173 100.0	65 37.6	61 35.3	13 7.5	11 6.4	23 13.3
企業セグメント別の業績評価	定期的に評価する	88 50.9	56 32.4	26 15.0	3 1.7	— —	3 1.7
	必要に応じて評価する	46 26.6	3 1.7	26 15.0	5 2.9	6 3.5	6 3.5
	していない	39 22.5	6 3.5	9 5.2	5 2.9	5 2.9	14 8.1
			カイ自乗値 79.51	自由度 8	確率 0.0000	有意差判定 [＊＊]	

図表8-23　企業セグメント別予算の編成と企業セグメント別の業績評価との関連

上段：実数　下段：全%		合計	企業セグメント別予算の編成				
			定期的に編成する	必要に応じて編成する	検討中である	検討したい	していない
全体		175 100.0	81 46.3	26 14.9	8 4.6	7 4.0	53 30.3
企業セグメント別の業績評価	定期的に評価する	88 50.3	73 41.7	8 4.6	— —	— —	7 4.0
	必要に応じて評価する	47 26.9	6 3.4	16 9.1	7 4.0	4 2.3	14 8.0
	していない	40 22.9	2 1.1	2 1.1	1 0.6	3 1.7	32 18.3

カイ自乗値 138.34　自由度 8　確率 0.0000　有意差判定 [**]

図表8-24　企業セグメント別の管理情報システムの有無と経営戦略・計画・予算の関連性の程度との関連

上段：実数　下段：全%		合計	企業セグメント別の管理情報システムの有無			
			ある	検討中である	検討したい	ない
全体		177 100.0	80 45.2	35 19.8	19 10.7	43 24.3
経営戦略・計画・予算の関連性の程度	大変ある	47 26.6	29 16.4	5 2.8	4 2.3	9 5.1
	かなりある	75 42.4	28 15.8	18 10.2	6 3.4	23 13.0
	普通にある	43 24.3	22 12.4	6 3.4	7 4.0	8 4.5
	多少はある	12 6.8	1 0.6	6 3.4	2 1.1	3 1.7
	ない	— —	— —	— —	— —	— —

カイ自乗値 21.57　自由度 12　確率 0.0426　有意差判定 [*]

第**8**章　セグメント別の戦略・計画・予算システム

図表8-25　企業セグメント別戦略の策定と企業セグメント別の管理情報システムの有無との関連

上段：実数 下段：全%		合計	企業セグメント別戦略の策定				
			定期的に策定する	必要に応じて策定する	検討中である	検討したい	していない
全体		174 100.0	65 37.4	62 35.6	13 7.5	11 6.3	23 13.2
企業セグメント別の管理情報システムの有無	ある	78 44.8	50 28.7	22 12.6	2 1.1	1 0.6	3 1.7
	検討中である	35 20.1	5 2.9	23 13.2	5 2.9	2 1.1	— —
	検討したい	19 10.9	2 1.1	7 4.0	3 1.7	4 2.3	3 1.7
	ない	42 24.1	8 4.6	10 5.7	3 1.7	4 2.3	17 9.8

カイ自乗値　自由度　確率　有意差判定
90.46　　　12　　　0.0000　　[＊＊]

図表8-26　企業セグメント別予算の編成と企業セグメント別の管理情報システムの有無との関連

上段：実数 下段：全%		合計	企業セグメント別予算の編成				
			定期的に編成する	必要に応じて編成する	検討中である	検討したい	していない
全体		176 100.0	82 46.6	26 14.8	8 4.5	7 4.0	53 30.1
企業セグメント別の管理情報システムの有無	ある	79 44.9	61 34.7	8 4.5	— —	— —	10 5.7
	検討中である	35 19.9	11 6.3	13 7.4	6 3.4	— —	5 2.8
	検討したい	19 10.8	3 1.7	4 2.3	2 1.1	6 3.4	4 2.3
	ない	43 24.4	7 4.0	1 0.6	— —	1 0.6	34 19.3

カイ自乗値　自由度　確率　有意差判定
154.14　　　12　　　0.0000　　[＊＊]

業セグメント別予算を編成しているほどに，企業セグメント別計画に基づいて予算をより編成している。

企業セグメント別の業績評価に関する調査結果によれば，「定期的に評価する」が47.3％，「必要に応じて評価する」が25.0％，「していない」が21.3％の順である。企業セグメント別戦略の策定と企業セグメント別の業績評価との関連性に関しては，企業セグメント別戦略を策定しているほどに，企業セグメント別の業績評価をより行っている。企業セグメント別計画の設定と企業セグメント別の業績評価との関連性に関しては，企業セグメント別計画を設定しているほどに，企業セグメント別の業績評価をより行っている。企業セグメント別予算の編成と企業セグメント別の業績評価との関連性に関しては，企業セグメント別予算を編成しているほどに，企業セグメント別の業績評価をより行っている。

企業セグメント別の管理情報システムの有無に関する調査結果によれば，「ある」が42.6％，「ない」が22.9％，「検討中である」が19.1％，「検討した

図表8-27　企業セグメント別戦略の策定と企業セグメント間のコミュニケーションとの関連

上段：実数 下段：全％		合計	企業セグメント別戦略の策定				
			定期的に策定する	必要に応じて策定する	検討中である	検討したい	していない
全体		174 100.0	65 37.4	62 35.6	13 7.5	11 6.3	23 13.2
企業セグメント間のコミュニケーション	定期的にする	68 39.1	43 24.7	18 10.3	4 2.3	1 0.6	2 1.1
	必要に応じてする	90 51.7	21 12.1	42 24.1	7 4.0	7 4.0	13 7.5
	ほとんどしていない	16 9.2	1 0.6	2 1.1	2 1.1	3 1.7	8 4.6
			カイ自乗値 58.25	自由度 8	確率 0.0000	有意差判定 [＊＊]	

い」が10.1%の順である。企業セグメント別の管理情報システムの有無と経営戦略・計画・予算の関連性の程度に関しては，企業セグメント別管理情報システムがあるほどに，かなり経営戦略・計画・予算の関連性がよりある。企業セグメント別戦略の策定と企業セグメント別の管理情報システムの有無との関連性に関しては，企業セグメント別戦略を策定しているほどに，企業セグメント別の管理情報システムがよりある。企業セグメント別計画の設定と企業セグメント別の管理情報システムの有無との関連性に関しては，企業セグメント別計画を設定しているほどに，企業セグメント別の管理情報システムがよりある。企業セグメント別予算の編成と企業セグメント別の管理情報システムの有無との関連性に関しては，企業セグメント別予算を編成しているほどに，企業セグメント別の管理情報システムがよりある。

企業セグメント間のコミュニケーションの頻度に関する調査結果によれば，「必要に応じてする」が48.4%,「定期的にする」が37.8%,「ほとんどしていない」が8.5%の順である。セグメント間がかなり分離独立してくると，各セグメント間の関連性がなくなり，当然コミュニケーションも不要となるのであろう。企業セグメント別戦略の策定と企業セグメント間のコミュニケーションの頻度との関連性に関しては，企業セグメント別戦略を策定しているほどに，企業セグメント間のコミュニケーションをより行っている。企業セグメント別計画の設定と企業セグメント間のコミュニケーションの頻度との関連性に関しては，企業セグメント別計画を設定しているほどに，企業セグメント間のコミュニケーションをより行っている。企業セグメント別予算の編成と企業セグメント間のコミュニケーションの頻度との関連性に関しては，企業セグメント別予算を編成しているほどに，企業セグメント間のコミュニケーションをより行っている。企業セグメント別の業績評価と企業セグメント間のコミュニケーションの頻度との関連性に関しては，企業セグメント別の業績評価をしているほどに，企業セグメント間のコミュニケーションをより行っている。企業セグメント別の管理情報システムの有無と企業セグメント間のコミュニケーションの頻度との関連性に関しては，企業セグメント別の管理情報システムがあるほどに，企業セグメント間のコミュニケーションをより行っている。

図表8-28 企業セグメント別の業績評価と企業セグメント間のコミュニケーションとの関連

		合計	企業セグメント別の業績評価		
上段：実数 下段：全％			定期的に評価する	必要に応じて評価する	していない
全体		176 100.0	89 50.6	47 26.7	40 22.7
企業セグメント間のコミュニケーション	定期的にする	70 39.8	56 31.8	8 4.5	6 3.4
	必要に応じてする	90 51.1	32 18.2	36 20.5	22 12.5
	ほとんどしていない	16 9.1	1 0.6	3 1.7	12 6.8

カイ自乗値 60.20　自由度 4　確率 0.0000　有意差判定 [＊＊]

図表8-29 企業セグメント別の管理情報システムの有無と企業セグメント間のコミュニケーションとの関連

		合計	企業セグメント別の管理情報システムの有無			
上段：実数 下段：全％			ある	検討中である	検討したい	ない
全体		178 100.0	80 44.9	36 20.2	19 10.7	43 24.2
企業セグメント間のコミュニケーション	定期的にする	71 39.9	53 29.8	9 5.1	3 1.7	6 3.4
	必要に応じてする	91 51.1	24 13.5	25 14.0	15 8.4	27 15.2
	ほとんどしていない	16 9.0	3 1.7	2 1.1	1 0.6	10 5.6

カイ自乗値 52.27　自由度 6　確率 0.0000　有意差判定 [＊＊]

セグメント別予算の編成において，企業グループ全体と各セグメント間で著しい不一致が生じた場合には，セグメント別計画の見直しを求めることになる。以上のように，セグメント別戦略，セグメント別計画，そしてセグメント別予算は，SPBシステムとして相互交流的に調和され，最終的には整合されたセグメント別SPBシステムが構築され，このようにして各セグメント間の調和が達成される。これによってSPBSは，セグメント別の基本的な戦略的経営管理手法として機能することができる。

SPBSは，企業グループ全体の戦略的経営管理手法であり，かつ各セグメント別の戦略的経営管理手法ともなる。すなわち，SPBSを構築することによって，各種の組織形態の戦略的経営管理に応用可能となろう。

Ⅳ ▶ 結びに代えて

SPBSの基本フレームワークを考察する一環として，本章では主にセグメント別SPBSに関して論じてきた。最初に，外部報告と内部報告の関連性をより重視しなければならないことを指摘したい。セグメント情報制度化がセグメント別情報システムの見直し，充実への重大なインパクトを与えている。セグメント別SPBSを構築するにも，外部報告を十二分に意識して，できる限り同一的に情報作成が可能なように配慮したほうが便利であろう。そして最終的には，企業側からのより積極的な情報開示ができるような環境作りもしていかなければならない。

第二に，セグメント別SPBSにおいては，どのようにセグメンテーションをするのかという重要課題がある。一般論として理論化するのは非常に難問であり，それぞれの企業に最も適した方法を選択せざるを得ないと思われる。しかしながら，企業状況を各種の観点から整理し，ある程度の体系化，明確化は可能であろう。

第三に，営業費用をどのように配分するのかという重要課題がある。できる限り，各セグメントに直課できるような（共通費・本社費の個別費化）システムを構築することである。配賦額の相対的割合が重要でなくなれば，配

賦しようが，配賦しなくてもほとんど影響が生じなくなる。配賦の妥当性を論述するよりも，配賦額そのものを少なくするように工夫することも考えられる。

最後に，セグメント別SPBSの基本フレームワークについては，企業グループのSPBSと基本的に同一のパラダイム下にあることを論述した。図表8－9のように，規模拡大，多角化，国際化等が進展することによって，企業グループ全体と各メンバー企業を直接的に結びつけることが難しくなり，その中間にセグメントを媒介として連鎖させることになる。企業グループ全体のSPBSが構築できるとセグメント別SPBSの構築もかなり容易になるであろうが，特に両者の統合，調整が最も時間のかかる，しかも多くのコンフリクトが生じる困難なプロセスを伴う。そこで，公式，非公式の多くのコミュニケーションを中心とした繰り返される一連の連鎖プロセスをできる限り整備することが，肝要ではないだろうか。調査結果によれば，セグメント別計画と予算の関連性がかなり欠如しているのは，重大な課題を残していることになろう。

SPBS構築の必要性と有用性は，かなりはっきりとしてきたが，より明確に，より具体的に，しかもより論理的に検討することがまだまだ残されている。新たなる変革に向けてさらに前進しなければならない。

注

1) 本章は，主に拙稿「企業セグメント別戦略・計画・予算」『白鷗大学論集』白鷗大学，第7巻第2号，1993年3月，187−208頁に基づいている。
2) 1991年3月期決算上場企業に対する商事法務研究会のアンケート調査によればセグメントの決定要素としては，市場および販売方法の類似性を考慮した会社が36.2%と最も多く，次いで使用目的の類似性28.4%，製造方法・製造過程の類似性20.5%，その他14.9%の順となっている。このようにかなり総合的な観点からセグメントの決定がなされているようである。伊藤邦雄他著『セグメント情報の開示実態』商事法務研究会，1992年，154頁参照。
3) SFAS NO.131（1997年6月）は，従来のビジネス（産業）・セグメント・アプローチから，マネジメント・アプローチへと変更した。すなわち，経営内部組織構造を基礎とする内部報告，業績管理，資源配分用の単位を報告セグメントとする。この方法では，他社との比較可能性が欠如するという欠点がある。
4) セグメント別組織は一般的に縦割り組織であるため，重複投資などの問題点が最近指摘され，必要に応じて横断的なプロジェクトチームや，総合的な関連統括部門を設置する動向がみられる。このようにリストラによって，企業セグメントは大幅な見直しを迫られている。
5) 日本公認会計士協会「セグメント情報に関する会計手法について（中間報告）」1989年11月7日および同解説参照。
6) たとえば，本部を独立した1つのセグメントと考え，戦略・利益責任等を課すことによって経営管理を行うこともできよう。拙稿，前掲稿，197頁参照。
7) 鹿島は1991年4月，従来の建設総事業本部のほかに設計・エンジニアリング総事業本部，開発総事業本部，新事業開発本部を設置，それぞれ平等に位置づける四本部制を導入した。これを強化するために，1992年には4本部ごとの意思決定機関として「経営会議」を設けた。各総事業本部が直接処理すべき案件については，経営判断に関与する人員を絞り込み事業運営をスムーズにする。総事業本部の権限を拡大，独立性を強めて将来の分社化の布石とする考えである。日経産業新聞1992年2月7日付。

主要参考文献

[総論関連]

青木茂男『利益計画』春秋社，1965年。
——『新版 現代管理会計論』国元書房，1984年。
——監修『予算管理ハンドブック』中央経済社，1986年。
——・木内佳市編『利益管理の診断』同友館，1975年。
青木茂男・松尾良秋『米国企業の競争力を読む』中央経済社，1993年。
赤塔政基『最適解の戦略経営』ダイヤモンド社，1991年。
明賀義輝『戦略経営システム』経営実務出版，1991年。
アーサー・D・リトル社編『高収益革命のデザイン』ダイヤモンド社，1993年。
浅田孝幸『現代企業の戦略志向と予算管理システム』同文舘，1993年。
——編著『情報ネットワークによる経営革新』中央経済社，1994年。
——・田川克生『経営ロジックベース・システム入門』中央経済社，1991年。
浅羽二郎『管理会計論の基調』文眞堂，1991年。
阿部錠輔『Lotusによる管理会計』同友館，1993年。
有田あき生『企業実現—「自己創造」の企業戦略—』ダイヤモンド社，1993年。
アンダーセン　コンサルティング他『決定版　リエンジニアリング』東洋経済新報社，1994年。
石川　昭『戦略的予算管理論』同文舘，1993年。
伊藤　博『管理会計の世紀』同文舘，1992年。
石橋博史『業務革新の実践手法』ダイヤモンド社，1994年。
一條和生『バリュー経営』東洋経済新報社，1998年。
伊藤邦雄『ゼミナール現代会計入門』日本経済新聞社，1994年，1998年。
今井賢一・金子郁容『ネットワーク組織論』岩波書店，1988年。
今井　忍『情報化社会の原価管理』森山書店，1970年。
碓井慎一&ダイヤモンド・ハーバード・ビジネス編集部編著『21世紀型企業の創造』ダイヤモンド社，1991年。
上竹瑞夫『ソニーの逆転の全戦略』講談社，1991年。

主要参考文献

上野清貴『会計の論理構造』税務経理協会，1998年。
上埜　進『日米企業の予算管理』森山書店，1993年。
内田伸子『想像力』講談社，1994年。
内野健一『企業リストラクチャリング』中央経済社，1988年。
太田昭和監査法人編『リストラクチャリング戦略と会計・税務』日本経済新聞社，
　　　1993年。
大西　謙編著『情報化時代の経営戦略』同文舘，1993年。
岡本康雄・小林孝雄編『企業行動の分析と課題』日本経済新聞社，1985年。
奥村昭博『経営戦略』日本経済新聞社，1989年。
大塚裕史『参加型予算管理研究』同文舘，1998年。
織畑基一『生体から学ぶ企業の生存法則』ダイヤモンド社，1993年。
会計フロンティア研究会編『管理会計のフロンティア』中央経済社，1994年。
加護野忠男他編『リストラクチャリングと組織文化』白桃書房，1993年。
――『日本企業の経営革新』白桃書房，1998年。
加登　豊『原価企画』日本経済新聞社，1993年。
金子佐一郎監修『予算統制・利益計画百科』中央経済社，1975年。
神谷蔀生・森田榮一『ビジョン型経営計画』同文舘，1993年。
川名正晃『戦略的経営理念づくりの手順』日本法令，1995年。
桑名一央『やると思えば必ずできる！』三笠書房，1988年。
神戸大学会計学研究室編『管理会計ハンドブック』中央経済社，1969年。
古賀智敏編著『予測財務情報論』同文舘，1995年。
小久保厚郎『イノベーションを生み出す秘訣』ダイヤモンド社，1998年。
小林啓孝・田中隆雄編著『原価企画戦略』中央経済社，1995年。
小林哲夫・坂手恭介編『情報システムと組織変革』同文舘，1992年。
小林　裕『リストラ戦略』プレジデント社，1993年。
紺野　剛『増補改訂版 新・経営資源の測定と分析』創成社，1994年。
紺野　登・野中郁次郎『知力経営』日本経済新聞社，1995年。
堺屋太一と12人の対話『経営創革』実業之日本社，1995年。
佐川幸三郎『新しいマーケティングの実際』プレジデント社，1992年。
櫻井通晴『企業環境の変化と管理会計』同文舘，1991年。

——編著『わが国の経理，財務組織』税務経理協会，1997年。
佐藤　修編『経営管理支援型情報システム』日科技連出版社，1997年。
——『オフィス革新型情報システム』日科技連出版社，1997年。
佐藤　進編著『わが国の管理会計』中央大学出版部，1999年。
——・木島淑孝『四要素原価計算システム』日刊工業新聞社，1998年。
佐藤紘光『業績管理会計』新世社，1993年。
佐藤康男編『日本型管理会計システム』中央経済社，1993年。
佐藤倫正『資金会計論』白桃書房，1993年。
戦略経営協会編『経営理念・ビジョンハンドブック』ダイヤモンド社，1991年。
大和総研編『リストラで勝つ』実業之日本社，1993年。
高桑郁太郎『知識創造の競争戦略』ダイヤモンド社，1995年。
武田隆二編『企業パラダイムと情報システム』税務経理協会，1991年。
田中隆雄『管理会計の知見』森山書店，1997年。
——編著『現代の管理会計システム』中央経済社，1991年。
高橋憲行『企画創造力大事典』KKベストセラーズ，1995年。
中央大学企業研究所編『経営戦略と組織の国際比較』中央大学出版部，1991年。
中小企業診断協会編『経営再構築への活性化戦略』ぎょうせい，1988年。
通商産業省産業政策局企業行動課編『総合経営力指標製造業編』大蔵省印刷局，1995年，1997年。
長銀総合研究所編『21世紀型経営戦略』日本能率協会，1988年。
帝国データバンク情報部編『危ない会社を見分けるチェックポイント』PHP研究所，1993年。
柘植久慶『「三国志」が教える　生き残る組織　滅び去る組織』経済界，1995年。
津曲直躬・松本譲治編著『わが国の企業予算』日本生産性本部，1972年。
寺坪　修『未来企画型経営の実践』中央経済社，1993年。
寺本義也他『戦略を創る』同文舘，1994年。
——『事業進化の経営』白桃書房，1998年。
——編著『大戦略』日本能率協会マネジメントセンター，1993年。
竜門冬二『「情」の管理・「知」の管理』PHP研究所，1989年。
中谷彰宏『中谷彰宏の企画塾』サンマーク出版，1995年。

中村元一『成功企業の全社戦略』産能大学出版部，1994年。
西澤　脩『予算管理入門』税務経理協会，1993年。
──『日本企業の管理会計』中央経済社，1995年。
西山　茂『戦略管理会計』ダイヤモンド社，1998年。
日本経済新聞社編『現代経営学ガイド』日本経済新聞社，1987年。
──他編『経営分析ハンドブック』日本経済新聞社，1987年。
日本能率協会編『「世界最適」経営革新』日本能率協会，1987年。
──『創造力革新の研究』日本能率協会，1988年。
──『リエンジニアリングがわかる本』日本能率協会マネジメントセンター，1993年。
根本忠明『戦略的情報システム』東洋経済新報社，1990年。
野中郁次郎監修『リストラクチャリング』エヌ・ティ・ティ出版，1989年。
野村総合研究所編『マネジメント・ルネサンス』野村総合研究所，1987年。
──『共感の戦略』野村総合研究所，1991年。
──『共生の戦略』野村総合研究所，1992年。
──『企業の志と風土』野村総合研究所，1993年。
花岡　菖・大田雅晴編『製販統合型情報システム』日科技連出版社，1996年。
林　伸二『人材を活かす業績評価システム』同友館，1993年。
廣本敏郎『米国管理会計論発達史』森山書店，1993年。
平田　周『リエンジニアリングVSリストラクチャリング』日刊工業新聞社，1994年。
広野　穣『戦略発想』マーケティング研究協会，1978年。
二神恭一『戦略経営と経営政策』中央経済社，1984年。
伏見多美雄『経営の戦略管理会計』中央経済社，1992年。
──編著『日本企業の戦略管理システム』白桃書房，1997年。
船津忠正編著『部門別リエンジ会計のノウハウ』東京経済情報出版，1994年。
星野優太『企業戦略と会計情報システム』多賀出版，1992年。
松本　順『人を動かす100のポイント』三笠書房，1986年。
村山徳五郎監修『経営管理会計の実務』中央経済社，1990年。
森田松太郎編『現代の経営と企業評価』同文舘，1989年。

門田安弘『自動車企業のコスト・マネジメント』同文舘，1991年。
──編著『管理会計学テキスト』税務経理協会，1995年。
矢野俊介『経営組織実証研究』白桃書房，1982年。
矢作恒雄他『インタラクティブ・マネジメント』ダイヤモンド社，1996年。
山口　操・藤森三男編著『企業成長の理論』千倉書房，1992年。
吉越　亘『吉越亘，経営戦略を語る』TBSブリタニカ，1991年。
吉村文雄『組織の管理会計』高文堂出版社，1992年。
若杉　明編『リストラクチャリングの財務・会計戦略』ビジネス教育出版社，1991年。
若松茂美・上山信一・織山和久『変革のマネジメント』NTT出版，1993年。
渡辺　茂『ROE [株主資本利益率] 革命』東洋経済新報社，1994年。
和田勲生『戦略の本質』ダイヤモンド社，1998年。
アダムス J.D.編著，北矢行男訳『リーダーシップの研究』TBSブリタニカ，1990年。
アンゾフ H.I.，中村元一他監訳『「戦略経営」の実践原理』ダイヤモンド社，1994年。
アンドールズ K.R.，中村元一・黒田哲彦訳『経営幹部の全社戦略』産能大学出版部，1991年。
ウィッチマン J.R.，グレゴリー　J.R.，国際コミュニケーション研究会訳『企業イメージと経営戦略』日本経済新聞社，1994年。
ウィリアムソン O.E.，岡本康雄・高宮　誠共訳『現代企業の組織革新と企業行動』丸善，1975年。
──，浅沼萬里・岩崎　晃訳『市場と企業組織』日本評論社，1980年。
エイコフ R.L.，牧野　昇監訳『創造する経営　企業を甦らせる52の妙薬』有斐閣，1988年。
エイベル D.F.，ハモンド J.S.，片岡一郎他訳『戦略市場計画』ダイヤモンド社，1982年。
グラント J.L.，兼広崇明訳『EVAの基礎』東洋経済新報社，1998年。
コッター J.P.，ヘスケット J.L.，梅津祐良訳『企業文化が高業績を生む』ダイヤモンド社，1994年。

主要参考文献

コープランド T., コラー T., ミュリン J., 伊藤邦雄訳『企業評価と戦略経営』日本経済新聞社, 1993年.

ツイード S.C., 牧野敏雄訳『核心をつく戦略経営』ダイヤモンド社, 1993年.

シリングロー G., 中西寅雄監修『経営原価会計』日本生産性本部, 1970年.

シュヴァイツァー M., 興津裕康監訳『貸借対照表の構造と機能』森山書店, 1992年.

シュラー R.H., 謝 世輝訳『信念』三笠書房, 1989年.

シェンク C.R., 山倉健嗣訳『戦略決定の本質』文眞堂, 1998年.

ステイシー R.D., 石川 昭監訳『カオスのマネジメント』NTT出版, 1995年.

ストーク G.J., ハウト T.M., 中辻萬治・川口恵一訳『タイムベース競争戦略』ダイヤモンド社, 1993年.

スレーター R., 牧野 昇監修『ジャック・ウェルチのリストラ戦略 GEの奇跡』同文書院インターナショナル, 1993年.

デイキシット A.K., ネイルバフ B.J., 菅野 隆・嶋津祐一訳『戦略的思考とは何か』TBSブリタニカ, 1991年.

ティース D.J.編著, 石井淳蔵他訳『競争への挑戦』白桃書房, 1988年.

ディーン B.V., キャシディ J.C., 宮川公男監訳『最新戦略経営の実践』日本能率協会マネジメントセンター, 1991年.

トーマス H.ジョンソン, 辻 更生・河田 信訳『米国製造業の復活』中央経済社, 1994年.

ハイアム A., 靏田栄作訳『経営決断マニュアル』TBS・ブリタニカ, 1994年.

バダラッコ J.L., 中村元一・黒田哲彦訳『知識の連鎖』ダイヤモンド社, 1991年.

ハマー M., チャンピー J.I., 野中郁次郎監訳『リエンジニアリング革命』日本経済新聞社, 1993年.

ハメル G., プラハラード C.K., 一條和生訳『コア・コンピタンス経営』日本経済新聞社, 1995年.

ピーターズ T., 平野勇夫訳『トム・ピーターズの経営破壊』TBSブリタニカ, 1994年.

フォロニック S., アーサーアンダーセンオペレーショナル・コンサルティング・グループ訳『リエンジニアリングのための業績評価基準』産能大学出版部, 1994

年。

プライス　ウォーターハウス編，井手正介監訳『株主価値追求の経営』東洋経済新報社，1998年。

プライス　ウォーターハウス　チェンジ　インテグレーション　チーム編，大久保丈二訳『実践　企業変革』ダイヤモンド社，1995年。

プライス　ウォーターハウス　ファイナンシャル＆コスト　マネジメントチーム著訳，中沢　恵監訳『事業価値創造のマネジメント』ダイヤモンド社，1998年。

ブラウンS.W.，村沢　滋監訳『管理職13の大罪』TBSブリタニカ，1991年。

ブランドンJ.，モーリスD.，近藤修司監修『リエンジニアリング』日本能率協会マネジメントセンター，1994年。

米国管理会計人協会，西澤　脩訳『IMAの管理会計指針』白桃書房，1995年。

ポーターM.E.，土岐　坤他訳『競争の戦略』ダイヤモンド社，1982年。

マイケル・ブロムウィッチ＆アルヌア・ピアーニ，櫻井通晴監訳『現代の管理会計』同文舘，1998年。

レック・コンサルティング・グループ編『実例・経営革命』同文舘，1990年。

ロスチャイルドW.E.，梅津祐良訳『戦略型リーダーシップ』ダイヤモンド社，1994年。

ユーイングD.W.，茂木賢三郎訳『ハーバード・ビジネス・スクールの経営教育』ディビーエス・ブリタニカ，1993年。

Allio, R. J. *The Practical Strategist*, Harper & Row, 1988.

Ashton, D., T. Hopper and R. W. Scapens Ed. *Issue in Management Accounting*, Prentice Hall, 1991.

Ballmann, W. etc. *Unternehmensprüfung*, Verlag Moderne Industrie, 1962.

Dyer, W. G. *Strategies For Managing Change*, Addison-Wesley, 1984.

Dyson, Robert G. *Strategic Planning : Models and Analytical Techniques*, John Wiley & Sons, 1990.

Fahey, T. and R. M. Randall. *The Portable MBA in Strategy*, John Wiley & Sons, 1994.

Henry, Jane Ed. *Creative Management*, SAGE Publications, 1991.

Ijiri, Yuji and Robert Lawrence Kuhn Ed. *New Directions in Creative and Innovative Management*, Ballinger Publishing, 1988.

Goldberg, B. and J. G. Sifonis. *Dynarmic Planning*, Oxford University Press, 1994.

Govindarajan, V. and J. K. Shank, *Strategic Cost Management*, The Free Press A Division of Macmillan, 1993. 種本廣之訳『戦略的コストマネジメント』日本経済新聞社, 1995年。

Lewis, O., A. Morkel and G. Hubbard. *Australian Strategic Management Conccpts, Context and Cases*, Prentice Hall, 1993.

Mintzberg, H. *The Rise and Fall of Strategic Planning*, Prentice Hall, 1994. 中村元一監訳『「戦略計画」創造的破壊の時代』産能大学出版部, 1997年。

――and J. B. Quinn. *The Strategy Process*, Prentice-Hall, 1992.

Montgomery, C. A. and M. E. Porter Ed. *Strategy*, A Harvard Business Review, 1979.

Moores, K. and P. Booth. *Strategic Management Accounting, Australasian Cases*, John Wiley & Sons, 1994.

Pasmore, W. A. *Creating Strategic Change*, John Wiley & Sons, 1994.

Ratnatunga, J. el al. Ed. *Issues In Strategic Management Accounting*, Harcourt Brace Jovanovich, 1993.

Shank, John K. and Vijay Govindarajan. *Strategic Cost Analysis ― The Evolution from Managerial to Strategic Accounting*, Irwin, 1989.

Simons, R. *Levers of Control*, Harvard Business School Press, 1995. 中村元一他訳『ハーバード流「21世紀経営」4つのコントロール・レバー』産能大学出版部, 1998年。

Smith, M. *New Tools for Management Accountants*, Longman Professional, 1994.

Wiseman, C. *Strategic Information Systems*, Irwin, 1988.

[研究開発関連]

赤塔政基『最強の研究開発戦略システム』ダイヤモンド社, 1996年。

浅田孝幸・田川克生編著『持続的成長のためのマネジメント』白桃書房, 1996年。

池島政広『戦略と研究開発の統合メカニズム』白桃書房, 1999年。

伊丹敬之他編『イノベーションと技術蓄積』有斐閣, 1998年。

植之原道行・篠田大三郎『研究・技術マネジメント』コロナ社, 1995年。

浦川卓也『市場創造の研究開発マネジメント』ダイヤモンド社, 1996年。

岩田　智『研究開発のグローバル化』文眞堂，1994年。
圓川隆夫・安達俊行『製品開発論』日科技連出版社，1997年。
大森　弘『研究開発政策』千倉書房，1974年。
大阪市立大学経済研究所編『日本企業の研究開発システム』東京大学出版会，1995年。
科学技術庁科学技術政策研究所編『日本企業にみる戦略的研究開発マネジメント』
　　　大蔵省印刷局，1993年。
科学技術庁科学技術政策局編『平成6年度 民間企業の研究活動に関する調査報告』
　　　大蔵省印刷局，1995年，『平成7年度 民間企業の研究活動に関する調査報告』
　　　1996年，『平成8年度 民間企業の研究活動に関する調査報告』1997年。
金原達夫『成長企業の技術開発分析』文眞堂，1996年。
北川賢司『研究開発のシステムズ アプローチ』コロナ社，1977年。
久里谷美雄『R&Dプロフェッショナル』文芸社，1997年。
研究開発研究会編『研究開発戦略 増訂3版』開発社，1990年。
研究開発ガイドブック編集委員会編『研究開発ガイドブック』日科技連出版社，
　　　1973年。
今野浩一郎『研究開発マネジメント入門』日本経済新聞社，1993年。
榊原清則『日本企業の研究開発マネジメント』千倉書房，1995年。
坂口　孝『企業内研究所の運営と管理』研成社，1996年。
高橋富男・原　健次『新商品開発マネジメント』日科技連出版社，1997年。
高橋浩夫『研究開発国際化の実際』中央経済社，1996年。
谷　武幸編著『製品開発のコスト・マネジメント』中央経済社，1997年。
谷口勝洋『研究開発のためのグルーピング思考』日刊工業新聞社，1996年。
東岡卓三『ＴＱＣを活用した新製品開発』日科技連出版社，1995年。
土屋守章編『技術革新と経営戦略』日本経済新聞社，1986年。
茅野　健他『研究・開発』日本規格協会，1981年。
通商産業省編『大変革する日本の研究開発』通商産業調査会出版部，1996年。
徳江　陞　『実践・研究開発』清文社，1990年。
中原秀登『企業の国際開発戦略』千葉大学法経学部経済学科，1998年。
中村信夫『研究開発マネジメントの基本』日本コンサルタントグループ，1996年。
長廣仁蔵『評点法による研究開発の進め方と評価』日刊工業新聞社，1995年。

西澤　脩『研究開発費の会計と管理　新五訂版』白桃書房，1997年。
西田耕三『R&Dテーマ発掘のマネジメント』文眞堂，1984年。
浜田尚夫『研究開発者入門』ダイヤモンド社，1996年。
原崎勇次『全員参加の研究開発マネジメント』日刊工業新聞社，1989年。
福井忠興『実践R&Dマネジメント』中央経済社，1995年。
牧野　昇『研究開発の知識』日本経済新聞社，1976年。
森　俊治他編『研究開発管理の理論と体系』丸善，1978年。
山之内昭夫『新・技術経営論』日本経済新聞社，1992年。
アーサー・ガーステンフェルド，宮川公男監訳『研究開発のマネジメント』日本経済新聞社，1975年。
アレン T.J.，中村信夫訳『"技術の流れ"管理法』開発社，1984年。
藤本隆宏・キム B.クラーク，田村明比古訳『製品開発力』ダイヤモンド社，1993年。
フィリップ A.ラッセル他，中　靖夫訳『第三世代のR&D』ダイヤモンド社，1992年。
ブロックホッフ K.，栗山盛彦監訳『研究開発の経営戦略』千倉書房，1994年。
ロバート A.バーゲルマン＆モデスト A.メイディーク編著，浅田孝幸他監訳『ハーバードで教えるR&D戦略』日本生産性本部，1994年。
Bisio, A. and L. Gastwirt. *Turning Research and Development into Profits*, AMACOM, 1979.

[設備投資関連]

石尾　登『採算計算の手ほどき』日本経済新聞社，1967年。
井上康男『国際直接投資の資本予算』白桃書房，1995年。
鎌田信夫・斎藤孝一『現金収支分析の新技法』中央経済社，1997年。
久保田政純『設備投資計画の立て方』日本経済新聞社，1991年。
――他編『戦略的設備投資の実際』日本経済新聞社，1995年。
経済企画庁調査局編『構造改革下にある企業行動－平成9年企業行動に関するアンケート調査報告書』大蔵省印刷局，1997年，『日本的経営システムの再考－平成10年企業行動に関するアンケート調査報告書』1998年。
柴川林也『新版　投資決定論』同文舘，1979年。

千住鎮雄・伏見多美雄『設備投資計画法』日科技連出版社，1974年。
通産省産業構造審議会管理部会「企業財務政策の今後のあり方」1972年。
筒井英治『設備投資と資金計画の進め方』税務研究会出版局，1996年。
鳥邊晋司『企業の投資行動論』中央経済社，1997年。
藤野信雄『採算計算入門』日本経済新聞社，1996年。
伏見多美雄『経営の経済性分析』白桃書房，1995年。
宮　俊一郎『設備投資の採算判断』有斐閣，1985年。
アメリカ会計協会編，染谷恭次郎監訳『資本支出決定の財務分析』日本生産性本部，1971年。
ロバートＣ．ヒギンズ，靎見芳浩監訳『ファイナンシャル・マネジメント』ダイヤモンド社，1994年。

Bierman,H.Jr. and S.Smidt. *The Capital Budgeting Decision* Sixth Ed.,Macmillan,1984. Seventh Ed.,1988.

Carter,E.Eugene. *Portfolio Aspects of Corporation Capital Budgeting*,Lexington,1974.

Dean,J. *Capital Budgeting*,Columbia University Press,1951.

Kaufman,Mike Ed. *The Capital Budgeting Handbook*,Dow Jones―Irwin,1986.

Oakford,Robert V. *Capital Budgeting*,Ronald,1970.

Wilkes,F.M. *Capital Budgeting Techniques* Second Ed.,John Wiley & Sons,1983.

[新規事業関連]

飯野啓二『新事業開発の進め方』日本能率協会，1974年。
内野健一『新製品開発，新分野進出の企業戦略』中央経済社，1986年。
大江　建『なぜ新規事業は成功しないのか』日本経済新聞社，1998年。
神谷蒔生『新規事業開発の実務』同文舘，1991年。
国民金融公庫総合研究所編『新規開業白書　平成4年版』中小企業リサーチセンター，1992年。
小久保達『「規制」の中に商機がある』日本経済新聞社，1994年。
小島　茂『新事業計画作成マニュアル』日本能率協会マネジメントセンター，1992年。

戦略経営協会編『新規事業開発はこうすれば成功する』東洋経済新報社，1991年。
日興リサーチセンター編『図解 21世紀への新成長ビジネス』東洋経済新報社，1993年。
丹羽哲夫『事業再構築（リストラ）がよくわかる本』PHP研究所，1993年。
二味 厳『事業構造転換に成功する法』中央経済社，1993年。
古田健二『新規事業パワーUPノート』ダイヤモンド社，1991年。
掘 紘一監修『ヴァリューポートフォリオ戦略』プレジデント社，1993年。
宮澤政夫編『明日の有望事業開発』中央経済社，1993年。
Cleland, D. I. and W. R. King Ed. *Project Management Handbook*, Van Nostrand Reinhold, 1983.

[外部経営資源活用関連]

安部 忠『実践企業買収』日本経済新聞社，1986年。
荒川邦寿編著『会社合併・分割の会計』中央経済社，1983年。
岩澤孝雄・池内守厚編著『「企業」成功の多角化戦略』日刊工業新聞社，1991年。
宇野政雄他編著『共生時代の戦略的アライアンス』誠文堂新光社，1994年。
エコノミスト臨時増刊『会社を救うM&A』毎日新聞社，1995年7月17日号。
江夏健一編著『国際戦略提携』晃洋書房，1995年。
大庭清司・山本 功『戦略財務マネジメント』日本経済新聞社，1994年。
小川卓也『戦略的提携』エルゴ，1995年。
樫谷隆夫・古海陽一郎『あなたの会社買います』ダイヤモンド社，1989年。
鈴木貞彦『日本企業による欧米企業の買収と経営』慶應通信，1993年。
太陽神戸三井銀行事業開発部他『日本的「M&A」実践講座』講談社，1990年。
大和証券経済研究所編著『経営戦略としての企業買収』商事法務研究会，1986年。
高梨智弘『ベンチマーキングとは何か』生産性出版，1994年。
竹田志郎『国際戦略提携』同文館，1992年。
通商産業省産業政策局国際企業課編『我が国のM&Aの課題』通商産業調査会，1991年。
中央新光監査法人編『M&A経営力評価チェックリスト』中央経済社，1990年。

中小企業事業団　中小企業研究所編『中小企業のM&A戦略』同友館，1993年。

中村元一，山下達哉，JSMSアライアンス研究会『実践「アライアンス」型経営』ダイヤモンド社，1993年。

林　伸二『日本企業のM&A戦略』同文館，1993年。

福山　健『ホソカワミクロンのM&A戦略』ダイヤモンド社，1988年。

松井和夫『M&A』講談社，1991年。

村松司叙『企業合弁・買収』東洋経済新報社，1989年。

――『英国のM&A』同文館，1993年。

――編著『国際合弁戦略』中央経済社，1991年。

――『日本のM&A』中央経済社，1995年。

山田泰造『花王の製販同盟』ダイヤモンド社，1994年。

若杉　明編著『M&Aの財務・会計戦略』ビジネス教育出版社，1989年。

渡邊　顯『M&Aと企業防衛』総合法令，1990年。

OECD編，山本哲三・平林英勝訳『M&Aと競争政策』日本経済評論社，1989年。

コリンズ T. M.，トーリー Ⅲ T. L.，監査法人トーマツ戦略コンサルティング部門訳『グローバル・アライアンス戦略の実際』ダイヤモンド社，1993年。

ホプキンス T. H.，小野崎恒夫訳『企業買収・売却戦略』同友館，1987年。

マッキャン J. E.，ギルキー R.，浅野　徹・石本　聡訳『M&A成功法』商事法務研究会，1992年。

ルイス J. D.，中村元一，山下達哉，JSMSアライアンス研究会訳『アライアンス戦略』ダイヤモンド社，1993年。

Ernst & Young. *Mergers & Acquisitions* Second Ed., John Wiley & Sons, 1994.

Howarth, C. S., M. Gillin and J. Balley. *Strategic Alliances：Resource－Sharing Strategies for Smart Companies*, Pitman Publishing, 1995.

Lynch, R. P. *Business Alliances Guide*, John Wiley & Sons, 1993.

[グループ関連]

曾田義雄『改訂増補　連結財務諸表論』国元書房，1977年．

青木茂男編『関係会社の管理と会計』税務研究会出版局，1975年．

青木昌彦・小池和男・中谷　巌『日本企業グローバル化の研究』PHP研究所，1989年．

秋山純一『連結経営分析の実際』日本経済新聞社，1987年．

浅野純次『住友グループ』教育社，1978年．

朝日新聞経済部編『関西の企業集団』朝日新聞社，1972年．

飯野啓二『なぜ子会社を治せないのか』日本能率協会，1979年．

石山四郎『松下連邦経営』ダイヤモンド社，1967年．

伊藤良一『連結経営管理』日本経営出版社，1978年．

今井賢一・塩原　勉・松岡正剛監修『ネットワーク時代の組織戦略』第一法規出版，1988年．

今西伸二代表『実例・事業部制の研究』マネジメント社，1991年．

岩井正和『東芝「グローバル化」戦略』ダイヤモンド社，1991年．

遠藤泰弘『分社経営の実際』日本経済新聞社，1988年．

大薗友和『一目でわかる企業系列と業界地図』日本実業出版社，1991年．

奥村　宏『企業集団時代の経営者』日本経済新聞社，1978年．

―――『新・日本の六大企業集団』ダイヤモンド社，1983年．

―――『法人資本主義』御茶の水書房，1984年．

河合嘉雄『子会社活性化戦略』ダイヤモンド社，1988年．

木村敏男『産業構造の転換と巨大企業』東京大学出版会，1982年．

経済企画庁調査局編『内外の経営環境の変化に対応する企業行動』大蔵省印刷局，1991年．

グループA編『NTT分割その時どうなる』エール出版社，1989年．

倉井武夫・井沢良智『国際経営戦略への構図』中央経済社，1983年．

児玉　清『三井グループ』教育社，1983年．

小林好宏『企業集団の分析』北海道大学図書刊行会，1980年．

小林規威『日本の多国籍企業』中央経済社，1980年．

近藤　弘『住友グループのすべて』日本実業出版社，1976年．

坂本和一・下谷政弘編『現代日本の企業グループ』東洋経済新報社，1987年。
坂本恒夫『企業集団財務論』泉文堂，1990年。
杉本典之他『情報化への企業戦略』同文舘，1990年。
寺本義也他『日本企業のグローバル・ネットワーク戦略』東洋経済新報社，1990年。
中田重光『日本航空のグループ戦略』ダイヤモンド社，1990年。
西澤　脩『分社経営の管理会計』中央経済社，1997年。
日本経済新聞社編『新企業集団』日本経済新聞社，1977年。
――『テラスで読む日本の企業グループ』日本経済新聞社，1991年。
野口　祐編『日本の六大コンツェルン』新評論，1979年。
濱口恵俊・公文俊平編『日本的集団主義』有斐閣，1982年。
藤田公道『人と会社をグングン伸ばす分社経営術』山下出版，1991年。
宮崎義一『戦後日本の企業集団〈普及版〉』日本経済新聞社，1976年。
監査法人三田会計社『企業集団会計の実務』中央経済社，1988年。
山田一郎『企業集団経営論』丸善，1971年。
山本清次『親子会社・関連会社の経理と税務〈増補改訂〉』中央経済社，1979年。
吉原英樹他『日本企業のグローバル経営』東洋経済新報社，1988年。
オウルド J.，木村幾也訳『子会社の管理と会計　第2版』白桃書房，1995年。
デーヴィス J.H.，水田良昭訳『集団行動の心理学』誠信書房，1982年。
ドラピェール M.，野口　祐監訳『多国籍企業の子会社』慶應通信，1980年。
ニイベル D.F.，三隅二不二監訳『集団システム論』誠信書房，1978年。
ラグマン A.M.他，多国籍企業研究会訳『インターナショナルビジネス（下）』マグロウヒル，1987年。
ロボック S.H. 他，土井秀生訳『国際ビジネス戦略』日本能率協会，1982年。
Tomkins,C. *Corporate Resource Allocation*, Basil Blackwell, 1991.

[セグメント関連]

青木茂男『部門別業績管理会計』国元書房，1973年。
――『事業部制会計』税務経理協会，1979年。
伊藤　進『セグメント管理会計』中央経済社，1992年。

主要参考文献

伊藤邦雄他『セグメント情報の開示実態』商事法務研究会，1992年。
今西伸二『事業部制の解明』マネジメント社，1988年。
――代表『事業部制の実際』マネジメント社，1991年。
占部都美『事業部制と利益管理』白桃書房，1969年。
勝島敏明編『セグメント情報の会計実務』中央経済社，1990年。
監査法人トーマツ編『セグメント情報の会計実務 第2版』中央経済社，1992年。
岸田輝態編『経営の多角化戦略』東洋経済新報社，1977年。
北 宗平『部門別業績評価の実際』日本生産性本部，1987年。
経済同友会編『多元化時代と企業経営』鹿島研究所出版会，1972年。
柴川林也・高柳 暁編著『企業経営の国際化戦略』同文舘，1987年。
末尾一秋編著『セグメント会計』同文舘，1987年。
谷 武幸『事業部業績管理会計の基礎』国元書房，1983年。
――『事業部業績の測定と管理』税務経理協会，1987年。
徳永重良他『日本企業・世界戦略と実践』同文舘，1991年。
中村常次郎編著『事業部制―組織と運営』春秋社，1966年。
日本生産性本部編『日本の多角化経営の現状』白桃書房，1974年。
古川栄一他『事業部制のすすめ方』経林書房，1960年。
村松司叙『多角化企業論』槙書店，1979年。
柳 隆次他『セグメント情報開示の実務指針』商事法務研究会，1990年。
吉原英樹他『日本企業の多角化戦略』日本経済新聞社，1981年。
ルメルトR.P.，鳥羽欽一郎他訳『多角化戦略と経済成果』東洋経済新報社，1977年。
McFarland, W.B. *Concepts For Management Accounting*, N.A.A., 1966. 染谷恭次郎監訳『管理会計の基礎』日本生産性本部，1967年。
Solomons, D. *Divisional Performance: Measurement and Control*, Irwin, 1965.
Sweeny, H.W.A. and R. Rachlin. *Handbook of Budgeting* Second Ed., John Wiley & Sons, 1987.

索　引

あ行

営業譲渡 ……………………………… 135
営業費用 ……………………………… 198
SIS …………………………………… 188
SBU ……………………………………… 36
M&A…125,127,128,134,136,141,151,
　　　164
応用研究 …………………………… 45,59

か行

回収期間法 ………………………… 79,81
開発 …………………………………… 45
外部経営資源 …………………… 125,127
外部経営資源活用計画 ……………… 148
外部経営資源活用戦略 ……………… 141
外部経営資源活用予算 …………… 13,152
外部経営資源の共有化 ……………… 136
外部経営資源の内部化 ……………… 133
外部成長戦略 ………………………… 141
拡大戦略 ……………………………… 142
拡張投資 ……………………………… 75
核分裂 ………………………………… 164
核融合 ………………………………… 164
合併 …………………… 111,127,133,134,164

株式買収 ……………………………… 134
環境 ………………… 12,24,50,76,85,96,105
環境評価 ……………………………… 101
管理情報システム …… 183,186,214,215
関連新規事業 ………………………… 97
基礎研究 …………………… 44,52,59,60
共同成長戦略 ………………………… 141
業務執行計画 …………… 12,13,111,148
業務執行予算 ………………………… 13
企業グループ ……………… 110,164,165
企業グループ計画 …………………… 176
企業グループ戦略 …………………… 172
企業グループメンバー ……………… 169
企業グループ予算 …………………… 178
企業戦略 …… 47,54,57,77,82,108,109,
　　　145
企業連合 ……………………………… 130
業績評価 …… 80,118,157,183,214,215
グループ会議 ………………………… 171
グループ共同体 ……………… 166,167
金額的測定 …………………………… 52
経営環境 ……… 7,13,24,85,92,98,101,
　　　114,122,125,126,141,149,168,
　　　172,201
経営管理会計 …… 2,4,7,8,15,36,191
経営基本構造計画 ……… 12,13,111,148

経営基本構造予算 ……………………13
経営資源 ……………5,12,13,49,51,65,
　　　66,72,77,97,101,102,105,110,114,
　　　123,125,126,127,128,129,130,131,
　　　159,165,169
経営資源の強み …………………………24
経営資源の弱み …………………………25
経営戦略 ………5,7,8,13,14,25,27,29,
　　　31,32,36,47,48,50,51,56,57,65,
　　　66,70,85,93,96,110,118,125,129,
　　　139,145,151,165,172,176,177,188,
　　　192,195,201,205
経営目標 ………………22,109,118,143
計画… 7,12,14,15,29,31,32,34,57,69
計画機能 …………………………………4,6
経常予算 …………………………………90
継続基準 …………………100,101,103
研究開発 ……………4,6,44,46,186,189
研究開発計画 ……………………………57
研究開発効率 ………………………51,52
研究開発資源配分 ………………………51
研究開発者数 ……………………………43
研究開発組織 ……………………………49
研究開発投資 …………………………74,75
研究開発戦略 …………………47,49,54
研究開発費総額 ……………42,43,44,54
研究開発予算 …………………………60,90
研究テーマ別予算 ………………………68
現在価値 ………………………80,81,82,94
コア・コンピタンス …………………131
更新・維持補修（取替）投資 …74,75
合理化，省力化投資 ………………74,75

国際化戦略 ……………………………143
個別企業戦略 …………………175,176
コミュニケーション …8,37,171,186,
　　　215,218
コンフリクト …………133,167,171,218

さ行

採算投資 …………………………………76
参入基準…………100,103,108,109,113,
　　　114,116,118,122
CIM……………………………………186
正味現在価値法 ……………………79,80,81
資産買収 ………………………………134
自社………12,100,101,110,130,132,149
シナジー効果 …………………………97,131
資本コスト ……………………………79,80,81
資本（投資）予算 ………………………90
収益性指数法 ……………………………81
従属投資 …………………………………76
柔軟性 ……27,29,35,62,63,87,90,92,
　　　93,114,116,131,153,154,159
情報処理 …………………………………14
新規事業 …………………………………97
新規事業計画 …………………111,114,116
新規事業戦略 …………105,111,113,114
新規事業評価方法 ……………………101
新規事業予算 ………………………13,114
新技術獲得戦略 ………………………142
新製品生産投資 …………………………75
スピード………………………27,47,125

成果·········5,44,45,47,52,60,63,82,84,
　　　85,87,92,149,157,158
成果配分，報奨システム ···63,65,87,
　　　93,122
セグメンテーション·········191,194,205
セグメント情報 ·············188,191,192
セグメント別計画·······················205
セグメント別戦略·······················201
セグメント別予算·······················208
設備投資······12,13,72,73,77,150,151
設備投資計画······························85
設備投資戦略······························82
設備投資総額····················73,82,91
設備投資タイミング·····················85
設備投資の経済性計算·················78
設備投資予算······························87
戦略···3,4,5,6,7,8,10,12,15,31,32,
　　　34,37,110,176
戦略管理会計······················8,10,17
戦略計画····················3,4,8,15,17
戦略・計画・予算システム······9,10,14,
　　　15,72,92,96,118,123,126,164,192
戦略的経営管理···········10,15,170,217
創造会計······························9,15,37
創造性························8,27,47,48,50
組織単位の部門別予算·················68

た行

多角化戦略······························142
タスク・コントロール·················3,15

提携··········125,127,128,130,137,141,
　　　157,158,159
定性的評価································84
定量的評価································84
適合度····································104
撤退基準··································103
当期利益··········29,35,90,108,109,111,
　　　113,194,195,201,207,210
独立投資··································76
投資·········48,72,73,77,78,85,118,141
投資予算··································91
投資利益率法····················79,80,81
統制機能·································4,6
統制と創造のネットワーク・マネジメント ···37
ドメイン·····························56,99

な行

内部経営資源······················125,127
内部成長戦略······················129,141
内部調達（自己金融）資金············86
内部利益率法···························79,81
ニッチ·····································96

は行

買収··············111,127,133,134,143,150
配賦不能営業費用·······················199
バランスド・スコアカード············36
販路拡大戦略·····························143

BMO法 ……………………………104
非関連新規事業 ………………………97
非金額的測定 …………………………52
非計量的測定 …………………………52
非採算投資 ……………………………76
費目別予算 ……………………………68
物量的測定 ……………………………52
プログラミング …………………………6
プログラム ……………………………6,59

ま行

マネジメント・コントロール ……3,5, 7,15
魅力度 …………………………………104
目的……10,11,12,59,76,82,93,99,136, 170
目標……4,5,10,11,12,24,27,48,51,76, 82,93,105,129,159,168,172
目標理念ビジョン …167,175,194,195, 201,205,207,208

や行

予算……13,15,31,32,34,35,57,69,153, 170,178

ら行

リストラ ………………………………98

■ 著者紹介

紺野　剛（こんの　つよし）

1977年　中央大学大学院商学研究科博士課程単位取得
1979年　Drury大学大学院（米国）MBA
現在　　白鷗大学大学院経営学研究科・経営学部教授
　　　　公認会計士・税理士

＜主な著書・論文＞
「土地信託」『企業金融の会計』所収（同文舘，1990年）
『(増補改訂版) 新・経営資源の測定と分析』（創成社，1994年）
「利益・設備投資計画に関する日本企業の実態と分析」『わが国の管理会計』所収（中央大学出版部，1999年）

■ 現代企業の戦略・計画・予算システム
■ 発行日──2000年6月26日　初版発行　　　　　〈検印省略〉

■ 著　者──紺野　剛
■ 発行者──大矢順一郎
■ 発行所──株式会社　白桃書房
　　　　　〒101-0021　東京都千代田区外神田5-1-15
　　　　　☎03-3836-4781　📠03-3836-9370　振替00100-4-20192

■ 印刷・製本──平文社／榎本製本

©Tsuyoshi Konno 2000 Printed in Japan　ISBN 4-561-25332-7C 3034

Ⓡ〈日本複写権センター委託出版物〉
本書の全部または一部を無断で複写複製（コピー）することは，著作権法上での例外を除き，禁じられています。本書からの複写を希望される場合は，日本複写権センター（03-3401-2382）にご連絡ください。
落丁本・乱丁本はおとりかえいたします。

財務会計の機能
理論と実証
須田　一幸　著

情報の非対称性に依拠して財務会計の機能を理論的に分析し，意思決定支援機能と契約支援機能を実証した。これらの機能を与件とした経営者の裁量行動が示されている。文献サーベイも豊富で大学院のテキストに好適。

ISBN4-561-36092-1 C3034　　Ａ５判　586頁　本体6,000円（税別）

日本郵船会計史〔豫算・原価計算篇〕
個別企業会計史の研究
山口　不二夫　著

企業が会計という枠組みを用いて自己と環境をどのように認識し適応していったか，会計処理・会計技法がいかに自己展開するかを，一貫した対象のもとで捉え分析した労作。一統制経済下の貴重な資料を巻末に掲載。

ISBN4-561-36085-9 C3334　　Ａ５判　592頁　本体7,800円（税別）

東京 **白桃書房** 神田　　上記価格には別途消費税が加算されます。

新訂 現代簿記（学習版）

中村　忠著

多くの方に支持され、テキストとして採用されてきた上記『新訂現代簿記』を、内容はそのままにソフトカバー装にしたハンディタイプ。価格も安価に設定し、学習者の負担を軽減した、まさに学習用教材として最適の書。

ISBN4-561-45116-1 C3034　　A5判　　336頁　　本体1,905円（税別）

増訂 管理会計を語る（第2版）

西澤　脩著

会社の経営者や管理者に必要なのは決算会計ではなく、事業や経営に不可欠な会計―管理会計である。本書は斯界の第一人者である著者が、放送大学で放映した講義をもとに話し言葉でやさしくまとめた「管理会計」講話。

ISBN4-561-22335-5 C3034　　A5判　　322頁　　本体2,500円（税別）

東京　**白桃書房**　神田　　上記価格には別途消費税が加算されます。

基本用語辞典シリーズ

宮澤永光　監修
基本 流通用語辞典
ISBN4-561-75131-9 C3563　本体 2,500 円

出牛正芳　編著
基本 マーケティング用語辞典
ISBN4-561-64084-3 C3563　本体 2,440 円

日本証券アナリスト協会　編
基本 証券分析用語辞典〔第2版〕
ISBN4-561-74113-5 C3563　本体 2,500 円

㈳日本ロジスティクスシステム協会　監修
基本 ロジスティクス用語辞典
ISBN4-561-74100-3 C2563　本体 2,500 円

嶌村剛雄　監修　　小早川増雄　編著
基本 会計税務用語辞典
ISBN4-561-45097-1 C3534　本体 2,540 円

石田貞夫　編
貿易用語辞典
ISBN4-561-74088-0 C3563　本体 3,400 円

本広告の価格は消費税抜きです。別途消費税が加算されます。

白桃書房